KU-452-172

EL CATALÁN

Una lengua
de Europa
para compartir

013912823

THE UNIVERSITY OF LIVERPOOL
SYDNEY JONES LIBRARY

Please return or renew, on or before the last date below. A fine is payable on late returned items. Items may be recalled after one week for the use of another reader. Items may be renewed by telephone:- 0151 794 - 2678.

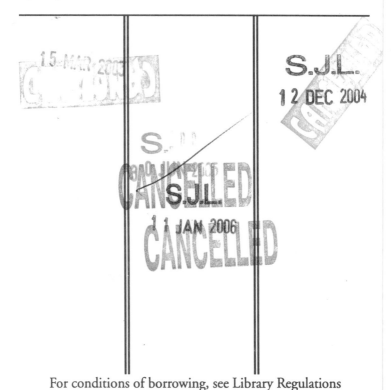

For conditions of borrowing, see Library Regulations

Vicent de Melchor
Albert Branchadell

EL CATALÁN

Una lengua de Europa para compartir

Universitat Autònoma de Barcelona
Servei de Publicacions
Bellaterra, 2002

DATOS CATALOGRÁFICOS RECOMENDADOS POR EL SERVEI DE BIBLIO-
TEQUES DE LA UNIVERSITAT AUTÒNOMA DE BARCELONA

Melchor Muñoz, Vicent de

El catalán : una lengua de Europa para compartir ; Vicent de Melchor, Albert Branchadell. —
Bellaterra : Universitat Autònoma de Barcelona. Servei de Publicacions, 2002.

ISBN 84-490-2299-1

I. Branchadell, Albert
1. Català — Història
2. Català — Ús
3. Sociolingüística — Catalunya
4. Català — Aspectes socials
804.99

Este libro se ha publicado con la colaboración
de la Generalitat de Catalunya.

Edición e impresión
Universitat Autònoma de Barcelona
Servei de Publicacions
08193 Bellaterra (Barcelona). Spain
Tel. 93 581 10 22. Fax 93 581 32 39
sp@uab.es
http: //blues.uab.es/publicacions

ISBN 84-490-2299-1
Depósito legal: B.41.797-2002

Impreso en Cataluña, España
Printed in Catalonia, Spain
Impreso en papel ecológico

'Why,' said Jack, filling their glasses and smiling through his wine at the sun, 'it seemed to me that in speaking to Spaniards, it was reasonable to use what Spanish I could muster.'

'You were forgetting, of course, that Catalan is the language they speak in these islands.'

'What is Catalan?'

'Why, the language of Catalonia — of the islands, of the whole of the Mediterranean coast down to Alicante and beyond.'

Patrick O'Brian (1914-2000), Master and Commander, *cap. 2*

My zeal for languages may seem, perhaps, rather overheated, even to those by whom I desire to be well esteemed. To those who have nothing in their thoughts but trade or policy, present power or present money, I should not think it necessary to defend my opinions; but with men of letters I would not unwillingly compound, by wishing the continuance of every language.

Samuel Johnson (1709-1784)

La pluralidad de lenguas no es ya un castigo como en la Torre de Babel. Además de derecho inalienable de quienes las hablan, es riqueza invaluable del propio país y de la humanidad entera.

Miguel León-Portilla (1997)

ÍNDICE

Presentación, por Andreu Mas-Colell 13

Prefacio, por Joan M. Pujals 15

Introducción 19

El catalán en el marco europeo y español 23

La lengua catalana 27

Unas cuestiones de nombre 35

    Dominio Lingüístico Catalán 36
    Cataluña (*Catalunya*) 37
    Cataluña Norte (*Catalunya Nord*) 38
    La Franja de Aragón (*La Franja d'Aragó*) 38
    El País Valenciano o Comunidad Valenciana
        (*País Valencià, Comunitat Valenciana*) 39
    Las Islas Baleares (*Les Illes Balears*) 41
    Andorra (*Andorra*) 41
    El Alguer (*L'Alguer*) 42

El catalán y las lenguas románicas 43

Palabras de origen catalán en español y en otras lenguas 51

El nombre *català* y otras denominaciones de la lengua 55

La prehistoria del catalán 59

El "nacimiento" del catalán 63

Las variedades geográficas 69

El origen de los dialectos 73

La ampliación del dominio lingüístico (siglos xii-xv) 77

La literatura de la Edad Media 85

La subordinación al español y al francés (siglos xvi y xvii) 93

Los inicios de la represión contra el catalán (siglo xviii) 105

La literatura de la Edad Moderna 115

El paso del siglo xviii al xix 119

La *Renaixença* o "Renacimiento" en Cataluña (siglo xix) 123

La *Renaixença* en Valencia, Mallorca, El Rosellón
y El Alguer (siglo xix) 137

Los modelos de catalán durante el siglo xix 143

La codificación de la lengua: Pompeu Fabra (1868-1948) 147

El inicio de la normalización (1901-1939) 151

Una esperanza truncada y la lenta recuperación (1936/1939-1978) 157

Los flujos migratorios (siglo xx) 169

La literatura contemporánea (1833-2000) 177

La situación jurídica del catalán en la actualidad 191

El conocimiento del catalán en la actualidad 199

El uso del catalán en la actualidad 205

Uso lingüístico personal 205
Estadísticas culturales 211
El sistema educativo preuniversitario 220
El sistema educativo universitario 223

Estado de la cuestión y perspectivas 229

Bibliografía esencial 233

Diccionarios 233
Material de aprendizaje 236
Otras publicaciones de interés, en catalán 239
Publicaciones de interés, en otros idiomas 240

Bibliografía electrónica y radiodifusión en catalán
(páginas web) 245

Páginas de enlaces 245
Enseñanza del catalán 245
Situación jurídica del catalán 247
Situación sociolingüística del catalán 247
Literatura catalana 248
Enciclopedia 248
Diarios y revistas en catalán 249
Administraciones públicas 249
Universidades de lengua catalana 250
Emisoras de televisión y radio por Internet 250

ÍNDICE

PRESENTACIÓN

El Departamento de Universidades, Investigación y Sociedad de la Información comparte con el sistema universitario catalán el objetivo de contribuir a la creación de un espacio europeo de educación superior que dé respuesta a las incipientes necesidades de la Europa del conocimiento.

Si la diversidad se considera una riqueza europea, tendremos que encontrar sistemas de encuentros poliédricos en los que se reconozca el valor añadido de los matices diferenciales. Deberemos propiciar encuentros, pero es que, además, queremos hacerlo.

En el actual contexto europeo, después de las declaraciones de la Sorbona y de Bolonia y de las conclusiones elaboradas en Salamanca y en Praga, la movilidad entre profesorado y alumnado irá en aumento, con toda seguridad. El sistema universitario catalán, que apuesta con total claridad por la excelencia y la calidad en todos los ámbitos, está preparado para dar respuesta positiva al incremento de profesores y alumnos que nos visiten.

Las universidades catalanas tienen como lengua propia el catalán y, por lo tanto, es la lengua de uso normal en sus actividades. El castellano es también lengua oficial de nuestras universidades.

Os propongo la lectura del libro *El catalán. Una lengua de Europa para compartir*. A través de ella sabréis un poco más del catalán, una lengua plenamente adaptada a las necesidades de la sociedad moderna, con una rica tradición literaria y cultural, y parte indispensable del patrimonio cultural de Europa.

Andreu Mas-Colell
Conseller del Departament d'Universitats, Recerca i Societat de la Informació

PREFACIO

Podemos preguntarnos qué sentido puede tener interesarse por el catalán en el año 2002, e incluso aprenderlo. En realidad, probablemente, la pregunta habría de ser más amplia: ¿Qué sentido —algunos hablan de utilidad— tiene conservar miles de lenguas en todo el mundo, cuando parece un hecho que todos los habitantes del planeta nos podríamos comunicar en una, dos o media docena de ellas, que están en la mente de todos? De hecho, es una idea muy generalizada pensar que una lengua sirve, solamente o básicamente, para comunicarse, por lo que parecería que una sola bastaría para satisfacer las necesidades comunicativas de la Humanidad.

Si sólo tuviéramos en cuenta que los hablantes de algunas lenguas se pueden contar con los dedos de una sola mano y, en cambio, otras tienen cientos o miles de millones, la elección parecería fácil. La cuestión, en todo caso, sería elegir cuál: unos pondrían en la balanza su número absoluto de hablantes, otros su producción o tradición literaria o científica, otros sus previsiones de crecimiento, otros su tradición como lengua internacional, o incluso su presencia en Internet…

El intento de resolver este dilema es una de las razones por las que se inventaron en su momento diversas lenguas universales, humanas pero "no naturales" —el esperanto es sin duda la más conocida de ellas. El problema de las lenguas artificiales, sin embargo, no radica en el hecho de que no puedan ser aprendidas, sino seguramente en un factor que las diferencia notablemente de las lenguas naturales, es decir, que no están asociadas a un grupo humano, social o histórico definido que las sienta íntimamente, psicológicamente como suyas. Porque para esto "sirven" también las lenguas: aparte de su función comunicativa obvia, tienen un no menos importante papel simbólico que sirve para identificar y cohesionar legítimamente a grupos y comunidades humanas, a menudo con otras características compartidas.

Dadas las 6.000 o 7.000 lenguas que se estima que se hablan en el mundo a principios del siglo XXI y los 192 estados de que está compuesto, se comprenderá, pues, que contra lo que se suele suponer el bilingüismo o, mejor, el multilingüismo, tanto personal como territorial, es de hecho la condición lingüística más natural en el mundo. Sin embargo, está todavía muy extendida la ecuación, más bien europea, de "un país, una lengua", que no deja de recordar la funesta de "un rey, una religión", propia de tiempos pasados. Ahora bien, la primera formulación no sólo no se dio realmente en el pasado sino que tampoco se da hoy: por poco que profundicemos en dicho supuesto, desaparece rápidamente la homogeneidad superficial y aparece en cambio la verdadera riqueza y el gran patrimonio lingüístico de Europa y del mundo. Actualmente, sólo en este último continente, unos 50 millones de personas viven en territorios plurilingües, y cabe tener en cuenta que el legado lingüístico europeo no se limita a unas pocas lenguas, más o menos conocidas y extendidas, sino que abraza no menos de 40 con tradición territorial y secular, sólo en la Unión Europea de 15 estados del año 2002, y unas 60 en el sentido estricto de Europa. Por lo que respecta al reino de España, es posible que sea uno de los territorios de la Europa occidental con mayor riqueza lingüística conocida, aunque quizá no suficientemente valorada todavía —y no menor variedad lingüística muestran Francia e Italia (e incluso, en cierta manera, Andorra), donde también se habla catalán.

Sin embargo, es muy frecuente que los hablantes nativos de las lenguas más extendidas del mundo, y también de otras muchas con estatus oficial, se desenvuelvan en una única lengua. Para muchos de ellos, tener y usar una *sola* lengua es algo tan "normal" que a menudo tienen dificultades para concebir que haya quien se "empeñe" en considerar otra lengua de ámbito más reducido como "más suya" o "más natural", fuera de un extraño capricho o de una cierta excentricidad, cuando no, incluso, de un cierto ánimo de incordiar.

Como hace doscientos años, a finales de la época de la Ilustración y principios del Romanticismo, también hoy observamos una cierta tensión entre la necesidad práctica y realista de disponer de unas pocas lenguas francas para la comunicación internacional (ligada a la creciente interconexión mundial) y la necesidad de preservar una de las principales manifestaciones de la vida de los pueblos, que son sus lenguas (ligada a la creciente conciencia a favor de la conservación del variado patrimonio común de la Humanidad). Pero si la Humanidad es, en efecto, cada vez más consciente de la absoluta necesidad de conservar su patrimonio natural (incluyendo sus especies vivientes, sus recursos y sus paisajes), o bien su legado histórico-artístico, no parece que haya asumido todavía con todas las consecuencias la extremada conveniencia de preservar la gran riqueza de su patrimonio lingüístico, especialmente el de las lenguas menos extendidas, y la pertinencia de legarlo a las generaciones venideras, no sólo por ser una herencia recibida, fruto de siglos de historia humana, sino también por los valores de diversidad que implica su conservación y protección.

Aunque no todas las lenguas fueran igual de "útiles", no hay duda de que todas tienen exactamente el mismo nivel de dignidad y han de ser objeto de idéntico respeto, como producto característico que son del género humano.

Dejando aparte sus innegables implicaciones para la cohesión y el bienestar social o para las relaciones pacíficas y amistosas entre los pueblos y las naciones, y reduciéndonos a su importancia científica, lenguas a punto de extinguirse presentan soluciones lingüísticas extraordinarias, resultado de milenios de evolución; del mismo modo, fenómenos característicos de lenguas de extensión reducida, o incluso reducidísima, se estudian con detenimiento a miles de kilómetros de su territorio originario y ayudan a hacer avanzar positivamente la lingüística y otras ciencias cognitivas.

Y es que, en efecto, cada lengua contiene un tesoro. Nos daremos por satisfechos si esta obra de Vicent de Melchor y Albert Branchadell, a través del caso del catalán, logra interesar al lector por el respeto a las minorías y por la realidad multilingüe del mundo y le induce a reflexionar sobre la absoluta conveniencia de preservar la multiforme herencia lingüística de la Humanidad, una parte no negligible del patrimonio natural del mundo. Un mundo multilingüe en el que sea posible y deseable saber no sólo una o dos lenguas, a efectos meramente prácticos, sino varias por el puro placer de acercarse a otras culturas y pueblos, y en el que sea posible respetarnos mutuamente y comprendernos más y mejor en toda nuestra complejidad y diversidad.

Joan M. Pujals
Director del Institut Ramon Llull

INTRODUCCIÓN

L a obra que el lector tiene en sus manos se incluyó entre las múltiples y variadas iniciativas surgidas al calor de la proclamación del año 2001 como Año Europeo de las Lenguas. Su redacción vino sugerida por la experiencia de los autores en un ciclo de conferencias sobre la lengua catalana que dictaron entre 1998 y 2000, en el marco de unos cursos de «Introducción a la Realidad Catalana»; estas conferencias fueron organizadas por el Vicerrectorado de Relaciones Internacionales de la Universidad Autónoma de Barcelona (Universitat Autònoma de Barcelona) y fueron dirigidas, principalmente, a los numerosos estudiantes del Programa Sócrates/Erasmus, de la Unión Europea. En su contacto con dichos estudiantes, pero también con docentes del resto de España y extranjeros (a los que habría que agregar otros grupos, como los numerosos estudiantes latinoamericanos y, desde el curso 2000/2001, los estudiantes del programa español Séneca de movilidad universitaria), los autores no han dejado de observar la sincera curiosidad de todos ellos por la lengua catalana, a menudo pareja a un amplio desconocimiento sobre las circunstancias de un idioma que saben hablar hoy en día entre siete y ocho millones de personas, la mayoría de ellas en Europa.

Sobre este particular, los autores querrían llamar la atención acerca de un hecho que parece típico de la población catalanohablante. Quizá porque el catalán ha atravesado situaciones históricas no siempre favorables o gratas, el lector no dejará de observar cómo sus locutores acogen característicamente con simpatía a los visitantes, conciudadanos o convecinos procedentes de otros lugares que muestran interés por su idioma.

Este libro va dirigido a un público diverso. Principalmente, a aquellas personas que visitan por vez primera alguna tierra de lengua catalana, ya sea por motivos de turismo, de estudios o de trabajo, y desean tener una información básica sobre el catalán y su literatura. En segundo lugar, a aquellas otras que han "descubierto" esta lengua durante una estancia más o menos prolongada en los lugares donde se habla y han entrado ya en relación con ella (como es el caso de los numerosos trabajadores llegados de todos los continentes durante los últimos años), pero también a los descendientes de catalanohablantes, especialmente en América y en España, y a los estudiantes de lengua y cultura de expresión catalana de todo el mundo, sobre todo en España.[1]

Naturalmente, puede ser útil así mismo para el público catalanohablante: ya sea porque no ha tenido contacto con información como la aquí contenida, para ponerla al día en caso necesario o bien porque desee dar a conocer, como nosotros, esta importante parte de su cultura.

De manera parecida, en fin, la presente obra puede interesar, más en general, a los ciudadanos españoles que deseen acercarse a los hechos más relevantes de la segunda lengua del Reino de España por número de hablantes así como a todos aquellos que valoran el multiforme legado cultural de la vieja Piel de Toro, a quien el poeta Salvador Espriu (1913-1985) apelaba en catalán con los siguientes versos:

Sí, comprende y haz tuya, también,
desde los olivos,
la alta y sencilla verdad de la voz prisionera del viento:
"Diversas son las hablas y diversos los hombres,
y convendrán muchos nombres a un solo amor",

donde por *los olivos* cabe entender sin duda la concordia entre todos sus moradores.

La aceptación generosa de esta diversidad, sin embargo, no ha sido siempre fácil, ni lo es todavía completamente. A ello debe de haber contribuido no poco el desconocimiento sobre el catalán, que aún suele ser grande. Así, normalmente, un europeo sabe que Suiza tiene cuatro lenguas nacionales y que en Bélgica se hablan dos o tres lenguas principales, pero los no españoles suelen desconocer

---

[1] En este sentido, el Senado español ha aprobado unánimemente el 25 de setiembre de 2001, aunque sin previsiones presupuestarias, una proposición no de ley instando al Gobierno del Reino a incluir la enseñanza del catalán, además del gallego y el vasco, como asignatura optativa en la enseñanza secundaria, el bachillerato, la formación profesional y los estudios universitarios de toda España.

que en España (pero también en Francia, en Andorra, y hasta en Italia) se habla catalán, y no son pocos los que todavía expresan admiración ante su existencia. Esta sorpresa inicial solamente es comparable, quizás, al amplio desconocimiento existente —incluso entre españoles— por lo que respecta a su realidad, sea ésta lingüística, histórica, geográfica, social o jurídica.

El objetivo de este libro es, precisamente, ayudar a superar lagunas como las citadas. Su propósito, pues, es introducir al lector no iniciado en las circunstancias de la lengua catalana, ilustrándole en cuestiones como cuántos son sus hablantes y cómo se distribuyen, dónde se habla (o se ha hablado), qué tipo de lengua es, su historia y avatares (de dónde procede y cuándo apareció, cómo se extendió territorialmente y en sus usos y funciones, las causas de su retroceso y posterior recuperación), sus relaciones con otros idiomas, o bien cuál es su situación actual, incluyendo su estatuto social, legal y académico, así como sus perspectivas de futuro.

Este libro no es, por tanto, ni una gramática ni un método de aprendizaje del catalán —para este propósito, el lector interesado encontrará reseñados al final de la obra una serie de recursos bibliográficos y electrónicos en diversas lenguas. Más bien, pretende ofrecer unas pautas útiles y claras que ayuden al lector curioso, a los estudiantes o demás personas que visitan o viven en algún territorio de lo que se conoce por Dominio Lingüístico Catalán a conocer mejor las circunstancias de una lengua que van descubriendo ya sea en Cataluña, la Comunidad Valenciana, las Islas Baleares, el departamento francés de los Pirineos Orientales, Aragón, Andorra o la ciudad italiana de El Alguer (en Cerdeña), incluso como un primer paso para integrarse, si lo desean, en la comunidad que los acoge.[2]

21

V. de M.
(Universitat Autònoma de Barcelona)
vicent.demelchor@uab.es

A. B.
(Universitat Autònoma de Barcelona)
albert.branchadell@uab.es

Bellaterra (Cerdanyola del Vallès), 18 de enero de 2002

[2] Los autores queremos manifestar nuestro sincero agradecimiento a Lluís Cabré (Universitat Autònoma de Barcelona, UAB), Joan B. Ferrer, Carles Mota (Universidad del País Vasco-Euskal Herriko Unibertsitatea), Marcel Ortín (Universitat Pompeu Fabra) y Josep Pujol (UAB) por sus comentarios a diversas partes y estados del original, y en especial a John Stone (Universitat de Barcelona) y Catherine Flumian (Escola Superior d'Administració d'Empreses, ESADE) por la atenta lectura crítica del manuscrito original. Los autores no querríamos dejar de expresar nuestro cordial reconocimiento a Gemma Rigau (UAB), cuyo estímulo sostenido e interés durante la elaboración de este libro han permitido mejorar sensiblemente su contenido. No hace falta decir que la responsabilidad de la obra en su presentación definitiva es exclusivamente nuestra.

EL CATALÁN EN EL MARCO EUROPEO Y ESPAÑOL

P arece fácil establecer una correspondencia entre el nombre de un país y el de su lengua: en Alemania se habla alemán, en Rusia ruso, en Francia francés, en Italia italiano, etc. Ahora bien, de hecho, no se puede establecer una relación simplista país-lengua. A menudo, el nombre de un Estado no coincide con el de la lengua o lenguas que allí se hablan. No existe la lengua belga, ni la lengua suiza, ni el austríaco, el mexicano o el argentino, como tampoco existe una lengua británica ni antes había existido el checoslovaco...

Quizás esto explique, al menos en parte, la típica sorpresa que muestran muchos estudiantes europeos, pero también turistas, profesionales y trabajadores de todo el mundo, especialmente ciudadanos latinoamericanos, al constatar la existencia del catalán. También es muy característica todavía la extrañeza que manifiestan muchos españoles al visitar por primera vez un territorio de lengua catalana y comprobar la extensión de su uso, desde la vida más cotidiana y privada hasta las funciones más elevadas.

Así, se suele ignorar que la lengua catalana tiene más hablantes, por ejemplo, que tres lenguas oficiales de la Unión Europea, como el finlandés, el danés y el irlandés. Del mismo modo, aunque se intuya o se sepa que el español es la lengua mayoritaria en España, no se suele considerar que el 40% de su población también es administrada oficialmente en otras lenguas diferentes al español (el 27,4% en catalán, el 7% en gallego, el 5,5% en vasco), o que el catalán es la segunda lengua del Reino de España por número de hablantes —puede decirse que 2 de cada 10 ciudadanos españoles lo saben hablar— y que en el 11,4% de su territorio, con una densidad de población más de dos veces y media superior a la media de España, se habla catalán.[3] Finalmente, tampoco se suele tener especialmente en cuenta que la lengua catalana es la autóctona y ancestral del área donde se habla, que 2/3 de la población de este dominio lingüístico la sabe hablar, o bien que se estima que algo más de la mitad de la población que vive en dicho territorio considera al catalán como su lengua primera o principal. (La población que no tiene el catalán como lengua principal se reparte entre aquellos que tienen el español o, en su caso, el francés o el italiano como lengua primera —la mayor parte de los cuales consideran, a su vez, el catalán como su segunda lengua— y una pequeña parte, alrededor del 5%, que se considera a sí misma como ambilingüe o equilibradamente bilingüe.[4])

Limitándonos al territorio de soberanía española donde se habla el catalán (que comprende alrededor del 95% del área de la lengua catalana, o Dominio Lingüístico Catalán, y un porcentaje similar de sus hablantes), datos como los anteriores anticipan ya alguna interesante conclusión por lo que respecta a una desigualdad demolingüística de base existente actualmente entre catalán y español, desfavorable al primero. El hecho clave es que si bien a principios del siglo XXI *todos* los catalanohablantes de España son bilingües y tienen el español como segunda lengua, por el contrario *no todos* los castellanohablantes que viven en territorio de lengua catalana, correspondientemente, participan de esta condición de bilingües y tienen el catalán como segunda lengua.

Dicho de otra manera: de los 10,3 millones de personas que viven en el Dominio Lingüístico Catalán de España, actualmente todos ellos saben hablar el

---

[3] Por otro lado, según datos (2002) del Instituto Nacional de Estudios Demográficos de Francia (INED), se puede estimar que en 1999 los ciudadanos franceses mayores de 18 años que sabían hablar catalán representaban un 0,22% de la población metropolitana (François Héran et al. [2002]. "La dynamique des langues en France au fil du XXe siècle", *Population et sociétés*, 376, ISSN 0184-7783. <http://www.ined.fr/publications/pop_et_soc/index.html> [25-2-2002]). El territorio francés donde se habla el catalán equivale a cerca del 0,7% de la superficie europea de la República Francesa.

[4] Este reparto lingüístico, aunque a grandes rasgos continúa siendo válido, habría de ser matizado actualmente a causa de la continuada corriente migratoria de la última década, de una procedencia geográfica y lingüística muy diversa. Así en Barcelona, probablemente el lugar de mayor variedad lingüística de los países de lengua catalana junto con Mallorca e Ibiza, una reciente encuesta patrocinada por el Instituto Municipal de Educación (2002) detectaba no menos de 43 lenguas de uso familiar y 90 ciudadanías diferentes entre los escolares del sistema público de enseñanza de la ciudad. Por lo que respecta a Francia, con una tradición de inmigración exterior mucho más antigua y asentada, los datos del INED citados en la nota anterior muestran que en 1999 el número de hablantes de la categoría *lenguas regionales* del territorio metropolitano había sido igualado por el de hablantes de la categoría *lenguas de inmigración*. Entre las primeras destacan el alsaciano (el 0,92% de la población) y el occitano (el 0,88%); entre las segundas, el árabe (el 1,57%) y el portugués (el 0,99%).

EL DOMINIO LINGÜÍSTICO CATALÁN

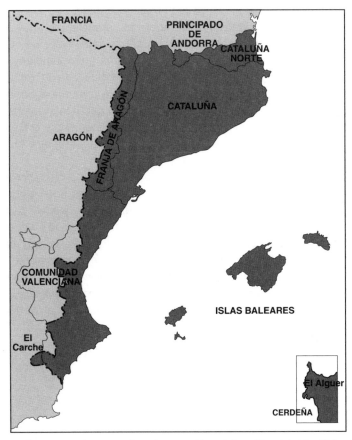

Mapa de las diferentes regiones o países de expresión catalana (Dominio Lingüístico Catalán): Cataluña, Comunidad Valenciana, Islas Baleares, Franja de Aragón, departamento de los Pirineos Orientales o Cataluña Norte, Principado de Andorra, comarca de El Carche y El Alguer.

español, mientras que sólo 7 millones de ellos saben el catalán. Esta sola circunstancia de no igualdad ya justificaría el "especial respeto y protección" que el artículo 3 de la Constitución española proclama sobre las lenguas de España, así como las diversas medidas de normalización lingüística puestas en práctica por las comunidades o regiones autónomas españolas donde se habla catalán (Cataluña, Comunidad Valenciana, Islas Baleares y Aragón). Por lo que respecta al estatuto sociolingüístico del catalán fuera de España, es aún más desequilibrado y preocupante en el departamento francés de los Pirineos Orientales o Cataluña Norte, en la ciudad de El Alguer (en la isla italiana de Cerdeña) e incluso, no sin cierta paradoja, en el Principado de Andorra, a pesar de que en este último país el catalán es la única lengua oficial del Estado.

Si los ciudadanos españoles en su conjunto no suelen ser muy conscientes de datos como los que acabamos de revisar sucintamente, los no españoles, además, desconocen a menudo que en España (pero también en Latinoamérica) unos usan el término *español* y otros el de *castellano,* refiriéndose a la lengua mayoritaria, y que, a pesar de designar la misma lengua, estas dos palabras no significan exactamente lo mismo, sino que tienen matices y connotaciones particulares —como muchos españoles ignoran que la Constitución del Reino usa explícitamente la denominación castellano, al tiempo que descarta la de español.[5]

Sea como fuere, una cosa parece clara: en Europa —como, por otro lado, en todo el mundo— las fronteras entre países y lenguas no suelen coincidir. Así, la Unión Europea del año 2002 está formada por 15 estados, pero hay en ella 25 lenguas con algún estatuto de oficialidad y no menos de 40 pueden asociarse históricamente a un determinado territorio. Es más, no hay *ni un solo* Estado de la Europa de los Quince donde se hable exclusivamente una sola lengua (incluso Portugal, el país de la Unión en apariencia más homogéneo lingüísticamente, ha reconocido recientemente ciertas prerrogativas de oficialidad al mirandés del nordeste del país). De hecho, sólo cuatro de estos 15 estados mantienen la oficialidad de una única lengua (Francia, Grecia y, con matices en la práctica, los Países Bajos y Suecia); el resto atribuye un grado u otro de oficialidad por lo menos a dos.

---

[5] Sobre esto último, en la presente obra, un tanto convencionalmente, usaremos la palabra *español,* con la que suele ser conocida internacionalmente esta lengua, mientras que para los compuestos y derivados utilizaremos palabras relacionadas con la otra denominación: *castellanohablante, castellanismo, castellanización*, etc.

LA LENGUA CATALANA

E l catalán es una lengua que pertenece a la familia de las lenguas románicas o neolatinas, es decir, de las derivadas del latín. En pocas palabras, podríamos definirlo como la lengua evolucionada a lo largo de los siglos a partir del latín popular hablado en el nordeste de Cataluña, que se amplió posteriormente a otros territorios hasta conformar el área o dominio lingüístico donde se habla actualmente.

Probablemente, el catalán es la lengua subestatal de Europa más sólidamente asentada. Su primer texto data de mediados del siglo XII, aunque se documentan palabras y frases en catalán en textos en latín desde tres siglos antes, y a partir de entonces no ha cesado de utilizarse y escribirse. Además de su uso coloquial, el catalán ha tenido y tiene todos los usos de una lengua de cultura. Como éstas, está codificada en gramáticas y diccionarios; desde el siglo XIII presenta una rica y variada literatura, traducida a numerosas lenguas; también se ha traducido a ella toda clase de libros, desde la Biblia (ya en la Edad Media) hasta clásicos griegos y latinos, pasando por los *best-sellers* internacionales más actuales; así mismo se utiliza en todos los grados de la enseñanza, incluyendo la educación universitaria; la ciencia y el pensamiento; la Administración y la justicia; los diversos medios de comunicación de masas; la publicidad comercial e institucional; la rotulación privada y pública; la industria y los negocios; Internet, etc.

La región de Europa donde se habla la lengua catalana se extiende por el este de la Península Ibérica, donde los Pirineos no han constituido nunca una barrera física natural, e incluye las Islas Baleares adyacentes y la ciudad sarda de El Alguer. El territorio continental recuerda vagamente un triángulo con unos lados de unas longitudes máximas de unos 600 km desde el extremo norte (Salses, en el departamento francés de los Pirineos Orientales) hasta su extremo sur (Guardamar, en la provincia española de Alicante); otro lado de aproximadamente 200 km, a lo largo de los Pirineos, desde Benasque (en catalán *Benasc*, en aragonés *Benás,* provincia de Huesca) hasta la localidad de Salses; y el tercero desde Benasque hasta Guardamar, de unos 525 km. La distancia mínima entre la frontera lingüística catalán/español y el mar Mediterráneo corresponde a la zona de Almenara/la Vall d'Uixó (provincia de Castellón), de unos 15 km de ancho.

Hoy en día saben hablar el catalán no menos de 7,2 millones de personas en un área de unos 57.900 km^2 (Dominio Lingüístico Catalán), repartida entre cuatro estados europeos: España, Francia, Andorra e Italia, donde viven unos 10,8 millones de habitantes. (Dicho de otra manera, como decíamos más arriba, 2/3 de la población de este área lingüística saben hablar el catalán a principios del siglo XXI.) Cabe añadir, por otro lado, que un cuarto de millón más de personas hablan el catalán fuera de dicho territorio.

Entre las lenguas de magnitud similar habladas en Europa, el catalán tiene algo menos de hablantes, por ejemplo, que el portugués, el griego, el checo, el sueco o el búlgaro, pero se habla más que otras lenguas, como el eslovaco, el danés, el finlandés, el noruego o el lituano (tabla 1).

Tabla 1. Hablantes de diversas lenguas europeas en relación con el catalán

Lengua	Millones de hablantes en Europa
Vasco	0,6
Letón	1,5
Esloveno	2,1
Lituano	3,1
Gallego	3,2
Noruego (*bokmål* y *nynorsk*)	4,3
Finlandés	5,0
Eslovaco	5,1
Danés	5,1
Catalán	**7,2**
Sueco	8,1
Búlgaro	8,6
Checo	10,0
Portugués	11,0
Griego	11,4
Gallego y portugués	14,2
Neerlandés	19,2

Fuentes: <http://www.sil.org/ethnologue> *[20-10-2000] y elaboración propia.*

Hoy día el catalán se habla:

- en Cataluña (pero en el Valle de Arán, que representa algo menos del 2% de su territorio, la lengua autóctona es el occitano);[6]
- en el 58% de la Comunidad Valenciana (en el 42% restante, en zonas del oeste y del sur, menos densamente pobladas, la lengua tradicional es el español);
- en la totalidad de las Islas Baleares;
- en el 91% del departamento francés de los Pirineos Orientales o Cataluña Norte (en la comarca de La Fenolleda se habla occitano, y media docena de pequeñas localidades presentan hablas de transición entre el catalán y el occitano);
- en la totalidad del Principado de Andorra;
- en una zona alargada de Aragón, limítrofe con Cataluña y la Comunidad Valenciana, que representa un 11% del territorio aragonés;[7]
- en la ciudad italiana de El Alguer (en catalán, *l'Alguer*; en italiano, *Alghero*; en sardo, *s'Alighera*), situada en la costa noroeste de la isla de Cerdeña,[8] y
- en 22 pueblos o lugares de parte de los municipios de Abanilla, Jumilla y Yecla (en la pequeña comarca de El Carche, provincia de Murcia; en catalán, *el Carxe*).[9]

El conocimiento de la lengua catalana en los diversos territorios donde se habla puede verse en las tablas 2 y 3.

---

[6] El Valle de Arán, único territorio de España al otro lado de los Pirineos, es también el único con *tres* lenguas oficiales: aranés (la variedad local del occitano), catalán y español; y más de la mitad de su población sabe hablar estas lenguas y también el francés. En 1991 vivían en el Valle 5.922 habitantes, que representaban algo menos del 1% de la población de Cataluña; de ellos, 3.814 (el 64,4% de los censados) sabían hablar el aranés y 5.097 (el 86,1%) lo entendían. El occitano del Valle de Arán se enseña regularmente en la escuela desde 1984, junto al catalán y al español; y 1.232 habitantes declaraban saber escribir el aranés y 1.899, el catalán.

[7] En 1999 el Aragón de lengua catalana, o Franja oriental de Aragón, tenía 48.830 habitantes, que representaban el 4,1% de la población total aragonesa. Los hablantes de catalán son el 3,7% de la población de Aragón, lo que sitúa esta lengua como la segunda de esta comunidad autónoma después del español y, según diversas estimaciones, uno o dos puntos por encima del aragonés.

[8] El Alguer tenía 40.594 habitantes en 1998, lo que representaba un 2,4% de la población total de Cerdeña. Los catalanohablantes algualereses deben de representar un 0,5% de la población sarda.

[9] Para una población estimada de unas 1.000 personas, los habitantes de El Carche representan algo más de un 0,1% de la población total de la región de Murcia, y los 800 hablantes estimados de catalán, un 0,07% (1999).

Tabla 2. Demografía de la lengua catalana (interior del Dominio Lingüístico Catalán)

Regiones del Dominio Lingüístico Catalán	Habitantes	Saben hablar	%
Cataluña	6.090.040	4.585.800	75,3
Comunidad Valenciana	3.486.927	1.924.783	55,2
Islas Baleares	760.379	472.722	66,7
Cataluña Norte (Francia)	386.131	132.000	34,2
Principado de Andorra	65.877	50.198	76,2
Franja de Aragón	48.830	40.000	90
El Alguer (Italia)	43.109	10.800	25
El Carche (Murcia)	1.000	800	80
TOTAL (DOMINIO LINGÜÍSTICO CATALÁN)	10.844.293	7.220.303	66,58

Fuentes. Para Cataluña, censo de 1996. Para la Comunidad Valenciana, censo de 1986 (porcentaje) y Gran Enciclopèdia Catalana (GEC; habitantes: datos de 1995). Para las Islas Baleares, censo de 1991. Para Cataluña Norte, encuesta censal elaborada por François Héran et al. (2002), op. cit. (número de catalanohablantes adultos para 1999) y GEC (habitantes; datos de 1999). Para Andorra, encuesta del Gobierno de Andorra (1999), proyectando al conjunto de la población el porcentaje de la población mayor de 14 años (55.864). Para la Franja de Aragón, informe Euromosaic de la Unión Europea (1996; <http//www.uoc.es/euromosaic/web/homect/index2.html> [1-3-2002]; porcentaje) y GEC (2001; habitantes: datos de 1999). Para El Alguer, GEC (2001; habitantes: datos del 2000) y estimaciones. Para El Carche: estimaciones. Elaboración propia.[10]

---

[10] Recuérdese que, en esta tabla, *Cataluña* no incluye la comarca de lengua occitana del Valle de Arán, *Comunidad Valenciana* no incluye las 11 comarcas de lengua española del oeste y del sur, y *Cataluña Norte* no incluye la comarca de lengua occitana de La Fenolleda.

Tabla 3. Demografía de la lengua catalana (exterior del Dominio Lingüístico Catalán)

Exterior del Dominio Lingüístico Catalán	Saben hablar
Comunidad Valenciana	34.550
Cataluña	4.662
Madrid	40.000
Villafranco (Andalucía)	600
Resto del mundo	175.000
TOTAL	**254.812**

Fuentes. Para Cataluña, censo de 1996. Para la Comunidad Valenciana, Gran Enciclopèdia Catalana (GEC; datos de 1995) y censo de 1986. Madrid, Villafranco y resto del mundo: estimaciones, carta del alcalde de Villafranco, Sr. José Manuel Aviñó (30-10-1999), Instituto Nacional de Estadística (2000, comunicación). Elaboración propia.[11]

Por otra parte, la superficie absoluta y relativa de los países o regiones donde el catalán es la lengua autóctona es la que se puede observar en la tabla 4.

Tabla 4. Superficie de los diversos territorios del Dominio Lingüístico Catalán

Región	km²	%
Cataluña	31.275,0	54,0
Comunidad Valenciana	13.023,8	22,5
Islas Baleares	5.061,3	8,7
Franja de Aragón	4.036,7	7,0
Cataluña Norte (Francia)	3.700,7	6,4
Principado de Andorra	468,0	0,8
El Carche (Murcia)	300	0,5
El Alguer (Italia)	15	0,03
TOTAL (DOMINIO LINGÜÍSTICO CATALÁN)	**57.880,3**	**100**

Fuentes: Gran Enciclopèdia Catalana (1969-1980, supl. IV: 1997). Para El Carche y El Alguer: estimaciones.

---

[11] Recuérdese que, en esta tabla, *Comunidad Valenciana* y *Cataluña* se refieren, respectivamente, a los catalanohablantes de las 11 comarcas castellanohablantes del oeste y sur de la Comunidad Valenciana, y a los de la comarca occitanohablante del Valle de Arán, en Cataluña.

En relación con otros países europeos, el Dominio Lingüístico Catalán o territorio donde se habla la lengua catalana es, por ejemplo, algo más pequeño que Escocia, Baviera o la República de Irlanda, pero mayor que estados soberanos como Eslovaquia, Dinamarca, los Países Bajos, Suiza o Bélgica, como se puede observar en la tabla 5.

Tabla 5. Extensión de diversos países o territorios europeos
en relación con el Dominio Lingüístico Catalán

País o región de Europa	Extensión (miles de km²)
Castilla y León	94,2
Portugal	92,0
Andalucía	87,6
Austria	83,9
Castilla-La Mancha	79,5
República Checa	78,9
Escocia	78,8
Baviera	70,6
República de Irlanda	70,3
Lituania	65,2
Letonia	64,5
Dominio Lingüístico Catalán	**57,9**
Países de lengua neerlandesa (Países Bajos, Flandes)	55,0
Croacia	56,5
Eslovaquia	49,0
Aragón	47,7
Estonia	45,1
Dinamarca	43,1
Países Bajos	41,5
Suiza	41,3
Bélgica	30,5
Galicia	29,6
Languedoc-Rosellón	27,4
Eslovenia	20,3
Murcia	11,3
Navarra	10,4
País Vasco (en el Reino de España)	7,2
Luxemburgo	2,6
Andorra	0,5

Fuentes: Gran Enciclopèdia Catalana *(1969-1980; supl. IV: 1997) y elaboración propia.*

Hay que hacer notar que los 7,2 millones de hablantes de catalán que hemos consignado para su dominio lingüístico son más bien una cifra *mínima,* ya que las fuentes no son homogéneas cronológicamente y, según todos los indicios, el porcentaje de conocimiento de la lengua catalana ha aumentado en los últimos años, en buena medida gracias a la escuela, por lo que es posible que deba aumentarse la suma total en algún centenar de millar adicional.

Finalmente, para completar el panorama de la demografía de la lengua catalana, habría que añadir también los catalanohablantes del exterior del Dominio Lingüístico Catalán, no fáciles de contabilizar, los cuales pueden sumar algunos centenares de miles más. Como se ha visto en la tabla 3, una parte de ellos se encuentran en las regiones no-catalanohablantes de la Comunidad Valenciana y de Cataluña (en 1986, 34.550 personas en las zonas occidentales y meridionales de la primera declaraban que sabían hablar catalán; y 4.662 en el Valle de Arán, en Cataluña). Estimaciones de 1981, cuyas cifras sin duda habría que aumentar para la actualidad, cuantificaban en unos 60.000 los residentes en Madrid de origen catalán, valenciano o balear, la mayor parte de los cuales, como es previsible, debían de saber hablar el catalán. Por otro lado, también deben de ser algunos miles los rosselloneses que han emigrado a otros departamentos de Francia, especialmente a la conurbación de París, y que deben de saber catalán.

Son así mismo significativos los miles de personas, quizás algún centenar de millar, originarias de los territorios catalanohablantes, especialmente de Cataluña, residentes en el extranjero. Oficialmente, en 1999 había 138.724 ciudadanos de Cataluña, la Comunidad Valenciana y las Islas Baleares con derecho a voto en los respectivos parlamentos autónomos, inscritos en oficinas consulares españolas de todo el mundo, a los cuales cabría añadir unos 700 del Aragón catalanohablante. Es razonable pensar que, en una proporción similar a la población general del dominio lingüístico, una mayoría de ellos (o sea, unos dos tercios) debe de saber el catalán. Estos datos, lógicamente, no incluyen a los menores de 18 años, que no pueden votar, ni a las personas no registradas, ni a aquellas que han renunciado a la ciudadanía española, o bien a los descendientes de ciudadanos españoles originarios del Dominio Lingüístico Catalán pero actualmente con otra ciudadanía, todos los cuales pueden sumar algún centenar de millar más que también pueden hablar catalán mayoritariamente.

Cabe decir que una proporción significativa de los catalanohablantes del extranjero son antiguos exiliados de la Guerra de España (o Guerra Civil de 1936-1939) o sus descendientes, que han mantenido el catalán en la segunda e incluso la tercera generación. Buena parte de ellos se han establecido definitivamente en los países que les acogieron, especialmente en América Latina, y durante la Dictadura del general Franco, e incluso después, han mantenido una cierta cohesión social y también una notable proyección cultural, especialmente literaria. Un número indeterminado de ellos, además, se organizó en diversas entidades, como los populares *casals* (una especie de centros cívicos o ateneos), de los cuales existen más de un centenar por todo el mundo.

Otros grupos de catalanohablantes fuera del dominio lingüístico son mucho más reducidos. Así, los gitanos catalanes originarios de los dos lados de la frontera hispano-francesa que viven en pequeñas comunidades esparcidas por el Languedoc, la Provenza e incluso cerca de la frontera franco-belga. (Se estima que un 10% de la población de Perpiñán está formada por gitanos y que la gran mayoría de ellos habla catalán habitualmente.) También hay que reseñar algún centenar, quién sabe si algún millar, de franceses de origen argelino (los llamados *pied-noirs*), que viven especialmente en el sur de Francia, y descienden sobre todo de los menorquines y alicantinos, todos ellos catalanohablantes, que emigraron a Argelia entre 1830 y 1962. Otro grupo interesante, finalmente, fijó su residencia en Villafranco del Guadalquivir (provincia de Sevilla): aislados del resto del dominio lingüístico, una colonia de familias arroceras valencianas que emigró allí tras la Guerra Civil española ha mantenido su lengua originaria hasta hoy mismo. Se estima que un 10% de los vecinos de aquella población andaluza, que tiene unos 6.000 habitantes, habla todavía hoy en día el catalán de Valencia o valenciano, aunque su uso decae entre los más jóvenes.

En resumidas cuentas, podemos estimar, por tanto, que a principios del siglo XXI, no menos de 7,2 millones de habitantes del llamado Dominio Lingüístico Catalán saben hablar la lengua catalana, y que en todo el mundo lo saben un mínimo de unos 7,5 millones de personas.

UNAS CUESTIONES DE NOMBRE

A la pregunta de dónde se habla el catalán, surge una *cuestión de nombres* previa, referida tanto al término mismo de *catalán* como a los nombres del territorio y de las regiones donde se habla.

No está de más advertir que las palabras y conceptos que se refieren a ellos pueden llegar a confundir si no son mínimamente conocidos. Así, algunos términos que conviene considerar para intentar obtener una ajustada visión de conjunto son, por un lado, los diversos apelativos del idioma: catalán, valenciano, mallorquín, menorquín, ibicenco e incluso *xapurriau* (de los cuales hablaremos más adelante); y por otro los nombres de los territorios donde se habla, como: Dominio Lingüístico Catalán, Países Catalanes, Cataluña, Principado de Cataluña, Cataluña Norte (y Cataluña Sur), Franja de Aragón (o de Poniente —u Oriental), Aragón catalán (o Cataluña aragonesa), País Valenciano, Reino de Valencia, Comunidad Valenciana, Región Valenciana, Islas Baleares (y Pitiusas), Reino de Mallorca, así como Corona de Aragón y Confederación catalano-aragonesa.

El problema más importante se plantea probablemente en la Comunidad Valenciana, como ilustra el elíptico texto del dictamen que emitió en 1998 el Consejo Valenciano de Cultura a instancia del Gobierno autónomo, y que refleja las reticencias de una parte de la sociedad valenciana a reconocer la catalanidad de la lengua hablada en aquella región: "El valenciano, idioma histórico y propio de la Comunidad Valenciana, forma parte del sistema lingüístico que los correspondientes estatutos de autonomía de los territorios hispánicos de la antigua Corona de Aragón reconocen como lengua propia" —lo que viene a afirmar que el valenciano es una de las variedades geográficas de la lengua catalana, aunque evitando decirlo de una manera clara y abierta.

DOMINIO LINGÜÍSTICO CATALÁN

Lo primero que cabe manifestar es que no hay, ni ha habido, un nombre con tradición secular para denominar el conjunto del territorio donde se habla el catalán —como tampoco lo ha habido, por otra parte, hasta hace relativamente poco para el caso del español (*Países de Lengua Española*, o *de Habla Hispana*), del francés (*Francophonie*), del inglés (*English-Speaking World*), del alemán (*deutscher Sprachraum, deutsches Sprachgebiet*) o del portugués (*Lusofonia*). En un sentido *histórico-político*, el término Corona de Aragón comprende (o, más exactamente, comprendía) buena parte del territorio donde se habla catalán, o Dominio Lingüístico Catalán; pero como Estado multilingüe que fue, la Corona de Aragón abarcaba así mismo otras áreas y comunidades lingüísticas: las del aragonés (sustituido desde finales de la Edad Media, en su mayor parte, por el español), del occitano, del sardo y las de los dialectos italianos de Nápoles y de Sicilia, además del árabe. Un término alternativo, usado por algunos historiadores desde el siglo XIX, es el de Corona catalano-aragonesa, que hace referencia o recuerda a los dos países fundadores de esta "confederación" de estados. La *Corona* de Aragón (que no hay que confundir en ningún caso con uno de sus componentes: el *Reino* de Aragón) estaba formada por los dominios que eran patrimonio del rey de Aragón, es decir: los reinos de Aragón, de Valencia y de Mallorca, los diversos condados catalanes (encabezados por el de Barcelona, la mayoría de los cuales serían conocidos a partir del siglo XIV, en conjunto, con el nombre de Principado de Cataluña), los dominios occitanos del sur y del sudeste de Francia (hasta la batalla de Muret, en 1213), y los dominios itálicos (en épocas diversas, los reinos de Sicilia, Cerdeña y Nápoles).

Cada uno de estos dominios reales (hoy más bien hablaríamos de estados) se gobernaba de manera independiente respecto a los demás, con pocas instituciones comunes aparte del rey, y de hecho funcionaban como una especie de Estado de estados flexible, al estilo de la relación política que mantuvieron en su día los diversos países del Imperio Austro-Húngaro o, actualmente, de los lazos del Reino Unido y estados soberanos como por ejemplo el Canadá, Australia o Nueva Zelanda; de ahí que la Corona de Aragón se conozca también hoy en día con el nombre de Confederación catalano-aragonesa. (Con todo, esta última denominación, como la similar de Corona catalano-aragonesa, no parece muy recomendable, ya que además de no ser histórica no es muy exacta, en la medida que parece dejar de lado otros importantes dominios, miembros de pleno derecho de la Corona, como el Reino de Valencia, el de Mallorca o los diversos reinos itálicos.)

Otra denominación moderna es la de Países Catalanes (*Països Catalans*). En un sentido *geográfico* este apelativo se refiere al espacio europeo donde se habla catalán —y en este significado estricto coincidiría con el concepto de Dominio Lingüístico Catalán. Usado por primera vez por un notario valenciano del siglo XIX, el término Países Catalanes ha sustituido modernamente a otros empleados hasta antes de la Guerra Civil española, como tierras catalanas, tierra de lengua catalana, patria catalana o incluso Gran Cataluña, que no han tenido éxito.

En rigor, podríamos definir los Países Catalanes como el territorio donde se habla catalán, y que se extiende por las dos vertientes de los Pirineos orientales o mediterráneos y por el este de la Península Ibérica e islas adyacentes (las Baleares), con unos límites máximos que van desde las localidades de Salses (en el departamento francés de los Pirineos Orientales), al norte, hasta Guardamar (en la provincia española de Alicante), al sur; y desde Fraga (en la provincia de Huesca), al oeste, hasta Mahón (en la isla de Menorca, Baleares), al este. En un sentido ampliado podría comprender también la ciudad sarda, pero catalanohablante, de El Alguer y, menos claramente, las comarcas y localidades del norte de Cataluña donde se habla occitano, y las del oeste y sur del País Valenciano donde se habla español, todas ellas ligadas histórica, administrativa o políticamente a territorios de lengua catalana.

Hay que advertir, de todos modos, que Países Catalanes es un nombre polémico, en la medida que implica una realidad nacional discutida, o bien un proyecto *político* (nacional) que hoy por hoy no goza de gran apoyo popular, especialmente fuera de Cataluña, donde con cierta frecuencia se percibe como una veleidad pancatalanista o de predominio de este último territorio sobre los restantes. Dado que, en esta obra, nuestro objeto es la lengua catalana, para referirnos al territorio donde esta lengua es autóctona y tradicional emplearemos preferentemente el término *Dominio Lingüístico Catalán*, usado ampliamente en la bibliografía de la catalanística, alternando con otros como países (o regiones, o área) de lengua (o de habla, o de expresión) catalana.

CATALUÑA (*CATALUNYA*)

Por Cataluña se entiende habitualmente el territorio de las cuatro provincias de Barcelona, Tarragona, Lérida (en catalán, *Lleida*) y Gerona (*Girona*), todas ellas en el Reino de España, territorio que se administra hoy en día con cierto grado de autonomía por el Gobierno de la Generalidad de Cataluña (*Generalitat de Catalunya*). Ésta es la Cataluña por excelencia. Históricamente y en cierto tono elevado o más bien formal, se habla también del Principado de Cataluña (*Principat de Catalunya*), término que se usa de manera esporádica, sobre todo en la forma abreviada y casi coloquial de *Principat*, y que suele ir asociado al proyecto de los Países Catalanes. Otra acepción de Cataluña, documentada alguna vez hasta el siglo XVI, especialmente desde el extranjero, pero extraordinariamente minoritaria hoy en día, y aparentemente con escasas posibilidades de prosperar, identifica sencillamente el nombre de Cataluña con el conjunto del territorio donde se habla el catalán (así, el escritor italiano Matteo Bandello [1485-1561], por ejemplo, se refería a Valencia en los siguientes términos: "*Gentile e nobilissima Valenza: in tutta la Catalogna no è piu lasciva ed amorosa città*").

CATALUÑA NORTE (*CATALUNYA NORD*)

En un sentido histórico amplio, Cataluña comprende también el actual departamento francés de los Pirineos Orientales (en francés: *Pyrénées Orientales*), cuya capital es Perpiñán (en catalán: *Perpinyà*; en francés: *Perpignan*). Esta porción de Cataluña quedó separada de España, por su cesión al Reino de Francia en 1659, apenas 50 años antes de la cesión de Gibraltar al Reino Unido. Tradicionalmente, esta región, que gozaba de cierta autonomía dentro de Cataluña (es decir, respecto al *Principado* de Cataluña), se conocía por antonomasia con el nombre de los Condados de Cataluña o *Comtats de Catalunya* (de El Rosellón y La Cerdaña; en catalán: *Rosselló, Cerdanya*; en francés: *Roussillon, Cerdagne*), pero actualmente se denomina más bien Cataluña Norte (*Catalunya Nord*), nombre que en algún caso se contrapone al de Cataluña Sur (*Catalunya Sud*), poco usado, paralelamente a la distinción que alguna vez se ha hecho, y se hace, entre una Cataluña francesa y una Cataluña española. También tiene cierta extensión y utilidad, más bien informal, el nombre simple de El Rosellón, tomando la parte (de hecho, la mayor) por el todo.

LA FRANJA DE ARAGÓN (*LA FRANJA D'ARAGÓ*)

Se conoce por Franja de Aragón (en catalán, *Franja d'Aragó*) al Aragón catalanohablante, es decir, la banda de lengua catalana, de unos 20 km de ancho como media y 225 km de largo, situada al este de las provincias aragonesas de Huesca, Zaragoza y Teruel, y colindante con el oeste y el sudoeste, respectivamente, de las provincias catalanas de Lérida y Tarragona, así como con el noroeste de la provincia valenciana de Castellón.

Esta zona de lengua catalana, en términos históricos y jurídicos, es Aragón desde hace siglos —aunque, significativamente, la mayor parte de ella ha formado parte de los obispados de Lérida y Tortosa, en Cataluña, hasta el siglo XX, por motivos no menos históricos, además de lingüísticos. Alguna vez se ha incluido el Aragón catalanófono en un concepto ampliado de Cataluña (Cataluña aragonesa, *Catalunya aragonesa*), pero bastante forzado y discutible en comparación, por ejemplo, con el anterior de Cataluña Norte, y en primer lugar por la inmensa mayoría de sus habitantes. Toda esta región es denominada también, además de Franja de Aragón o Aragón catalanohablante (e incluso Aragón catalán), con otros nombres como Franja de Poniente o *Franja de Ponent* (desde el punto de vista de Cataluña), Franja Oriental (desde el punto de vista de Aragón), Aragón Oriental o bien, simplemente, la Franja (*la Franja*).

EL PAÍS VALENCIANO O COMUNIDAD VALENCIANA (*PAÍS VALENCIÀ, COMUNITAT VALENCIANA*)

Un territorio con problemas onomásticos mayores es el de la Comunidad Valenciana o País Valenciano, que comprende las provincias de Valencia (*València*), Castellón (*Castelló*) y Alicante (*Alacant*), dentro del Reino de España. Con bastante coincidencia, este territorio era conocido, en términos históricos, por Reino de Valencia (*Regne de València*) y actualmente lo administra con cierto grado de autonomía el Gobierno de la Generalidad Valenciana (*Generalitat Valenciana*).

La denominación Reino de Valencia, todavía usada esporádicamente en nuestros días, tiene una tradición que se remonta al siglo XIII. Con todo, su alcance geográfico ha ido variando a lo largo de la historia; así, aparte de algunas modificaciones anteriores, en el siglo XVIII, como consecuencia de la guerra de Sucesión a la Corona de España, se le segregó la villa de Caudete (en catalán, tradicionalmente, *Cabdet*; hoy en la provincia de Albacete) y en el siglo XIX, en cambio, se le agregaron las comarcas, históricamente pertenecientes al Reino de Castilla y de lengua española, del marquesado de Villena (1836) y de El Llano de Utiel-Requena (1851). Hay que hacer notar que el uso que todavía hacen algunos valencianos de la denominación Reino de Valencia no tiene la menor intención de reclamar un soberano propio o bien una eventual separación del Reino de España, sino que en ciertos círculos es un uso militante que sirve, sobre todo, para oponerlo al más moderno de País Valenciano, así como al título "menos importante" de Principado de Cataluña. Una expresión casi sinónima de la anterior, y que también se encuentra en decadencia actualmente, es la de Región Valenciana. Esta denominación lleva aparejada una connotación de subordinación a una entidad considerada superior: España estaría formada por regiones y la Región Valenciana sería una parte de ese todo.

La expresión *País Valencià*, por su parte, aparece usada por primera vez en el siglo XVIII. Con todo, su generalización en los ambientes valencianistas no se produjo hasta la II República Española (1931-1939), pero sobre todo se difundió ampliamente durante la última parte de la Dictadura del general Franco (1936/1939-1975), durante la transición hacia la democracia, así como en los primeros años del restablecimiento de la democracia, entre los medios intelectuales, nacionalistas o, simplemente, de la oposición democrática de todo el Dominio Lingüístico Catalán, y aun fuera de él.

Actualmente, se halla bastante extendida la denominación Comunidad Valenciana (*Comunitat Valenciana*), que es la oficial y la que se va imponiendo por la fuerza del uso. Este neologismo es muy reciente y obedece a un pacto de las fuerzas políticas con representación parlamentaria que aprobaron en 1982 el Estatuto de autonomía valenciano, o "Constitución" interior de autogobierno. Esta designación obvia el problema de tener que elegir entre uno de los dos nombres tradicionales (el arcaizante de Reino de Valencia o el desvitalizador de Región Valenciana) y el más moderno de País Valenciano (no muy popular y considerado a menudo como formando parte del proyecto político de los Países Catalanes). Su relativo éxito se debe sin duda a que se puede considerar una solución de compromiso, aunque sea afectivamente más neutra.[12]

Finalmente, podemos encontrar todavía dos denominaciones más referidas al mismo territorio. La primera es Levante ('el Este'): introducida en el siglo XX, hoy en día es amplísimamente denostada por los propios valencianos a causa de su imprecisión y falta de adecuación, aunque se utiliza ocasionalmente por algunas empresas privadas y por algún medio de comunicación no valenciano. La segunda denominación es, simplemente, Valencia —y a ella se debe directa o indirectamente toda esta abundancia de designaciones. Esta última ha tenido y tiene todavía un cierto uso, especialmente en el lenguaje coloquial, y aunque es ambivalente, ya que reúne en un único nombre (*València*) el de la capital y el del conjunto del país (como, por otra parte, es el caso de Andorra, Luxemburgo, México o Quebec), no deja de ser puntualmente útil en usos informales, dado que una eventual confusión es fácil de deshacer gracias al contexto o bien por otros medios (*Ciutat de València*: Ciudad de Valencia; *València capital*: Valencia capital, etc.).

---

[12] En esta obra, hasta 1707 nos referiremos al Reino de Valencia; desde entonces y hasta 1982 al País Valenciano; y desde este último año alternaremos las denominaciones País Valenciano y Comunidad Valenciana, reservando preferentemente esta última para contextos políticos, administrativos o de estadísticas oficiales.

LAS ISLAS BALEARES (*LES ILLES BALEARS*)

Las Islas Baleares o, simplemente, las Baleares están formadas por las islas principales de Mallorca, Menorca, Ibiza (*Eivissa*) y Formentera. En la historiografía latina, las Baleares eran sólo Mallorca (*Balearica Maior*) y Menorca (*Balearica Minor*), mientras que Ibiza y Formentera eran conocidas conjuntamente con el nombre de las Pitiusas (en latín: *Pityussae*; en catalán: *les Pitiüses*), distinción que todavía se practica esporádicamente. A raíz de la conquista cristiana del siglo XIII, durante setenta años se constituyó un Reino de Mallorca (o de Mallorcas, en plural) con reyes propios pero salidos de la Casa de Aragón y feudatarios del rey de Aragón, que comprendía las Islas Baleares así como los condados norcatalanes (Perpiñán) y el señorío de Montpellier, en la actual Francia; este reino, sin embargo, acabaría reintegrándose plenamente en la Corona de Aragón en 1349 (batalla de Llucmajor, Mallorca).

En tiempos modernos se recuperó el nombre clásico de Baleares, pero el sentimiento popular de pertenencia a una comunidad ha hecho referencia normalmente a cada una de las islas en particular. Sobre esto, hay que entender que cada una de ellas ha vivido históricamente de manera ampliamente autónoma, y que el sentimiento de pertenecer a una comunidad inmediatamente superior y compartida (las Baleares) sólo se ha asumido contemporáneamente —y no sin reservas— gracias en gran parte a la existencia de órganos comunes de Administración, como el Gobierno Balear (*Govern Balear*). Por ello, la realidad es, todavía hoy, que un habitante de las Baleares más bien se designa a sí mismo, en primer lugar, como mallorquín, menorquín, ibicenco o *formenter*. Actualmente, por tanto, se usan los nombres de Islas Baleares (*Illes Balears*), las Baleares (*les Balears*) o, desde una perspectiva de Países Catalanes, simplemente las Islas (*les Illes*), por antonomasia, además de los nombres, siempre más naturales y espontáneos, de cada isla.

ANDORRA (*ANDORRA*)

Este pequeño país de los Pirineos, a caballo entre Francia y España e independiente desde el siglo XIII, es un caso especial. Oficialmente, recibe el nombre de Principado de Andorra (*Principat d'Andorra*), aunque la jefatura del Estado no la asume un príncipe sino que es bicéfala o compartida de manera indivisa por *dos* príncipes, denominados legalmente *copríncipes* en la Constitución andorrana de 1993: el presidente de la República Francesa y el obispo catalán de La Seo de Urgel (*la Seu d'Urgell*). En términos corrientes, sin embargo, el país es conocido normalmente por el nombre simple de Andorra.

Otra designación alternativa, pero menos usada, es la de Valles de Andorra (*les Valls d'Andorra*). A veces puede ser conveniente utilizar la primera o bien esta última denominación para distinguir el país de su capital, homónima, pero en caso de confusión se suele usar más bien el nombre completo y oficial de la capital del Estado, Andorra la Vella (también conocida tradicionalmente en español por *Andorra la Vieja*, y en francés por *Andorre-la-Vieille*).

EL ALGUER (*L'ALGUER*)

Finalmente, la ciudad sarda de El Alguer no presenta problemas especiales de denominación. Su nombre en catalán es *l'Alguer,* aunque en Italia es conocida sobre todo con el nombre italiano de *Alghero.* Un nombre alternativo de la ciudad, aún conocido por los alguereses hoy en día, pero prácticamente en desuso, es el de *Barceloneta* ('Pequeña Barcelona'), que recuerda precisamente el origen catalán de la ciudad intramuros.

La Porta de Terra de El Alguer (en catalán *l'Alguer* y en italiano *Alghero*), en el noroeste de la isla de Cerdeña (Italia). Esta ciudad, conquistada y repoblada mayoritariamente por catalanes en el siglo XIV, es el último vestigio lingüístico de la colonización de la isla por la Corona de Aragón. Sus habitantes han mantenido la lengua catalana hasta la actualidad.

EL CATALÁN
Y LAS LENGUAS ROMÁNICAS

L a facultad de lenguaje es una característica común a todos los individuos de la especie humana, si exceptuamos ciertas patologías más bien graves. Por esta razón todas las lenguas humanas, a pesar de su diversidad, tienen características compartidas. Además, la gran mayoría de ellas presenta notables coincidencias con otras lenguas, coincidencias que son debidas normalmente a un origen común o a una historia compartida. En lingüística, las lenguas que derivan de una lengua común anterior se agrupan en familias lingüísticas. Las más conocidas entre las europeas son las familias de lenguas románicas, germánicas y eslavas, pero no son las únicas, e incluso éstas y otras, inicialmente extendidas desde Europa hasta la India, se reúnen además en una más amplia (la familia de las lenguas indoeuropeas).

Algunos idiomas, hablados originariamente en Europa, tienen como tronco común el latín vulgar, una variedad sensiblemente diferente del latín clásico, y por ello han recibido el nombre de lenguas neolatinas, románicas o romances. Los idiomas que descienden del latín vulgar se agrupan en el territorio que los lingüistas conocen con el nombre de la Romania (que no hay que confundir con la actual República de Rumanía). Entre estas lenguas encontramos el catalán, el occitano, el francés, el español, el gallego y el portugués, el italiano, el rumano y algunas otras como el sardo, el aragonés, el asturiano, el francoprovenzal, el retorrománico o el extinguido dálmata. En términos de parentesco, se suele decir que si las lenguas románicas son hijas del latín, todas éstas son hermanas entre sí —e incluso se ha afirmado (como el romanista y lexicógrafo Joan Coromines) que algunas de ellas, como el catalán y el occitano por un lado, o el español y el gallego/portugués por otro, se pueden considerar además "gemelas".

LAS LENGUAS ROMÁNICAS

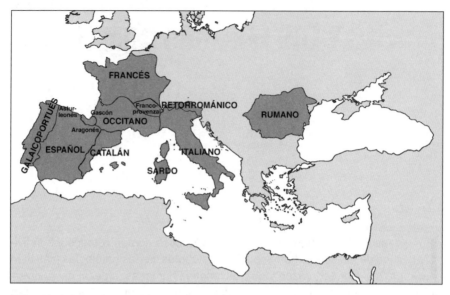

Si la variedad de la lengua latina en que se escribieron las grandes obras de la literatura latina es conocida con el nombre de latín clásico, las lenguas de la familia románica, o neolatina,
derivan del llamado latín vulgar, una variedad coloquial y mal documentada de la lengua latina. A su vez, el latín era una de las ramas de la familia lingüística indoeuropea, extendida originariamente entre la India e Islandia.

Todo ello implica, lógicamente, que estas lenguas están relacionadas
genéticamente entre sí y que, por tanto, *se parecen*. Este hecho permite afirmar que entre los hablantes de lenguas románicas se da también cierto grado
de inteligibilidad mutua, especialmente entre personas cultivadas y por escrito. De esto se da cuenta rápidamente cualquiera que sepa una lengua románica y quiera aprender otra de la misma familia; y aún lo notará más —por contraste— si quiere aprender algún idioma perteneciente a otra familia lingüística
(por ejemplo, el alemán o el ruso, por no hablar del húngaro, del finés o del
vasco), ya que muy probablemente le parecerá más difícil o, al menos, "más
diferente". Si además se domina bastante bien una o varias lenguas románicas, será más fácil aprender otra más de esta misma familia, aunque cabe
asumir la posibilidad de más de una confusión, al menos al principio. (Esto
quiere decir, pues, que si ya se conoce, por ejemplo, el español, esta lengua
será de gran ayuda para aprender el catalán, y si además del español se cono-

ce otra lengua o lenguas románicas —pongamos por caso el francés, el italiano o el gallego/portugués—, la comprensión y aprendizaje del catalán se facilitará aún más.)

Lo que subyace a todo lo anterior es el hecho de que las lenguas neolatinas comparten una serie de características que les son más o menos comunes y coincidentes, tanto en estructura gramatical como en fonética o en léxico. Con todo, conviene dejar claro que presentar similitudes con unas u otras lenguas no equivale a predicar que una lengua como el catalán —o cualquier otra— sea el resultado de una "mezcla" entre algunas de ellas, como en ocasiones se ha dicho, sino que, simplemente, comparten un mismo origen —en nuestro caso, el latín—, por lo que cada lengua presenta opciones que pueden reaparecer en otras de manera más o menos aleatoria.

El vocabulario es quizás el nivel de análisis lingüístico donde mejor se pueden apreciar los fenómenos de similitud debidos a un étimo (palabra originaria) común. Así, muy a menudo, el léxico catalán es bastante reconocible a simple vista para alguien que ya conozca otra lengua románica, como se puede observar en los ejemplos de la tabla 6.

Tabla 6. Coincidencias entre lenguas románicas (origen común claro)

LATÍN CLÁSICO	Catalán	Occitano	Francés	Italiano	Español	Portugués
VINUM	**vi**	vin	vin	vino	vino	vinho
MANOS	**mans**	mans	mains	mani	manos	mãos
VITAM	**vida**	vida	vie	vita	vida	vida
BUCCAS	**boques**	bocas	bouches	bocche	bocas	bocas
UNUM	**un/u**	un	un	un/uno	un/uno	um
DECEM	**deu**	dètz	dix	dieci	diez	dez

Otras veces, en cambio, las diferencias son más profundas y no siempre se puede reconocer fácilmente la relación de ciertas palabras catalanas con sus hermanas de otras lenguas románicas, a pesar de tener el mismo origen etimológico, como en los siguientes casos (tabla 7).

Tabla 7. Coincidencias entre lenguas románicas (origen común menos evidente)

LATÍN CLÁSICO	Catalán	Occitano	Francés	Italiano	Español	Portugués
OCULOS	**ulls**	uèlhs	yeux	occhi	ojos	olhos
DIGITOS	**dits**	dets	doigts	dita	dedos	dedos
FILIUM	**fill**	filh	fils	figlio	hijo	filho
PLENUM	**ple**	plen	plein	pieno	lleno	cheio
AQUAS	**aigües**	aigas	eaux	acque	aguas	águas

Sea como fuere, es digno de ser subrayado que la mayoría de las palabras *cultas*, especialmente en las lenguas románicas —pero no únicamente—, han sufrido típicamente pocos cambios en su adaptación del latín, y normalmente son fáciles de reconocer (muchas de ellas, además, podríamos calificarlas, más en general, de "internacionalismos"), como, por ejemplo, las de la tabla 8.

Tabla 8. Coincidencias entre lenguas románicas (cultismos)

LATÍN CLÁSICO	Catalán	Occitano	Francés	Italiano	Español	Portugués
MANUALEM	**manual**	manual	manuel	manuale	manual	manual
DECIMALES	**decimals**	decimals	décimaux	decimali	decimales	decimais
VINICOLAM	**vinícola**	vinicola	vinicole	vinicola	vinícola	vinícola
UNIONEM	**unió**	union	union	unione	unión	união
BUCCALEM	**bucal**	bucal	buccal	buccale	bucal	bucal
VITALITATEM	**vitalitat**	vitalitat	vitalité	vitalità	vitalidad	vitalidade
OCULAREM	**ocular**	ocular	oculaire	oculare	ocular	ocular
DIGITATUM	**digitat**	digitat	digité	digitato	digitado	digitado
AQUOSUM	**aquós**	aquós	aqueux	acquoso	acuoso	aquoso
FILIATIONEM	**filiació**	filiacion	filiation	filiazione	filiación	filiação
PLENITUDINEM	**plenitud**	plenitud	plénitude	plenitudine	plenitud	plenitude

Tabla 9. Paralelismos (series regulares)

	mà	unitat	curiós	porta	formiga
Catalán	sa	realitat	victoriós	força	forn
	romà	humanitat	virtuós	coll	fer
	man	unitat	curiós	pòrta	formiga
Occitano	san	realitat	victoriós	fòrça	forn
	roman	humanitat	virtuós	còl	far
	mano	unidad	curioso	puerta	hormiga
Español	sano	realidad	victorioso	fuerza	horno
	romano	humanidad	virtuoso	cuello	hacer
	main	unité	curieux	porte	fourmi
Francés	sain	realité	victorieux	force	four
	romain	humanité	virtueux	col	faire
	mano	unità	curioso	porta	formica
Italiano	sano	realità	victorioso	forza	forno
	romano	umanità	virtuoso	collo	fare
	mão	unidade	curioso	porta	formiga
Portugués	são	realidade	victorioso	força	forno
	romão	humanidade	virtuoso	colo	fazer

Así mismo, otro factor que también facilita no poco el aprendizaje de las lenguas románicas son las series de paralelismos o regularidades que se pueden observar entre ellas, como, por ejemplo, en la tabla 9.

Por otro lado, salvando también las lógicas diferencias, y sin entrar aquí en detalles, podría hablarse en términos semejantes de los rasgos compartidos que presentan los diversos idiomas románicos por lo que respecta a su fonética, su morfología o su sintaxis.

Con todo, el catalán, posiblemente por el hecho de haberse desarrollado sin el apoyo de un Estado propio y único, no siempre ha visto fácilmente reconocida su especificidad lingüística. Así, fueron no pocos los primeros romanistas del siglo XIX que, por razones históricas, de tradición literaria o de semejanzas lingüísticas, consideraron el catalán como una especie de "dependencia" o apéndice del occitano (Friedrich Diez) y, por lo tanto, agrupado en el área de las lenguas galorrománicas, previamente creada para asimilar el occitano al francés. Con argumentos similares a los citados anteriormente, entre los que pesaba en especial el evidente iberismo geográfico del catalán, se propuso más tarde su iberorromanidad, para asociarlo al español y al portugués.

De hecho, aún hasta mediados del siglo xx, se discutió académicamente sobre a cuál de estos dos subgrupos románicos cabía asignar el catalán. Algunos sostuvieron incluso una solución de compromiso consistente en considerarlo como una especie de "puente" entre las lenguas iberorrománicas y las galorrománicas. Lo cierto, sin embargo, es que, vista en perspectiva, se trataba más bien de una discusión apriorística, e incluso ideológica, planteada erróneamente. Lo que subyacía efectivamente era una considerable confusión o prejuicio que impedía otorgar a cada lengua particular su independencia lingüística fuera de marcos políticos relativamente modernos como España o Francia, y fuera de una "centralidad" concedida de entrada a ciertas lenguas "más importantes", como el francés o el español, conceptos todos ellos irrelevantes en términos estrictamente lingüísticos.

Hoy en día, no obstante, este tipo de especulaciones ha perdido interés. En realidad, nadie se había molestado en estudiar rigurosamente y sin ideas preconcebidas las semejanzas y divergencias del catalán con las otras lenguas románicas. En primer lugar, el catalán presenta, como las restantes lenguas de la familia románica, un vocabulario básico de origen latino común como el de las tablas 6 y 7, que puede variar según las lenguas consideradas, pero que

Tabla 10. Ejemplos de coincidencias entre lenguas románicas
(catalán agrupado con español y portugués)

LATÍN	Catalán	Español	Portugués	Occitano	Francés	Italiano	LATÍN
GERMANOS	germans	hermanos	irmãos	fraires	frères	fratelli	FRATRES
MAGIS	més	más	mais	plus	plus	più	PLUS
[MANTEC(C)AM]	mantega	manteca	manteiga	burre	beurre	burro	BUTYRUM

Tabla 11. Ejemplos de coincidencias entre lenguas románicas
(catalán agrupado con occitano, francés e italiano)

LATÍN	Catalán	Occitano	Francés	Italiano	Español	Portugués	LATÍN
[VOLERE]	voler	voler	vouloir	volere	querer	querer	QUAERERE
LECTUM	llit	lèit	lit	letto	cama	cama	CAMAM
MANDICARE	menjar	manjar	manger	mangiare	comer	comer	COMEDERE
PARABOLARE	parlar	parlar	parler	parlare	hablar	falar	FABULARE
PATELLAM	paella	(padèla)	poêle	padella	sartén	sartã	SARTAGINEM

como media se sitúa alrededor del 80%. Análisis recientes sobre el léxico del 20% restante han posibilitado abandonar la antigua polémica sobre la subagrupación románica del catalán y ofrecen datos que hoy parecen irrefutables. Con este fin, se han explorado no sólo listas de vocabulario básico, sino también conjuntos aleatorios de palabras o determinados campos semánticos. El resultado constante es que el catalán se muestra claramente como una lengua románica con el mismo nivel de independencia (o de interrelación) que las demás y, por tanto, sin motivos especiales para agruparla con otras lenguas vecinas, a pesar de que, por lo que respecta al léxico, se manifiesta estadísticamente más afín al occitano, al francés y al aragonés (e incluso al italiano) que al español o al portugués/gallego. Esto hace que el catalán pueda compartir con unas lenguas románicas, como el español o el portugués, un cierto número de elementos léxicos (como en la tabla 10), mientras que, para otras palabras, comparte el mismo origen con otras lenguas, como el occitano, el francés o el italiano (tabla 11).

Como es previsible, en fin, el catalán presenta así mismo soluciones propias y características, como por ejemplo: *aixecar* 'levantar', *enyorar* 'añorar' (que, en español, es un catalanismo), *estiu* 'verano', *gos* 'perro', *groc* 'amarillo', *massa* 'demasiado', *vora* 'borde; cerca de', *padrina* 'madrina', *rebutjar* 'rechazar', *òliba* 'lechuza', *tardor* 'otoño', etc.

PALABRAS DE ORIGEN CATALÁN EN ESPAÑOL Y EN OTRAS LENGUAS

El contacto entre comunidades lingüísticas diferentes comporta siempre una cierta transferencia de léxico de unas lenguas a otras —los llamados "préstamos". A lo largo de esta obra iremos viendo una muestra de las palabras que la lengua catalana ha importado a lo largo de su historia; en cambio, en este apartado se expondrán algunas de las aportaciones del catalán incorporadas al caudal léxico de otras lenguas. Si ofrecemos más ejemplos del español es debido no sólo a la vecindad y a las evidentes relaciones históricas y de todo tipo con esta lengua, sobre todo desde principios de la Edad Moderna, sino también al hecho de que es en esta lengua donde se ha estudiado más este fondo particular de su vocabulario. Otro conjunto léxico así mismo bien conocido corresponde a las huellas dejadas por el catalán en la Italia insular y meridional.

Los catalanismos en español son de todo tipo, aunque es notable que sus usuarios no suelen ser conscientes de su procedencia. Aparte de los más típicos, y que suelen ser identificados rápidamente como tales (como, por ejemplo, *bajoca, butifarra, ensaimada, falla, masía* y *mas, noy, paella, payés, seo* o *sobrasada*), podemos citar, sin ánimo de exhaustividad y a título meramente ilustrativo, otras muchas palabras de origen catalán, algunas de las cuales pertenecen al español más común y diario: desde las relativamente recientes (*peseta* [del catalán *peceta*, literalmente: 'piececita'] o *esquirol*) o muy recientes (*pela* 'peseta', de extracción argótica, o *pan-tumaca* < pa amb tomàquet 'pan con tomate', plato típico de Cataluña) hasta las antiguas, como *alioli, capicúa, chuleta, cohete, confite, cordel, dátil, doncel, esqueje, faena, fideos, lebrel, naipe, orate, palmera, perol, pila* ('montón', y *apilar*), *pólvora, prensa* (y *prensar* e *imprenta*), *rampa* (y *rampante*), *reloj, sardinel* (y *sardinet*), *semblante, turrón*, etc.

Muchos de estos préstamos corresponden a campos semánticos especializados en los que han destacado los catalanohablantes, como el vocabulario náutico y marítimo (durante la Edad Media): *anguila, avante, bajel, buque, escandallo, gobernalle, muelle, nao, orinque, palenque, placer* ('llano submarino'), *proel, timonel, zozobrar*, etc.; el léxico textil (desde la Edad Media): *carquerol, cordellate, cortapisa, cotonada, debó, desgay, disfrazar, enfurtir, falda, filatura, filderretor, frazada, gorga, pelaire, perpunte, retal, sastre, trepar, vellorí, velludo*, etc.; o el lenguaje mercantil: *a granel, al detall, ferretería* (y *ferretero*), *lonja, mercader, mercería, pujar*, etc.

Los catalanismos del español incluyen así mismo ciertos términos delicados, como por ejemplo *añorar* (y *añoranza*), *clavel, pechina, rosicler o rozagante*; así como otras palabras llegadas al español desde otras lenguas por vía del catalán, como *bosque, claraboya, dosel, forastero* (del francés o del occitano) o bien *artesano, balance o forajido* (del italiano).

También encontramos palabras de origen catalán en otras lenguas menos investigadas en este aspecto. Por ejemplo, en italiano son de origen catalán palabras como *gancio* 'gancho' < ganxo, *nostromo* 'suboficial de marina, contramaestre' < *nostramo* (de *nostre* 'nuestro' y *amo* 'jefe, superior'), *paella* 'plato típico valenciano' o *sorra* 'tajada de vientre de atún en aceite' < sorra 'la parte ventral del atún'. Así mismo, en el italiano de la Toscana están documentadas palabras como *perpignano, valensana* (y *valenza*) 'ciertos tipos de tejidos', pero son especialmente numerosos los catalanismos de la isla de Cerdeña, donde se han contabilizado algunos millares de ellos, y también de Nápoles y Sicilia, unos ejemplos de los cuales veremos en otro capítulo. En francés, proceden del catalán, entre otros, *abricot* y *aubercot* 'albaricoque' < aubercoc (catalán estándar: albercoc), *baraque* 'barraca' < barraca, *cuirasse* 'coraza' < cuirassa, *galère* 'galera [nave]' < galera, *ganga* 'cierta gallinácea de los Pirineos' < ganga, *misaine* 'la [vela] mediana' < mijana (estándar: mitjana) o *orseille* 'cierto liquen' < orxella; también proceden del catalán *leude* 'cierto impuesto' y *deume* 'diezmo', en la Gascuña y el Languedoc; o *mousse* 'grumete' < mosso 'criado, aprendiente' (que a su vez proviene del español *mozo*), *orin* 'cierta cuerda náutica' < orrí (anticuado), *fernel* o *farnel* 'cierta cuerda' < frenell, *catalogne* 'un tipo de frazada'. De la misma manera, en portugués son de origen catalán palabras como *herel* 'heredero' < hereu, *molhe* ('muelle'), *moinante* 'vagabundo, pícaro' < (al)moina ('limosna'), *foguete* 'cohete' < español *foquete / cofete* < catalán coet, o *nau* 'embarcación grande, nave' < nau.

También, en dos casos especiales, colonias de catalanohablantes dejaron un poso en el léxico de sus descendientes o de sus propios convecinos de lengua inglesa y francesa. Así, dos oleadas migratorias diferentes, una de menorquines a La Florida británica a mediados del siglo XVIII, y otra de menorquines y valencianos (pero también de norcatalanes) a la Argelia francesa durante los siglos xix y xx, dejaron huellas en el inglés y el francés locales. De la última, los más numerosos fueron los menorquines; conocidos genéricamente por *mahonnais* ('mahoneses, de Mahón') por los otros colonos franceses, mantuvieron una comunicación continuada con Menorca desde la conquista francesa de Argelia en 1830 hasta la independencia de este país norteafricano en 1962, e incluso fundaron media docena de localidades lingüísticamente homogéneas. Algunos descendientes de estos "mahoneses" conservan todavía en Francia su dialecto menorquín del catalán, y en el pasado tanto ellos como los emigrantes alicantinos dejaron algún centenar de palabras catalanas en el francés argelino, como *botifarre* < botifarra 'butifarra', *calbote* < calbot 'cachete', *carabasse* < carabassa 'cabeza' (literalmente: 'calabaza'), *castagne* < castanya 'trompazo' (literalmente: 'castaña'), *mitch-mitch* < mig-mig 'a medias, *fifty-fifty'* (literalmente: 'mitad-mitad'), *la figa 'ta ouela!* (juramento valenciano), *mira!* < mira! '¡mira!', *pantchà* < panxada 'panzada, atracón', *rebouliqué* < rebolicat 'revuelto', *sipions* < sipions 'sepias pequeñas', *soubressade* < sobrassada 'sobrasada', *espardeignes* < espardenyes 'alpargatas', *tché!* < xe! (exclamación valenciana), *tchibèque* < xibeca 'lechuza', *torraïcos* < torradicos < torrat 'tostado', *tramoussos* < tramussos 'altramuces'. (Cabe recordar aquí que el hijo de una franco-menorquina de Argelia, Catalina Sintes, llegaría a obtener en 1957 el Premio Nobel de Literatura: Albert Camus, que en sus obras hizo diversas referencias a aquellos *mahonnais*.)

También está ampliamente documentada la emigración de varios cientos de menorquines a San Agustín (en inglés: *Saint Augustine*), en La Florida (Estados Unidos). Sus descendientes conservaron este dialecto norteamericano del catalán hasta principios del siglo xx, y algunas de las viejas familias de aquella ciudad aún hoy en día mezclan en su inglés algunas palabras, e incluso pequeñas frases, de origen menorquín, como: *peous* < peus 'pies', *fiet!* < fi(ll)et! '¡chico!', *ome!* < home! '¡hombre!', *carra moosha* < cara moixa 'cara triste', *es ver* < és ver 'es verdad', *sta grossa* < està grossa 'está embarazada', *'who is that jana?* < jan '¿quién es este tipo?', *no menjaries!* < no mengis! + no menjaries '¡no comas!', *she is my pintat* < pintat, literalmente 'pintado': [ella] es mi vivo retrato', etc.

Para acabar esta sección, citaremos dos notables palabras catalanas que parecen estar en el origen de otras tantas en lenguas muy diversas. Así, según todos los indicios, es de origen catalán la primera documentación (1473) en una lengua europea de la palabra revolución (catalán: *revolució*) en el sentido político (no astronómico), y anterior por tanto a sus correspondientes inglesa (*revolution, ca.* 1600) y francesa (*révolution, ca.* 1760). Por otro lado, de la palabra catalana *paper* 'papel' (documentada por primera vez en 1249) debe de provenir el español *papel* (documentado desde *ca.* 1400, y todavía bajo la forma *paper* en 1330; compárese con: *timonel* < cat. timoner, *lebrel* < cat. llebrer, *proel* < cat. proer, etc.), el gallego/portugués *papel* (1327 en gallego, siglo XV en portugués) y el francés y el occitano *papier* (respectivamente, siglo XIII y siglo XIV); a través de la forma francesa provendrían el inglés *paper* (siglo XIV), el alemán *papier* (siglo XIV), el polaco *papier*, el checo *papír*, el serbocroata *papir,* etc. (Sobre este producto de origen árabe, tan esencial en la difusión de la cultura moderna, cabe decir que las primeras noticias de su fabricación en Europa proceden precisamente de Játiva [*Xàtiva*], en el Reino de Valencia, a mediados del siglo XIII, mientras que en Francia no se documenta la elaboración del papel hasta 1318.)

T anto el nombre *Catalunya* como el de sus habitantes (*catalans*) son de etimología incierta, aunque se documentan por primera vez a principios del siglo XII. La denominación de una forma relacionada con *catalán*, referida a la lengua, aparece por primera vez hacia el año 1290 bajo la forma *catalanesc* (originalmente, '[idioma] propio de los catalanes'), usada por el poeta catalán Jofre de Foixà, que como era la norma en su época componía en occitano; pero el testimonio más antiguo de la palabra *català* no aparece hasta 1358, aunque dos años antes ya encontramos en un documento en latín, expedido en Valencia, la expresión *in vulgari tam catalano* ('en [lenguaje] vulgar, que es como decir catalán').

Anteriormente, la lengua de cada día ya había recibido, y había de continuar recibiendo aún durante largo tiempo, otros nombres sin ninguna referencia de tipo geográfico ni a su origen en Cataluña, de la misma manera que otras lenguas, románicas o no —recordemos, por ejemplo, entre otras, la denominación *Deutsch* para el alemán, originalmente un adjetivo con el significado de 'propio de la gente, popular, nacional' o bien la de *langue d'oïl*, literalmente 'lengua de sí' en francés antiguo, que se usaba para designar esta lengua, especialmente por oposición al occitano o *lènga d'òc*, del mismo modo traducible por 'lengua de sí'. Así, dado que el catalán medieval se solía contraponer en especial al latín, recibió por ello los nombres de *romanç* ('romance, románico') o *vulgar* ('vulgar, del pueblo'), pero también los de *plebeicus sermo* ('lenguaje popular'), *pla* ('llano', 'sencillo'; denominación usada aún hoy en día esporádicamente en la isla de Menorca), *lingua laica* ('lengua de los laicos', por contraste con el latín del clero) e incluso el de *llengua cristianesca* ('lengua cristiana', por oposición al árabe de los musulmanes hispánicos).

Toda esta abundancia y variedad de nombres es importante porque implica que, durante la época en que el catalán empezó a extenderse por la Cataluña occidental y meridional y por el Bajo Aragón (siglo XII), y a continuación por los reinos de Valencia, Mallorca y Murcia (a partir del siglo XIII), la lengua todavía no tenía un único nombre suficientemente fijado por la tradición y que hiciera referencia inequívoca a su origen geo-histórico en Cataluña. Este hecho habría de acarrear notables consecuencias en el futuro. A pesar de la remarcable homogeneidad de los diversos dialectos catalanes que reflejan los documentos medievales, las regiones donde se hablaba catalán, pero que no eran Cataluña, pronto sintieron llegada su mayoría de edad; emancipadas de sus orígenes en Cataluña, y al ser tanto o más importantes e influyentes que ella (como fue el caso del Reino de Valencia durante el siglo XV), no tardaron en reivindicar denominaciones particularistas para la lengua (catalana) hablada por sus hablantes, con lo que de paso contribuían a explicitar y reforzar la independencia política y jurídica de la que ya disfrutaban. Así, la primera documentación de la expresión *llengua valenciana* ('lengua valenciana') es ya de 1395, y la de *vulgar mallorquí* ('[idioma] popular mallorquín') aparece hacia 1450. Cabe añadir, sin embargo, que el sentido que se daba entonces a la palabra *lengua* no debería confundirse con el científico que le reserva hoy en día la lingüística, sino que hay que identificarlo más bien con el significado de 'lengua hablada por los valencianos, por los mallorquines'.

Otra designación, característica de la Franja de Aragón y aún actual, es *xapurriau* —una adaptación de la palabra española *chapurreado*. El significado de esta denominación, de origen despectivo, hace referencia a una supuesta "mezcla [de lenguas]" o a un lenguaje "incompleto" ("chapurrear inglés"). Este impreciso término, que reaparece, además, para designar otras hablas de España (y bien distintas y distantes: por ejemplo, en Extremadura y en la provincia de León), se debe a la confluencia de diversas causas externas e internas. Entre las primeras cabe señalar el desamparo tradicional del catalán de Aragón a causa de su situación periférica, tanto desde Aragón como desde el Dominio Lingüístico Catalán; pero sobre todo la estigmatización de estas modalidades aragonesas del catalán por los poderes tradicionales de la zona, ya fuera desde la ventanilla de la oficina pública, la tarima de la escuela o por los usos lingüísticos difundidos por el clero. Entre las segundas hay que contar, sin duda, con la confusión íntima que producía típicamente el hecho de ser habitantes de una zona de frontera, es decir: hablar el catalán sin ser jurídicamente ni sentimentalmente catalanes; o bien, sobre todo en el pasado, ser unos aragoneses "diferentes" por minoritarios: es decir, ser aragoneses sin tener el español como lengua autóctona ni dominarlo suficientemente (de donde nace la supuesta "mezcla", pero más bien al intentar hablar este último idioma). Ahora bien, a pesar de todos los prejuicios y de algunas interferencias características del español (cosa, por otro lado, bastante corriente en el catalán coloquial o no estándar del resto del dominio lingüístico), la lengua que se habla en la Franja catalanohablante de Aragón, especialmente al sur del eje San Esteban de Litera-Laspaúles (en catalán, *Sant Esteve de Llitera* y *les Paüls*, ambas localidades en la provincia de Huesca), no deja de ser por ello catalán genuino, difícil de distinguir del catalán de las localidades vecinas de Cataluña o la Comunidad Valenciana incluso si se tiene cierta experiencia o bien preparación lingüística.

Finalmente, en relación con todas estas cuestiones de nombres, el caso de Andorra ofrece un buen ejemplo para concluir esta sección. Como en otros territorios donde se habla catalán, el orgullo nacional de los andorranos podría haberles impulsado a reclamar para sí, y hasta a usar, un nombre propio para la lengua de su país (por ejemplo, *andorrà* 'andorrano') —y en su caso con no malas razones, ya que han sabido mantener su independencia como nación desde la Edad Media. Pero el hecho es que en el Principado de Andorra, modélicamente, nunca se ha puesto en duda el nombre de catalán y su extensión geográfica real, ni por ello sus ciudadanos se han sentido disminuidos en cosa alguna.

LA PREHISTORIA DEL CATALÁN

E s científicamente imposible determinar cuándo "nació" cada una de las diversas lenguas románicas. Con todo, ésta es una cuestión que no ha dejado de interesar a públicos muy diversos; por ejemplo, según algunos historiadores, uno de los factores que ayudaría a separar la Antigüedad de la Edad Media sería precisamente la aparición de estas lenguas. Sin embargo, lo que se produjo en realidad fue una evolución gradual y mal documentada, durante los siglos de la Alta Edad Media, entre el latín vulgar y las diversas lenguas románicas que surgieron de él. En propiedad, la historia de cada lengua románica, como en general la de cualquier lengua humana, sólo se puede empezar a describir a partir de la aparición de sus primeros documentos escritos; la fase anterior sería su "prehistoria".

Como las otras lenguas románicas, no sólo de la Hispania o de la Galia sino también de otras partes del Imperio Romano, el catalán surgió de la evolución del latín importado, en este caso a partir del siglo III aC, al nordeste de la provincia romana de la Hispania Citerior o Tarraconense (capital: Tárraco, la actual Tarragona).

La historia de la lengua latina, una de las diversas lenguas indoeuropeas que se hablaron en la Península Itálica —originalmente, sólo en el Lacio (en latín: *Latium*), la región cuyo centro era Roma—, se remonta también al siglo III aC, época de sus textos más antiguos. Durante más de medio milenio el latín clásico, escrito, permaneció prácticamente inmutable; mientras tanto, el latín hablado habitualmente por la gente corriente se fue diferenciando más y más de este latín clásico y literario hasta convertirse prácticamente en otra lengua. Se ha propuesto una bella metáfora para sugerir la íntima relación entre el latín vulgar y el latín clásico: si imaginamos un río helado, su superficie dura, estable, sería el latín que nos muestran las grandes obras de la literatura clásica latina, sin cambios sustanciales a través de los siglos, mientras que por debajo de la capa de hielo fluiría el agua viva de una lengua popular que no cesaba de cambiar y renovarse. Entre las lenguas románicas, el francés y el español son las que más han acabado divergiendo del latín, mientras que otras como el catalán o el occitano, el italiano, el sardo o el gallego y el portugués están entre las que mejor han conservado su fisonomía latina original.

La variedad del latín que "exportaron" los soldados que iban ampliando y ocupando el Imperio Romano fue el latín vulgar, pero también fue ésta la modalidad hablada por los colonos y comerciantes que se establecían en los nuevos territorios, así como por los funcionarios encargados de administrarlos —y por las familias de todos ellos. Con el tiempo, además, esta variedad del latín sería precisamente la que se acabaría generalizando entre la población de raíz prerromana.

El latín vulgar hablado en el nordeste de la Hispania conformó el esqueleto y la mayor parte de la sustancia del futuro catalán, y le confirió, lógicamente, su identidad y carácter latinos: cabe recordar, por ejemplo, limitándonos al léxico, que alrededor del 80% del vocabulario básico de la lengua catalana (tanto de palabras primitivas como de derivadas) procede del latín. Aquel latín de la Tarraconense que iba evolucionando hacia el catalán, sobre todo desde la caída del Imperio Romano, fue moldeado también por el influjo de otras lenguas. En primer lugar, por aquellas que ya existían a la llegada de los romanos (especialmente, el ibérico, el celta y el vasco) y, más adelante, por las lenguas germánicas (el visigótico y el fráncico), así como por una lengua semítica (el árabe). En pocas palabras, podríamos decir que estos son los elementos constitutivos de los que proviene la lengua catalana.

La ocupación militar de la Península Ibérica empezó el 218 aC con el desembarco del general romano Gneo Cornelio Escipión en Ampurias (en catalán: *Empúries,* Costa Brava), en el contexto de la Segunda Guerra Púnica entre Roma y Cartago. Hasta el siglo I dC la romanización se centró básicamente en la penetración, conquista y pacificación del país, muy probablemente con una incidencia lingüística menor. A partir del siglo I dC y hasta el III se dio un período, larguísimo para la Antigüedad, de seguridad interior y exterior impuesta por Roma: la *pax romana*. Es en este período en el que hay que buscar la romanización lingüística, o latinización, de la Tarraconense. También es entonces cuando comienzan a desaparecer las inscripciones en ibérico. El latín se fue imponiendo a lo largo de varias generaciones de hablantes bilingües, que progresivamente fueron abandonando sus lenguas indígenas y acabaron convirtiéndose en hablantes monolingües de latín. Sólo en algunas bolsas lingüísticas aisladas se mantuvo una de las lenguas de sustrato —la lengua vasca— hasta el siglo X, al oeste de los Pirineos catalanes, entre La Cerdaña/Andorra y La Ribagorza/El Valle de Arán (*aran* significa, precisamente, 'valle' en vasco).

Aparte del numerosísimo fondo prerromano conservado en los topónimos o nombres de lugar actuales (*Barcelona*, *Lleida*: Lérida, *Cotlliure*: Collioure, *Sagunt*: Sagunto, *Elx*: Elche, *Eivissa*: Ibiza, *Maó*: Mahón, etc.), el influjo de las lenguas prerromanas (o sustrato lingüístico) ha dejado un rastro del orden de un 2,5% de palabras de este origen en el vocabulario básico del catalán. Algunas palabras de este sustrato, en parte compartidas por otras lenguas, son por ejemplo: *blat* 'trigo', *agafar* 'coger', *barana* 'baranda' (celtismos o paraceltismos); *esquerra* 'izquierda', *samarreta* 'camiseta', *pissarra* 'pizarra' (vasquismos o iberismos); *branca* 'rama', *tancar* 'cerrar' (indoeuropeísmos); o *amagar* 'esconder', *bony* 'chichón, protuberancia' (prerromanas, pero de procedencia incierta).

Coincidiendo con la época de la extinción de las lenguas prerromanas, se produjo un cambio notable en la historia de Roma. En el siglo III dC se desvanece la *pax romana*: grandes movimientos demográficos en los confines de todo el Imperio (la presión de los pueblos bárbaros) inician el camino hacia su declive. A raíz de la ruptura de las defensas del Rin (siglo V) y del desplome definitivo del Imperio Romano de occidente (año 476), las diferentes variedades regionales del latín tienden a quedar aisladas y se precipita la fragmentación del dominio lingüístico latino. Desaparecen, pues, los vínculos de toda clase que habían mantenido unido el mundo romano desde hacía siglos y, lingüísticamente hablando, se disuelve la conciencia de la unidad del latín, si exceptuamos las exiguas minorías letradas que continuaron utilizando una lengua más o menos parecida a la clásica, al menos por escrito.

Los invasores germánicos dejaron su huella en el latín vulgar de las diferentes regiones de la Romania donde se asentaron. En lo que, tiempo a venir, habría de ser Cataluña y los reinos de Valencia y de Murcia, se instalaron en primer lugar los visigodos (siglos V-VIII), de hecho una pequeña minoría dirigente y ya muy romanizada, incluso lingüísticamente. Más tarde (siglos VIII-IX), en la mitad norte de la futura Cataluña, o Cataluña Vieja, se establecieron los francos, en el marco de las guerras contra los musulmanes (que habían invadido la Península Ibérica a principios del siglo VIII) y crearon una especie de pequeños estados-tapón al sur del Imperio Carolingio (los diversos condados catalanes), agrupados bajo el nombre, más geográfico que administrativo o político, de Marca Hispánica. A pesar de que la influencia lingüística de los francos fue de lejos inferior a la que ejercieron en el norte de la Galia, Cataluña, o buena parte de ella, quedó así ligada históricamente a Francia durante mucho tiempo: de hecho hasta finales del siglo X, de derecho hasta el tratado de Corbeil (1258) y, culturalmente, al Mediodía de Francia, hasta entrado el siglo XV, a través de la literatura trovadoresca en lengua occitana. En cuanto a las Islas Baleares, que no fueron dominadas por los visigodos, estuvieron ocupadas menos de un siglo por los vándalos y desde el siglo VI hasta entrado el IX fueron un dominio bizantino, al menos nominalmente, y luego posiblemente un protectorado franco, hasta la ocupación musulmana, que allí se inició definitivamente en el 902.

Las aportaciones del gótico de los visigodos y del fráncico de los francos no alteraron la fonética ni la gramática del catalán; en cuanto al léxico, se calcula que un 3% del vocabulario básico del catalán actual es de origen germánico. Entre los germanismos antiguos del catalán cabe destacar los del léxico corriente, algunos de ellos transmitidos ya a través del latín vulgar, como por ejemplo: *blau* 'azul' < BLAU (compárese con el alemán *blau* 'azul'), *estona* 'rato' < STUNDO (al. *Stunde* 'hora'), [*no* ...] *gaire* '[no ...] mucho' < WAIRO 'a duras penas' (occitano *gaire*, francés *guère* 'nada'), *guaitar* 'observar' < WAHT-, (inglés *to watch*, al. *wachen*), *guàrdia* 'guardia' < WARDJA, *guerra* 'guerra' < WERRA (ingl. *war* 'guerra', al. *Wehr* 'ejército'), *guerxo* 'bizco' < DWERCH (italiano *guercio*), *lleig* 'feo' < LAID (fr. *laid*, occ. *lach,* ingl. *loath* 'desagradable', al. *Leid* 'sufrimiento, pena'), *melsa* 'bazo' < [MILTI] (it. *milza,* occ. *mèlsa*), *ranc* 'cojo' < [WRANKS] 'torcido', *ric* 'rico' < REIKS 'poderoso, rico' (al. *reich*, ingl. *rich*), *treva* 'tregua' < [TRIUWA] 'fidelidad, pacto' (al. *treu* 'fiel', ingl. *true* 'verdadero'), *banc* 'banco' < BANK, *orgull* 'orgullo' < URGOLI 'excelencia' (esp. orgullo, fr. *orgueil*, it. *orgoglio,* occ. *orguèlh*), etc. Aparte de ciertos nombres de pila, comunes a muchas otras lenguas europeas (como *Alfons* 'Alfonso', *Albert* 'Alberto', *Alfred* 'Alfredo', *Lluís* 'Luis', *Robert* 'Roberto', etc.), también se han conservado en catalán una serie de apellidos de etimología germánica, como *Mir, Miret* y *Miró* < [MÊREIS] 'famoso', *Guarner* < WARIN 'protección', *Eimeric* o *Aymerich* < REIKS 'poderoso', *Gomis, Gomà* y *Gomila* < GUMA 'varón'; así como algunos topónimos, como *la Goda, Godella, Bassegoda* (emparentados etimológicamente con la palabra *got, goda* 'godo, goda'), *Gombreny* o *Gombrèn* < GUMESIND, *Castell de l'Areny* < *Castell d'Alareny* < Castellum ATHALASINDI, *Arderiu* < [Castellum/Mansum/Villam] HARDARICI, *Vilopriu* < Villam HILPERICI, *la Geltrú* < [WISALTRUD].

EL "NACIMIENTO" DEL CATALÁN

Por la época en que los musulmanes atravesaron el estrecho de Gibraltar en el 711 y ocuparon la Península Ibérica, y a pesar de la inexistencia de documentos escritos de aquellos años, las hablas de origen románico de la Península debían de ser ya más protolenguas románicas que latín vulgar. En el caso del catalán, podemos afirmar que en las dos vertientes de los Pirineos mediterráneos u orientales se debía de hablar ya un "protocatalán" que se iría definiendo gracias a la selección de un conjunto de rasgos lingüísticos propios y originales. Finalmente, esta protolengua catalana acabaría cristalizando en los siglos siguientes en el catalán propiamente dicho, una lengua diferenciada de sus vecinas románicas y que, como ellas, adquiriría carta de naturaleza a partir de su progresivo acceso a la escritura.

Excepto los pequeños estados del norte de la Península, los invasores beréberes y árabes acabarían asimilando política, cultural y religiosamente a la gran masa de la población autóctona de raigambre hispanorromana, visigótica o mixta. De igual manera, las hablas románicas que se siguieron usando en al-Ándalus (o Península Ibérica musulmana), corrientemente conocidas por el nombre genérico pero poco preciso de "mozárabe", acabaron llevando una vida precaria y desapareciendo prácticamente bajo la presión de la lengua árabe, o bien siendo asimiladas, definitivamente, por las otras lenguas románicas de la Península. (Cabe precisar sin embargo que, en rigor, *mozárabe,* más que un término lingüístico, es un apelativo etnorreligioso que debería reservarse para la minoría de hispanogodos cristianos que no se convirtieron al islam.) Por otro lado, los musulmanes empujaron hacia las zonas montañosas y mal comunicadas del norte de la Península Ibérica a una serie de pequeñas unidades humanas y políticas (el reino de Asturias-León, los condados y reinos de Castilla,

Galicia, Portugal y Aragón, el reino de Pamplona/Navarra, la media docena de condados catalanes), las cuales con el tiempo tendieron a generar y a unificar unas hablas o protolenguas románicas específicas que, de otra manera, es probable que no hubiesen pasado de ser unas meras variedades del difuso y nebuloso romance hablado antes de la conquista musulmana.

En este sentido, se ha afirmado, incluso, que si no hubiera sido por la irrupción musulmana, la Península Ibérica se habría acabado convirtiendo, muy probablemente, en un mosaico dialectal al estilo de Italia. Que no se hubiera acabado dando esta circunstancia sería, sin duda alguna, y más allá de las aportaciones léxicas y toponímicas de la lengua árabe, la consecuencia más importante de la invasión musulmana para las lenguas románicas peninsulares.

Por lo que respecta al catalán, estuvo menos influido por el árabe que el español o el gallegoportugués, pero sin duda más que el occitano o el francés (sobre este particular, cabe notar que el vocabulario básico del catalán de procedencia árabe no llega al 2%, mientras que los arabismos léxicos en español se ha calculado que son del orden del 8%). Dentro del Dominio Lingüístico Catalán, por otro lado, la repercusión de la lengua árabe (más exactamente, del árabe vulgar de al-Ándalus), limitada prácticamente al vocabulario y a los nombres de lugar, fue más débil en la Cataluña Vieja (Barcelona, Gerona, la Cataluña central, los condados ultrapirenaicos, la Seo de Urgel), ocupada sólo unas decenas de años por los musulmanes, que en la Cataluña Nueva (Tarragona, Lérida, Tortosa), que estuvieron hasta tres siglos bajo su dominio; en cuanto al País Valenciano y las Islas Baleares, los contactos cotidianos de los conquistadores cristianos catalanohablantes con los sometidos musulmanes arabohablantes, desde el primer tercio del siglo XIII hasta 1609 (en que estos últimos fueron expulsados definitivamente de la Península Ibérica), hicieron del catalán de estas dos regiones el de mayor influencia árabe.

Entre los arabismos del catalán general, muchos de ellos semejantes o iguales a los de otras lenguas, encontramos palabras como *alcohol* 'alcohol' < AL-KUHÚL 'el antimonio en polvo', *àlgebra* 'álgebra' < AL-ĞÄBR 'la reducción', *arròs* 'arroz' < AR-RUZZ 'el arroz', *carxofa* 'alcachofa' < HÁRŠAFA, *càmfora* 'alcánfor' < KĀFÛR, *cascall* 'adormidera' < HAŠHÂŠ, *cotó* 'algodón' < QÚTN, *duana* 'aduana' < DĪWÂN 'registro, oficina', *matalàs* 'colchón' < MATRAH 'cojín grande', *safrà* 'azafrán' < ZAᶜFARÂN, *sucre* 'azúcar' < SÚKKAR, *xaloc* 'viento del sudeste' < SURÛQ 'salida del sol', *xarop* 'jarabe' < ŠARÂB 'bebida', *xifra* 'cifra' < SIFR 'vacío, cero', *zero* 'cero' < SIFR 'vacío, cero', etc. (Obsérvese, por otro lado, que muchos de los arabismos del catalán, a diferencia del español, no llevan aglutinado el artículo determinado árabe AL- o alguna de sus variantes.) Así mismo, hallamos en el catalán valenciano y balear ciertos arabismos característicos de estas variedades geográficas, como las palabras valen-

cianas o baleares *algeps* < AL-ĞEBS 'el yeso', *almàssera* < AL-MÁ·ṢARA
molino de aceite', *aljub* < AL-ĞUBB 'el pozo', *bellota* < BÄLLÛ ṬA o *tafon*
<ṬĀḤÛNA 'molino', que en catalán de Cataluña son más bien palabras latinas,
respectivamente: *guix* 'yeso', *trull* 'almazara, molino de aceite', *cisterna* o *pou*
'aljibe', *gla* 'bellota', o *trull*. Por otro lado, en el País Valenciano y las Baleares,
pero también en la Cataluña Nueva, son numerosísimos los topónimos de origen árabe, algunos fácilmente reconocibles, como los derivados de BANĪ 'hijos
de, descendientes de': *Benidorm, Benicarló, Benicàssim* (País Valenciano),
Binissalem, Binibeca (Baleares), *Vimbodí* (Cataluña), *Vinaròs* (País Valenciano;
en español, Vinaroz); pero también lo son otros, como por ejemplo: *Almenara,
Alcalà de Xivert, Massalfassar* (País Valenciano), *Alcúdia, Randa* (Mallorca), la
Pobla de Mafumet (Cataluña), *Beseit, Calaceit, Massalió* (Aragón; en español:
Beceite, Calaceite, Mazaleón), etc.

Volviendo a la cuestión que iniciaba la sección anterior, de la misma manera que no es fácil determinar cuándo aparecieron las diferentes lenguas
románicas (y, más en general, cualquier lengua), tampoco es sencillo fijar cuál
fue el primer documento escrito en cada una de ellas, ya que no se produjo un
corte brusco entre textos en latín y en romance, sino que durante algunos siglos
tuvo lugar una suave transición entre textos en un "latín" más o menos evolucionado o corrompido y textos netamente románicos. Así, en los condados
catalanes se puede observar ya desde el siglo ix, en documentos en latín (o de
"intención" latina), la aparición cada vez más frecuente de rasgos lingüísticos y
palabras protocatalanas, e incluso de pequeñas frases en catalán. De hecho,
desde la segunda mitad del siglo xi podemos encontrar textos aún híbridos pero
ya con predominio de la lengua catalana (o de "intención" catalana).

Los dos primeros documentos completamente en catalán que se conservan
corresponden a las traducciones del latín, casi contemporáneas, de dos frag-
mentos diferentes del *Llibre jutge* o *Forum iudiciorum* (en español, *Fuero juzgo*),
un código de justicia de origen visigótico. Uno de ellos, descubierto en 2000 fue
escrito hacia 1150; el otro, una versión hecha quizás hacia 1140, se conserva en
un manuscrito de unos cuarenta años más tarde. También es de esta época
(1138) la primera referencia catalana a un *plebeicus sermo*, o 'lengua del pueblo', diferente del latín —es decir, la primera referencia implícita al catalán.

Ahora bien, quizá más interesante que tratar de fechar un eventual nacimiento del catalán es intentar desvelar cuándo debió de aparecer la *conciencia*
de que el catalán era una lengua diferente de otras lenguas, y en primer lugar
del latín. La aparición de los conceptos de *romance* o *vulgar* en la Romania de
los siglos ix-xi parece íntimamente ligada al proceso de resurgimiento cultural
conocido por *renovatio carolina*, impulsado por el emperador Carlomagno y su
ministro Alcuino de York, a finales del siglo viii. Este programa incluía la dig-

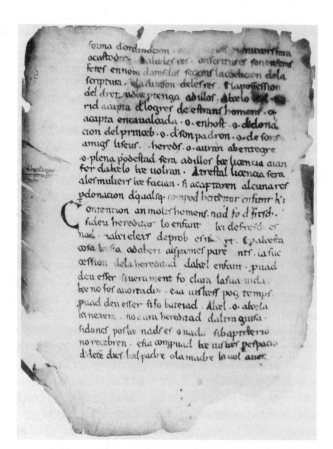

Fragmento de una traducción del *Forum iudiciorum* o *Libro de los jueces* (Archivo Capitular de La Seo de Urgel, Cataluña). Aunque desde el siglo IX se detectan palabras y frases en catalán dentro de textos en latín, este texto jurídico, redactado hacia el año 1150, es el primero escrito íntegramente en catalán que se conserva. Desde entonces el catalán no ha dejado de usarse como lengua de cultura.

nificación del latín leído y escrito, por entonces muy corrompido e interferido por su contacto diario con las lenguas protorrománicas que se estaban formando. Una parte sustancial de este plan correspondió a la puesta en práctica de una "nueva" lectura del latín, planteada por el clero anglosajón y celta —cuyos eclesiásticos, como es lógico, eran los más conservadores lingüísticamente, ya que no habían sufrido la interferencia de los vulgares románicos. La difusión de la "nueva" pronunciación, que en el fondo no era otra cosa que un intento de restauración de la pronunciación clásica del latín, hizo que la distancia entre esta última lengua y las diversas protolenguas románicas apareciera, a partir de entonces, mucho más marcada o, si se prefiere, que se hiciera evidente.

Las lenguas románicas, pues, son "algo" que si bien no *nació* en la época carolingia (*ca.* 800), sí es a partir de entonces cuando pueden empezar a ser diferenciadas nítidamente del latín. Una consecuencia inmediata de la novedosa situación creada por la *renovatio carolina* fue una de las disposiciones del concilio católico de Tours, que en el año 813 ordenó explícitamente que la predicación se volviera a hacer *in romanam rusticam linguam* ('en lengua románica vulgar'); es decir, no en el latín renovado y libre de adherencias románicas propuesto por los consejeros de Carlomagno (y que por ello había pasado automáticamente a ser incomprensible para el pueblo), sino en los romances o lenguas coloquiales de origen latino. De poco después (843) es, en fin, el documento más antiguo en una lengua románica: los *Juramentos de Estrasburgo*, escritos en francés antiguo (y en alemán).

LAS VARIEDADES GEOGRÁFICAS

C omo es típico de todo lenguaje natural o humano, el catalán presenta diversas variedades regionales o dialectos geográficos. Estas modalidades del catalán, que son ampliamente comprensibles entre sí, difieren en pocos aspectos, como por ejemplo en detalles de pronunciación, de conjugación verbal o en ciertas palabras y estructuras gramaticales. Actualmente, los dialectos catalanes se suelen reunir en dos grandes grupos o bloques: el oriental (el más numeroso, por tener a Barcelona como centro) y el occidental; el primero es del que se sirven el 65% de los catalanohablantes, mientras que el segundo comprende el 58% del área de la lengua catalana. La diversidad geográfica del catalán puede esquematizarse como muestra la tabla 12.

Tabla 12. Dialectos y grupos de dialectos del catalán

Grupo oriental	Grupo occidental
central: regiones de Barcelona, Gerona y parte de Tarragona	*noroccidental* (ocasionalmente *leridano*): regiones de Lérida, Tortosa y la Franja de Aragón
balear (*mallorquín, menorquín, ibicenco*): Islas Baleares	*valenciano* (también *meridional*): País Valenciano
rosellonés (también *septentrional*): región de Perpiñán	
alguerés: El Alguer	

LOS DIALECTOS DEL CATALÁN

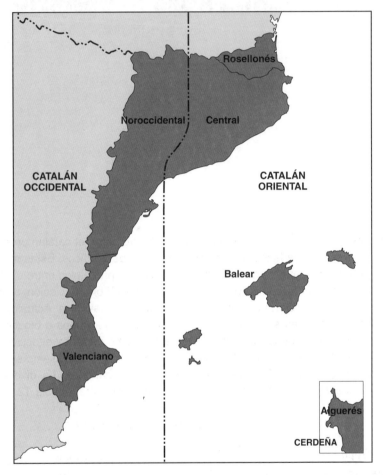

Mapa de los dialectos o variedades geográficas del catalán. La división principal se establece entre dos grandes grupos dialectales: el oriental (que agrupa al 65% de los catalanohablantes y el 42% del territorio de la lengua catalana) y el occidental (el 35% de los hablantes y el 58% del territorio). Estos dialectos no difieren entre sí más de lo que lo hacen los dialectos de otras lenguas cercanas, como los del español europeo.

Las principales diferencias entre estos dos grandes grupos son sobre todo de orden fonético. Así, mientras que los dialectos occidentales distinguen claramente una [a] y una [e] no acentuadas, los dialectos orientales las confunden en una única vocal [ə] llamada "neutra" (excepto el alguerés, que las confunde en [a]) (tabla 13):

Tabla 13. Los dialectos del catalán según la existencia o no de la vocal neutra [ə]

Valenciano, noroccidental	Resto de dialectos
mar[e] *mare* 'madre'	mar[ə]
c[a]nçó *cançó* 'canción'	c[ə]nçó

Otra diferencia típica, que también se refiere a las vocales átonas, es el hecho de que a las [o] de los dialectos occidentales (y del mallorquín) les corresponde una [u] en los dialectos orientales (tabla 14).

Tabla 14. Los dialectos del catalán según la confusión o no
de las vocales [o] y [u] no acentuadas

Valenciano, noroccidental, mallorquín	Resto de dialectos
p[o]sar *posar* 'poner'	p[u]sar
ferr[o] *ferro* 'hierro'	ferr[u]

Como es predictible, entre los dialectos catalanes se dan también ciertas variaciones de orden morfológico, sintáctico y léxico. Por ejemplo, por lo que respecta a la morfología, mientras que el catalán estándar y la mayoría de los dialectos contemporáneos presentan los artículos determinados *el/els* ('el'/'los') para el masculino y *la/les* ('la'/ 'las') para el femenino, el dialecto noroccidental, como el catalán antiguo, tiene un artículo masculino coloquial *lo/los*: *lo pare/los pares* 'el padre/los padres'; y el balear muestra una serie de artículos colo-quiales llamados *salats* (literalmente, "salados"): *es pare/es pares* 'el padre/los padres', *sa taula/ses taules* 'la mesa/las mesas'. A pesar de no ser tampoco muy importantes, quizá las diferencias más relevantes morfológicamente se den en la conjugación verbal. Por ejemplo, la primera persona del singular del presente de indicativo acaba típicamente en *-o* en Cataluña y en la Franja de Aragón (*canto*, '[yo] canto'), en *-e* en la mayoría del País Valenciano (*cante*), en *-i* en Cataluña Norte (*canti*) o no tiene ninguna desinencia especial en las Baleares y en El Alguer (*cant*). Por otra parte, también se dan algunas variaciones sintácticas, probablemente aún menos prominentes que en morfología. Así, por poner dos ejemplos que afectan a los pronombres personales, el mallorquín construye *la'm dóna* '[él o ella] me la da (literalmente: la me da)', mientras que el resto de los dialectos, y la variedad estándar del catalán, presentan invertido el orden de los dos pronombres: *me la dóna*; y si bien el rosellonés y el alguerés construyen *per la cantar* 'para cantarla', con el pronombre delante del infinitivo, el resto de los dialectos y la lengua estándar prefieren el pronombre en el orden inverso: *per cantar-la.*

Así mismo, de igual manera que la variación fonética y gramatical es asumida consciente o inconscientemente por los hablantes de los diversos dialectos catalanes, una cosa similar ocurre con el vocabulario. Así, un catalonohablante común sabe que el *noi* 'muchacho' o el *nen* 'niño' del catalán de Cataluña se corresponden, respectivamente, con *xic* o *xiquet* en el País Valenciano (e incluso en parte de Cataluña y de la Franja de Aragón), o con *al·lot* o *nin* en Mallorca; parecidamente, por poner otro ejemplo, todo valenciano sabe que su *eixir* 'salir' o *ací* 'aquí' se corresponden, en el catalán de Cataluña y de las Baleares, con *sortir* o *aquí,* y viceversa.

En todo caso, lo que cabe retener es que diferencias como las reseñadas no son mayores, en definitiva, que las que se dan entre las variedades territoriales de cualquier lengua, como por ejemplo las particularidades del español peninsular, del inglés británico o del francés europeo respecto al español, al inglés o al francés de América, que no por ello impiden una comunicación normal entre hablantes de una misma lengua pero de orígenes geográficos diferentes.

EL ORIGEN DE LOS DIALECTOS

D iversas teorías han intentado dilucidar las causas de la división dialectal del catalán. Como en el resto de las lenguas románicas, ninguna de las hipótesis propuestas da cuenta globalmente del origen del fenómeno, aunque diversos hechos permiten una aproximación a explicaciones más o menos amplias. Entre estos factores destacan: la influencia de las lenguas de sustrato prerromanas, la mayor o menor intensidad de la romanización de unas zonas respecto a otras (y el origen geográfico de los colonos itálicos), la diferente cronología de la romanización, el diverso grado de arabización de unas regiones u otras, la procedencia geográfica de los colonos cristianos y catalanohablantes que poblaron las regiones conquistadas a los musulmanes, el mayor o menor aislamiento o relación de unas zonas con otras, o la influencia de las lenguas vecinas y de los flujos migratorios de hablantes de estas lenguas.

Sea como fuere, lo cierto es que los variados textos de que disponemos en catalán antiguo nos muestran una lengua medieval muy homogénea y muy poco dialectalizada. Se ha afirmado a menudo que durante la Edad Media el catalán fue, probablemente, la lengua más unificada de la Romania, a diferencia de otros dominios lingüísticos coetáneos (francés, occitano, español, italiano) mucho más fragmentados regionalmente. (A título ilustrativo sobre este particular, digamos, por ejemplo, que aún hoy en día se discute académicamente si fue un catalán o un valenciano el autor anónimo de la notable novela de caballerías *Curial e Güelfa* [*Curial y Güelfa*], de mediados del siglo XV.)

Los dialectos del catalán, en términos históricos, se agrupan en dos tipos: los constitutivos y los consecutivos o coloniales. Los dialectos *constitutivos* descienden directamente del latín vulgar hablado en las dos vertientes de los Pirineos mediterráneos. Por lo que se sabe, el catalán constitutivo presentaba ya los dos matices dialectales básicos de la actualidad: el occidental, centrado en las regiones de El Alto Urgel, Andorra, El Pallars y La Ribagorza; y el oriental, centrado en las de Barcelona y Gerona. En El Rosellón parece que se debió de hablar un dialecto de transición hacia el occitano, que con el tiempo se habría ido convirtiendo en catalán oriental, a la vez que el antiguo dialecto híbrido retrocedía hacia los valles altos de la pequeña subcomarca de El Capcir, en La Cerdaña francesa, donde se habla actualmente. Otra habla de transición se debió de dar en los límites entre la Cataluña Vieja y la Nueva, más o menos alrededor del eje Lérida-Tarragona, en este caso entre el catalán y el habla románica ("mozárabe") de la Cataluña meridional, que durante la conquista cristiana también habría acabado quedando asimilada por el catalán procedente de la Cataluña Vieja, como también lo fue el "mozárabe" de la Castilla y el Portugal meridionales, recubierto por el castellano, o español antiguo, y por el portugués. Finalmente, el carácter lateral o periférico de los dialectos alrededor del eje San Esteban de Litera-Laspaúles, en el Prepirineo del nordeste de Aragón (provincia de Huesca), explica la conservación hasta hoy mismo de hablas de suave transición entre el catalán y el aragonés, cosa que hace prácticamente imposible una definición unánimemente aceptada, para esta pequeña zona, de los confines exactos entre ambas lenguas (por ejemplo, a cuál de las dos cabe asignar el habla del Valle de Benasque).

Los dialectos *consecutivos* o *coloniales*, en cambio, son el resultado de la expansión territorial y del poblamiento cristiano subsiguiente a cargo de hablantes de catalán constitutivo (es decir, procedentes de Cataluña, sobre todo de la Vieja, y del Aragón catalanohablante), los cuales colonizaron nuevas tierras, ampliando el núcleo originario del catalán, primeramente (a partir del siglo XII) hacia la Cataluña Nueva y el Bajo Aragón, y después (especialmente a partir del siglo XIII) hacia las Baleares, Valencia e incluso Murcia, la Italia insular y meridional, y hasta ciertas regiones de Grecia.

Como hemos dicho, si durante la Edad Media los dialectos del catalán quedaron ocultos en buena medida por una lengua escrita muy unificada, gracias al modelo de prosa que emanaba de la Cancillería del rey, a medida que nos adentramos en la Edad Moderna se produce una dialectalización creciente de la lengua, sobre todo de la más popular y durante los siglos XVIII y XIX. La consecuencia inmediata de esto, unida a la secular conciencia particularista de cada zona del dominio lingüístico, fue doble. Por un lado —y lo más importante—, en cada una de estas regiones aumentó la percepción de pertenecer a grupos humanos diferenciados no sólo política e históricamente, sino también a comunidades cultural y lingüísticamente "independientes". Así, con pocas excepciones, como es el caso de El Rosellón (bajo soberanía francesa desde

1659) y de Andorra (independiente desde el siglo XIII), y a pesar de hablar la misma lengua, en adelante se manifestará como la cosa más natural que en el Principado de Cataluña se habla el *català* ('catalán'), mientras que en el Reino de Valencia se hará referencia al *valencià* ('valenciano') y en el Reino de Mallorca al *mallorquí*, al *menorquí* o al *eivissenc* ('mallorquín', 'menorquín', 'ibicenco'). Por otro lado, desaparecerá la unidad del mercado del libro impreso en catalán. En teoría, la imprenta podría haber actuado contra estas tendencias disgregadoras, al menos entre las capas sociales más cultas o alfabetizadas. Sin embargo, al quedar también compartimentado el ámbito geolingüístico natural de este nuevo y poderoso medio de comunicación entre diversas regiones editoriales, prácticamente incomunicadas entre sí, la imprenta se añadió, de hecho, a las corrientes separadoras.

En palabras del estudioso e intelectual valenciano Joan Fuster, será precisamente durante los siglos de la Edad Moderna cuando se levantará entre catalanes, valencianos y baleares "una invisible barrera lingüística", a pesar de ser más psicológica que confrontable con la realidad de la intercomprensión idiomática. (Los efectos de este distanciamiento habrían de tener secuelas durante largo tiempo, algunas de las cuales perduran aún hoy en día. Sólo a partir del siglo XIX se harán los primeros intentos de restaurar una lengua común, en primer lugar para los usos literarios; pero no será hasta el primer tercio del siglo XX cuando se vaya adoptando y aceptando una lengua normativa compartida por todas las regiones catalanohablantes.)

LA AMPLIACIÓN DEL DOMINIO LINGÜÍSTICO (SIGLOS XII-XV)

En el año 1137 se produjo el matrimonio entre Petronila, reina titular de Aragón, y el conde Ramón Berenguer IV de Barcelona; a partir de Alfonso el Casto, hijo de ambos, los soberanos se titularán reyes de Aragón a la vez que condes de Barcelona (aunque sus súbditos catalanes en adelante se dirigirán a ellos con el tratamiento superior de *Senyor Rei* ['Señor Rey']), así como con los restantes títulos anejos y, en el futuro, los de nueva creación o incorporación, como los de rey de Valencia, de Mallorca, de Sicilia, de Cerdeña y de Nápoles, entre otros menores. Como consecuencia de la alianza catalano-aragonesa quedó conformado el núcleo fundacional de la Corona de Aragón y se consolidó el impulso conquistador de ambos estados. Por lo que se refiere a las implicaciones para la historia de la lengua catalana, primero se acabó de conquistar a los musulmanes de la Cataluña Nueva y el Bajo Aragón (siglo XII), regiones que se poblaron, sobre todo la primera, pero también en parte la segunda, con colonos catalanohablantes; después (siglo XIII), el área inicial del catalán se amplió notablemente como resultado de las conquistas territoriales hacia las islas próximas (Reino de Mallorca, que incluía también Menorca, e Ibiza y Formentera) y hacia el sur (Reino de Valencia y Reino de Murcia). Una gran parte de este impulso conquistador y colonizador es fruto sobre todo del reinado de Jaime I el Conquistador (*Jaume I el Conqueridor*, Montpellier 1208-Valencia 1276), sin duda, aún hoy en día, el monarca más popular entre los países catalanohablantes de la antigua Corona. Finalmente (siglos XIII-XV), la Corona de Aragón todavía se expandió más, ahora por el Mediterráneo central (reinos de Sicilia, Cerdeña, Nápoles) e incluso el oriental (ducados de Atenas y Neopatria, en Grecia), donde se formaron colonias más o menos cohesionadas de súbditos de la Corona, la mayoría de los cuales eran catalanohablantes.

Fragmento de la pintura mural del siglo XIV conservada en el castillo y parador de Alcañiz (Teruel). Representa la toma de la ciudad de Valencia en 1238 por Jaime I El Conquistador, rey de Aragón y conde de Barcelona. El mismo soberano tomó también a los musulmanes el Reino de Mallorca en 1229 y el Reino de Murcia en 1266. Desde entonces se habla catalán en el País Valenciano y en las Islas Baleares (en Murcia, la lengua catalana se habló hasta el año 1400, aproximadamente).

Conviene remarcar que durante la fase ibérica de esta expansión no sólo se conquistaba un territorio y se sometía o, eventualmente, se expulsaba a los musulmanes autóctonos, sino que a continuación, como en todo proceso colonizador, se producían importantes movimientos migratorios y afluían hombres y mujeres, sobre todo procedentes de Cataluña, de mayor peso demográfico que Aragón, y con una marina, que se establecían en los nuevos territorios a fin de explorar y explotar los nuevos recursos —incluyendo entre estos a los nuevos siervos musulmanes. Lógicamente, estos pobladores o colonos llevaban consigo la lengua de su tierra de origen: el catalán.

Esto implica, por tanto, que la lengua románica que se habla hoy en día en el País Valenciano y en las Baleares (el catalán valenciano y el catalán balear), así como la que se habló en el Reino de Murcia hasta el siglo XV o bien en otros enclaves mediterráneos, proviene directamente del catalán que se usaba en Cataluña en los siglos XIII e inmediatamente siguientes. O dicho de otra manera: la lengua hablada hoy día en el País Valenciano y las Baleares *no* desciende de las hablas románicas procedentes del latín vulgar que se hablaban en esas tierras cuando llegaron los musulmanes en el siglo VIII. (Dichas hablas románicas autóctonas —usadas por los mozárabes o por ciertos musulmanes de origen ancestral hispanorromano y visigótico— habían desaparecido, según todos los indicios disponibles, asimiladas por el árabe dominante, antes de la llegada de los conquistadores cristianos en el siglo XIII; así mismo, consta que los musulmanes que se quedaron conservaron la lengua árabe hasta su expulsión definitiva a principios del siglo XVII.)

Sabemos que el proyecto de conquista y colonización del Reino de Valencia fue originalmente una iniciativa aragonesa, pero que rápidamente esta orientación se vio desbordada por una masiva y entusiástica participación catalana; de resultas de ello, el proyecto inicial acabó basculando sensiblemente hacia este segundo componente. Estudios recientes y exhaustivos del medievalista valenciano Enric Guinot sobre la procedencia de los neovalencianos cristianos que llegaron al nuevo Reino de Valencia durante el primer siglo y medio de la conquista (hasta *ca.* 1400) revelan que, fuera de las zonas de predominio árabo-musulmán, estos colonos fueron, en el conjunto del reino, mayoritariamente de origen catalán y catalanohablantes (entre el 50% y el 85% de la población total, según las zonas), que acabaron asimilando a la minoría aragonesa y aragonesohablante (entre un 15-35%); en cambio, en unas pocas comarcas valencianas, en contacto con Aragón (Alto Palancia, Alto Mijares y Los Serranos) las proporciones resultaron inversas (un 5-10% de pobladores de origen catalán frente a un 80-90% de origen aragonés), y allí fueron los catalanohablantes los asimilados.

A la vista de los posteriores resultados lingüísticos, que reúnen en un mismo grupo dialectal (el occidental) al catalán valenciano y al catalán noroccidental, queda patente, por otro lado, que el contingente demográfico de catalanes que emigraron al Reino de Valencia debió de proceder predominantemente, por lo menos a medio y largo plazo, de la región de Lérida o, más en general, del oeste y sur de Cataluña, así como del extremo este de Aragón (su *franja* catalanohablante, entonces probablemente algo más amplia), sin excluir la influencia lingüística de la minoría de aragoneses de lengua aragonesa. De hecho, además de algunas explicaciones más o menos legendarias que ligan el origen de los

LA EXPANSIÓN DE LA CORONA DE ARAGÓN
(SIGLOS XIII, XIV Y XV)

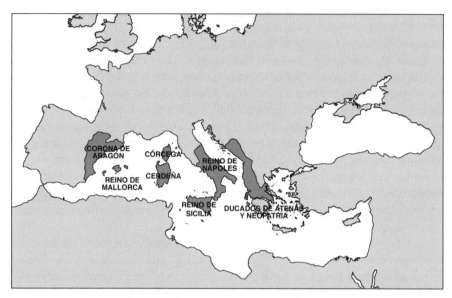

En su época de plenitud, la Corona de Aragón estaba formada por los reinos de Aragón, de Valencia y de Mallorca y por el principado de Cataluña, además de los reinos itálicos. Durante el siglo XII se completó la conquista de Cataluña y Aragón a los musulmanes y en el siglo siguiente aragoneses y catalanes conquistaron juntos los reinos de Mallorca, Valencia y Murcia. La mayor proporción de colonos catalanohablantes procedentes de Cataluña y del este de Aragón hizo que el catalán se convirtiera en la lengua popular de estos nuevos territorios: la única en el Reino de Mallorca y la mayoritaria en el de Valencia. Finalmente, entre los siglos XIII y XV, la Corona de Aragón y la lengua catalana se expandieron también por los reinos de Sicilia, Cerdeña y Nápoles, así como por los ducados de Atenas y Neopatria, en Grecia.

valencianos a la ciudad de Lérida y su zona de influencia, y de una difusa conciencia existente entre muchos de ellos según la cual descienden de aquella parte de Cataluña, hay abundantes datos positivos que relacionan históricamente a valencianos y leridanos. Así, en importantes zonas y localidades del País Valenciano (como Játiva [en catalán: *Xàtiva*], la comarca de La Safor, Orihuela [*Oriola*], Burriana [*Borriana*] o todo el norte del país), pero también en la región de Murcia, está fehacientemente documentada desde el principio de la conquista una mayoría de colonos procedentes de la citada región de Cataluña. Así mismo, hay abundantes apellidos valencianos actuales que recuerdan con precisión las localidades ancestrales de los primeros colonos neovalencianos, situadas en el oeste de Cataluña, como *Agramunt*, *Alberola*, *Balaguer*, *Benavent*, *Camarasa*, *Claramunt*, *Solsona* o *Tàrrega*, entre otros. (Además, como decíamos, todos estos indicios se han visto sólidamente confirmados últimamente, de manera complementaria, gracias a la determinación del origen geográfico de varias decenas de miles de los primeros pobladores neovalencianos, buena parte de los cuales provenían, en efecto, de Lérida y su zona de influencia, incluyendo zonas del vecino Aragón de lengua catalana.)

En cambio, la conquista de las Baleares, también en el siglo XIII, fue obra casi exclusiva de catalanes; y, a diferencia de lo que sucedió en el Reino de Valencia, éstos fueron básicamente de origen oriental (regiones de Barcelona, Tarragona, Gerona y Perpiñán), como nos lo muestran los documentos (contratos, testamentos, cartas de pago, etc.) que especifican la procedencia de los nuevos colonos cristianos, así como ciertas características dialectales (por ejemplo, la existencia de la vocal neutra [ə]) y rastros onomásticos (abundantes apellidos que reproducen el nombre del lugar originario de los colonos, en el este y norte de Cataluña: *Barceló* —masculinización de Barcelona—, *Blanes*, *Ripoll*, *Rosselló*, *Valls*, *Taltavull*, etc.).

Es de notar, especialmente por lo que respecta al Reino de Valencia, que durante los dos primeros siglos de la colonización cristiana, su población continuó siendo, sin embargo, mayoritariamente árabo-musulmana —los llamados mudéjares, luego moriscos—, y que en el momento de su deportación masiva en 1609 formaban nada menos que 1/3 de la población total. Ciertas especulaciones que responden más a posturas ideológicas, políticas e incluso emocionales que a planteamientos racionales o a argumentos científicos, pero que han llegado a nuestros días, querrían hacer de estos moriscos los transmisores de un habla románica anterior a Jaime I (un "mozárabe" valenciano), que habría sido la antecesora del valenciano actual. Sin embargo, las pruebas disponibles no permiten sustentar estas opiniones. (En el plano interno, los escasos conocimientos sobre este habla revelan notables diferencias entre el romance prejaimino y el romance posjaimino de los valencianos [el catalán]; en el plano externo, no se documentan hablantes de aquel habla durante el siglo XIII, ni se ha podido explicar cómo unos musulmanes sojuzgados la podrían haber impuesto a sus arrogantes conquistadores cristianos a partir de dicho siglo.) Al contrario, está demostrada la existencia de lo que ha sido definido por el medievalista norteamericano Robert I. Burns (S.J.) como una "muralla lingüística" entre los colonos conquistadores, hablantes de catalán o aragonés (este último, asimilado después por el español), y los conquistados autóctonos, hablantes de árabe, que consideraron y mantuvieron esta última lengua precisamente como uno de sus bastiones para salvaguardar una identidad y una cultura que sentían amenazada, como pronto comprobarían.

El reino musulmán de Murcia también fue sometido entre 1265 y 1266 por Jaime I el Conquistador de Aragón, pero a petición de su yerno Alfonso X el Sabio de Castilla, a quien en principio habría correspondido conquistarlo, según tratados anteriores entre las dos coronas. Conquistada Murcia y poblada originalmente con un gran contingente de colonos catalanes, una vez acabada la campaña militar, el rey Jaime reconoció la soberanía de la Corona de Castilla sobre el nuevo reino cristiano, aunque más adelante, en 1305, después de un conflicto bélico, su zona nordeste (Alicante, Elche, Orihuela) sería cedida definitivamente al Reino de Valencia. Es por estas vicisitudes por lo que el catalán se mantuvo en la parte restante del Reino de Murcia (la mayor, al sur, y que incluía su capital, la ciudad de Murcia, y Cartagena) con mayor o menor vigor hasta 1400, aproximadamente. (El origen de la minoría catalanohablante de El Carche, sin embargo, no procede de entonces sino de una migración colonizadora del siglo XIX.) También es por ello por lo que en la región de Murcia actual se conservan todavía hoy interesantes reliquias lingüísticas de su pasado catalanohablante. Así, más de la mitad del léxico característico del español local (el llamado *panocho*) está formado por palabras de origen catalán, como: *bonítol* < bonítol 'bonito, atún', *cascal* < cascall 'adormidera', *tápena* < tàpena / tàpera 'alcaparra', *garrofero* < garrofer 'algarrobo', *noguera* < noguera 'nogal', *pésol* < pèsol 'guisante', *bajoca* < bajoca 'judía verde', *porcel* < porcell 'lechón', *aladro* < aladre 'arada', *albellón* < albelló 'albañal', *cenia* < sènia 'noria', *manobre* < manobre 'auxiliar de albañil', *rajola* < rajola 'baldosín', *agranar* < agranar 'barrer', *quijal* < queixal 'muela [dental]', etc. También se conservan en la región de Murcia apellidos catalanes más o menos modificados, como *Capmany, Florit, Puche* < Puig 'montaña', *Roche* < Roig 'pelirrojo', *Zaplana* < sa plana 'el llano'; y nombres de lugar como *Cala Reona* < Cala Redona 'cala redonda', *Calblanque* < Cap Blanc 'cabo blanco', *Calnegre* < Cap Negre 'cabo negro', *Mollons* < mollons 'mojones', *Isla Grosa* < Illa Grossa 'isla grande', *calle Azucaque* < atzucac 'callejón sin salida' o *El Portús* 'el agujero, el paso' (de la misma etimología que el topónimo rosellonés el Portús [en francés, oficialmente: *le Perthus*], en la actual frontera hispano-francesa).

Por otra parte, como ya se ha dicho, la Corona de Aragón se expandió así mismo por el Mediterráneo central y oriental, gracias en buena medida a la marina de Cataluña, Valencia y Mallorca, lo que la llevó a convertirse en una potencia europea de tipo medio. En la isla de Cerdeña, por ejemplo, el catalán fue lengua "cortesana" o de usos y capas sociales superiores hasta el primer tercio del siglo XVIII, y aún hoy en día es la lengua autóctona de la ciudad de El Alguer (en catalán *l'Alguer*, en italiano *Alghero*; en la costa noroeste de la isla). Esta localidad fue repoblada por catalanes (pero también valencianos y aragoneses), exclusivamente, a partir de mediados de 1354 y, como se ha dicho más arriba, la ciudad vieja, intramuros, todavía es conocida hoy en día por sus habitantes con el nombre alternativo, y significativo, de Barceloneta.

El contacto de varios siglos entre el catalán y el sardo dejó una amplia huella en esta última lengua, donde se han contado no menos de 4.000 palabras de toda clase procedentes del catalán, como: *pikkaperdéri* < picapedrer 'cantero', *fustéri* < fuster 'carpintero', *ferréri* < ferrer 'herrero', *judgi* < jutge 'juez', *sa Seu* 'la Catedral [de Cagliari]' < seu 'catedral', *para* 'fraile' < pare 'padre, sacerdote', *resare* < resar 'rezar', *Bartomeu* < Bartomeu 'Bartolomé', *Jórdi* < Jordi 'Jorge', *Pera* < Pere 'Pedro', *aréngu* < areng (hoy dialectal y antiguo) 'arenque', *suréllu* < sorell 'jurel', *midja* < mitja 'media', *mukkadóri* < mocador 'pañuelo', *arrekkádas* < arrecades 'pendientes', etc. Y, aunque en menor escala, también se pueden reseguir rastros del catalán en los *dialetti* italianos de Nápoles, Calabria y Sicilia, como por ejemplo: *bica* < biga 'viga', *cemmenera* < xemenera (hoy dialectal) 'chimenea', *carruaju* < carruatge 'vehículo', *cairedda* < cadira 'silla', *ngargiola* < garjola 'cárcel', *aguzzinu* < agutzir 'alguacil', *caravazza* < carabassa 'calabaza', cara < *cara* 'cara', *aggrajiri* < agrair 'agradecer', *badagghiari* < badallar 'bostezar', *cagghiari* < callar 'callar', *imbolicari* < embolicar 'envolver', etc.

Así mismo, data del siglo XIV la expedición de los llamados *almogávares* (una especie de legión extranjera de la Corona de Aragón) al Imperio Bizantino. Un recuerdo de esta presencia y del carácter belicoso de esta fuerza de choque (si no es un vestigio posterior de la dominación de Alfonso el Magnánimo, en el siglo XV) ha quedado fosilizado en la palabra mitológica albanesa *katallán* 'ogro, monstruo de un solo ojo'. Establecidos sobre todo en el Peloponeso griego, durante unos setenta años, se impusieron en los ducados de Atenas y Neopatria, bajo la tutela de la dinastía catalano-aragonesa de Sicilia. De aquí parecen proceder un buen número de los helenismos catalanes de la Edad Media, sobre todo marítimos, como galera / galea 'galera' < GALÉA 'pez, muy ágil, del género *Motella*', *sirgar* 'arrastrar una embarcación desde la orilla' < SEIRÁ 'cuerda', *escàlem* 'clavija donde se sujeta el remo' < SKALMÓS, *arjau* 'caña del timón' < OÍAKOS, *bol* 'redada [de pesca], lo capturado en una redada' < BÓLOS, *xarxa* 'red' y *eixàrcia* 'jarcia' < EKSÁRTIA 'aparejos náuticos', *nòlit* o *noli* 'flete' y *noliejar* 'fletar' < NAȲLON, *codonyat* o *codonyac* 'dulce de membrillo' < KYDŌNIA-KÓN, *prestatge* 'estantería' < PARASTATIKÓS, *pampallugues* 'centelleo en la vista' < POMPHOLȲGA 'burbuja', *calaix* 'cajón' < KALÁTHION 'cestilla', etc. (En total, se calcula que cerca de un 7% del vocabulario básico del catalán actual procede del griego de todas las épocas, sobre todo a través del latín, y contemporáneamente a través de los cultismos internacionales.)

Finalmente, otra colonia catalanohablante, de características muy específicas pero no relacionada directamente con la expansión mediterránea de la Corona de Aragón, se instaló en Italia, y particularmente en Roma, entre la segunda mitad del siglo XIV y los primeros años del XV. Nos referimos a la legendaria familia Borja, probablemente más conocida en su forma italianizada Borgia, y a los numerosísimos cortesanos pontificios, la mayoría valencianos como ellos, que pulularon por Roma y los estados papales durante los pontificados de Calixto III (papa entre 1455 y 1458) y de Alejandro VI (papa entre 1492 y 1503), padre de los famosos César y Lucrecia Borgia. Toda esta comunidad, que ha sido cifrada en algún centenar de personas sólo para el primero de los papas y sin contar las respectivas familias, mantuvieron el catalán como su lengua habitual en Italia, y a causa de ello y de su origen eran conocidos genéricamente por *i catalani* —'los catalanes'. La importancia del catalán en aquella Roma del Renacimiento fue tal que no sólo constituyó una de las lenguas de la corte pontificia junto al latín y al italiano, sino que incluso se encuentra documentado su uso por diversos personajes castellanos asentados allí.

Chorographie del erudito francés Étienne-André Philippe de Pretôt (1773). Primera muestra cartográfica conocida donde se muestra reunida la mayor parte del territorio del Dominio Lingüístico Catalán o países de expresión catalana; aparentemente, el criterio cartográfico elegido fue precisamente la lengua común. La primera descripción lingüística de estas regiones bajo el término explícito de *lengua catalana* es del siglo XIX, y desde entonces este ámbito geográfico no ha dejado de ser considerado y tratado como una unidad por los científicos, las personas cultivadas y buena parte de la población de dentro y de fuera de él.

LA LITERATURA DE LA EDAD MEDIA

D urante la Edad Media el catalán conoció una considerable producción escrita, tanto de propósito literario como meramente utilitario. De esta última clase encontramos ya desde el siglo XII documentos de todo tipo, como en otras lenguas europeas de la época:

- *privados:* acuerdos, donaciones, testamentos, quejas, cartas personales, cartas de desafío, diarios;
- *públicos*: documentos reales, libros de repartimiento de bienes inmuebles a costa de los musulmanes, discursos a las Cortes o parlamentos (generales de la Corona o particulares de Cataluña, Valencia y Cerdeña);
- *comerciales:* inventarios, contratos, tarifas, pólizas de préstamo y de seguros marítimos, letras de cambio;
- *legales: Usatges de Barcelona* (*Usos de Barcelona, ca.* 1300), *Costums de Tortosa* (*Costumbres de Tortosa,* 1272), *Furs de València* (*Fueros de Valencia,* siglo XIII), *Consolat de Mar, (Consulado de Mar,* 1385), ordenanzas diversas;
- *judiciales:* denuncias, sumarios y sentencias de los tribunales;
- *diplomáticos:* tratados internacionales, capitulaciones;
- *lingüísticos:* glosarios y vocabularios, tratados de corrección;
- *científicos:* libros de medicina, de veterinaria, de ciencias naturales;
- *traducciones:* de obras literarias, religiosas, científico-técnicas; etc.

Ahora bien, dejando aparte la oratoria religiosa de las *Homilies d'Organyà* (*Homilías de Organyà*; hacia 1200), que son el primer texto en lengua catalana de una cierta extensión posterior a las dos breves muestras conservadas del *Liber iudiciorum*, durante los siglos XIII y XIV se escriben ya algunas de las obras mayores de la historiografía en catalán (las "Cuatro Grandes Crónicas", esto es: la *Crónica de Jaime I*, la *Crónica de Bernat Desclot*, la *Crónica de Ramon Muntaner* y la *Crónica de Pedro el Ceremonioso*). Pero es sobre todo con Ramon Llull (1232-1316; en español, tradicionalmente, Raimundo Lulio) cuando se señalan los primeros grandes hitos de la literatura catalana. Mallorquín de primera generación (era hijo de colonos barceloneses), este gran y controvertido estudioso, audaz misionero y viajero infatigable, escribió en catalán, latín y árabe un número monumental de obras (cerca de 300) que acometen una amplia gama de temas en diversos géneros literarios. En catalán sobresalen sus novelas *Llibre d'Evast e Blaquerna* (*Libro de Evast y Blanquerna*) y *Fèlix*

Ramon Llull, conocido también en español como Raimundo Lulio (1232-1316), según una ilustración de la edición *Barcinonensi anni 1505*. Este inquieto e infatigable monje mallorquín es autor de una ingente obra en catalán, latín y árabe, y es considerado el padre de la prosa literaria en lengua catalana.

o *Llibre de meravelles* (*Félix o Libro de maravillas*). Estas dos obras incluyen además, respectivamente, el celebrado *Llibre d'amic e amat* (*Libro de amigo y amado*), un opúsculo de tono místico dividido en tantos versículos como días del año e influido, entre otros, por el *Cantar de los cantares* bíblico; y la fábula político-social del *Llibre de les bèsties* (*Libro de los animales*). Así mismo, destaca su *Arbre de ciència* (*Árbol de ciencia*), una especie de enciclopedia del saber coetáneo según su punto de vista. El *Doctor iluminado*, como también es conocido Ramon Llull, introdujo en el catalán no sólo una notable cantidad de términos cultos de origen latino sino que a partir de él la lengua y los que la cultivaron literariamente dispusieron de un modelo de prosa flexible y rico, apto para la narrativa, la ciencia y la filosofía. Fue Llull, en fin, junto a otros pocos autores de su época como Dante y Eckhart, uno de los primeros escritores de Europa que ya a finales del siglo XIII hizo hablar a estos dominios, hasta entonces reservados al latín, en una lengua vulgar.

También por aquella época la lengua de la Administración cristalizó rápidamente en un modelo de catalán homogéneo y común para todo el dominio lingüístico. Aquellos que utilizaban la pluma en Barcelona, Valencia o Mallorca, ya fuera para fines prácticos o literarios, hablaban y escribían en la lengua de su región, pero se esforzaban en evitar localismos excesivamente prominentes que pudieran dificultar su comprensión en otros lugares de lengua catalana. Para ello imitaron —a la vez que ayudaron a crearlo— el lenguaje de las instituciones y de las personalidades de prestigio, y en primer lugar el de la Corte, es decir, el lenguaje de la Corona, de sus allegados y de sus órganos de gobierno.

Entre estos últimos tuvo una importancia capital la Cancillería Real, el organismo encargado de redactar y expedir las decisiones reales. Sus documentos presentaban un catalán sin fisuras dialectales, elegante y sobre todo prestigioso por tener al rey como firmante. Este modelo de lengua, que ha sido llamado el *King's Catalan*, a inspiración del modelo lingüístico tradicional del inglés, llegaba a los rincones más recónditos de la Corona donde se hablara catalán. Además, desarrolló un efecto multiplicador, ya que a su vez sirvió de modelo reputado para otros funcionarios y escribanías menores esparcidos por todo el dominio lingüístico, como tribunales, instituciones locales o notarios. Precisamente, una de las causas que contribuyó a la desaparición de este modelo prestigiado y vivo de lengua unificada o estándar provino de la progresiva disolución de la Cancillería dentro de otros organismos, radicados en Castilla, a partir de finales del siglo XV.

Ante el esplendor creciente de la lengua catalana y de su literatura en prosa, sólo la lengua de la poesía se alzaba como excepción: durante la Edad Media los poetas catalanes, valencianos y mallorquines que componían lo hicieron en provenzal, o bien, más adelante, en una lengua convencional, híbrida de esta lengua y catalán, en proporciones que variaban según cada autor e incluso según los diferentes manuscritos que nos han llegado de una misma composición. Entre estos autores destacan los hermanos Pere (1336/1337-1413) y Jaume March (1334/1335-1410) y Jordi de Sant Jordi (*ca.* 1395-1424). El uso masivo del provenzal, u occitano antiguo, en poesía se debió sobre todo al gran prestigio literario que habían conferido a esta lengua los trovadores del sur de Francia (pero también los del norte de este país, de Cataluña o de Italia que escribieron en occitano), y se vio favorecido además por su estrecha semejanza con el catalán así como por los estrechos lazos entre la Corona de Aragón y Occitania hasta la batalla de Muret (1213). (La convención de componer en occitano antiguo la podríamos comparar, hoy en día, con los numerosos grupos de música *pop* de todo el mundo que, sin tener el inglés como lengua materna, usan este idioma para sus canciones.) Este estado de cosas se mantuvo así hasta la primera mitad del siglo XV, cuando aparece el primer corpus poético enteramente en catalán gracias a la formidable figura literaria del valenciano Ausias March, hijo y sobrino, respectivamente, de los citados Pere y Jaume March. *1 breaking the tradition*

Con las obras de Francesc Eiximenis, franciscano gerundense pero residente en Valencia; de san Vicente Ferrer, dominico valenciano, y del funcionario real barcelonés Bernat Metge entramos durante el siglo XIV en la edad de oro de la literatura en lengua catalana, que durará hasta finales del siglo XV. Las obras de Eiximenis (1327/1332-1409), que estudió en Oxford y Toulouse, tuvieron gran difusión en su época y fueron traducidas, además de al latín, al español, al francés y al neerlandés. Aparte de su valor literario, su obra es de gran importancia para el conocimiento y la documentación de la vida cotidiana medieval. En *Lo crestià* (*El cristiano*), obra inacabada, proyectó una ambiciosa suma enciclopédica del saber de su época. También escribió obras didácticas y religiosas: el *Llibre dels àngels* (*Libro de los ángeles*), un divertido *Llibre de les dones* (*Libro de las mujeres*) y una *Vita Christi*. Por su parte, Vicent Ferrer (1350-1419), canonizado en 1458 por la Iglesia católica, fue un predicador religioso de sólida preparación intelectual y tono apocalíptico, además de ser un personaje clave tanto en la conclusión del Cisma de Occidente (1378-1417) como en la resolución de la crisis sucesoria que se produjo en la Corona de Aragón a raíz de la muerte en 1410 de Martín el Humano, último rey de la dinastía condal de Barcelona (Compromiso de Caspe,1412). Sus cerca de 300 *Sermones* en catalán (aunque también predicó en latín y es recordado popularmente, aún hoy, por su don de lenguas) eran recogidos *in situ* por taquígrafos de su mismo séquito y reflejan, aunque sea pálidamente, el espectáculo que debieron de ser sus predicaciones, que se extendieron por la Corona de Aragón, el resto de la Península Ibérica, los Países Bajos, Suiza, Italia y Francia, donde murió y está enterrado. Bernat Metge (1340/1346-1413), criado en el ambiente culto de la Cancillería Real, es sobre todo el autor de *Lo somni* (*El sueño*). Este diálogo de fondo apologético, tono entre irónico y sarcástico, y estilo ciceroniano, que tiene al mismo autor como protagonista, trata de diversas cuestiones, desde personales hasta políticas y teológicas. Su prosa, sin duda una de las más elegantes de la literatura catalana de todos los tiempos, muestra además un buen conocimiento de autores como Cicerón, Ovidio, Séneca, Petrarca y Boccaccio. También son de esta época el mallorquín Anselm Turmeda y Arnau de Vilanova, probablemente valenciano. Turmeda (*ca.* 1350-*ca.* 1430) fue así mismo un escritor moralista. Siendo franciscano, abjuró y se convirtió al islam —su tumba todavía se venera en la ciudad de Túnez. Autor satírico en verso y prosa, su obra más importante, en este último género, es la *Disputa de l'ase* (*Disputa del asno*), que nos ha llegado sólo en su traducción francesa (París, 1544). En cuanto a Arnau de Vilanova (1230/1240-1331), médico de papas y reyes, escribió cerca de 70 libros en catalán y latín, y es conocido por sus obras de medicina y alquimia y también, como reformador religioso, por su profetismo apocalíptico, no siempre ortodoxo. En este sentido, su obra más importante en lengua catalana es el *Raonament d'Avinyó* (*Razonamiento de Avignon*).

Cabe decir, a la vista de la gran proporción de autores valencianos en lengua catalana que florecieron durante siglo XV, que, como se ha propuesto, quizá no sea desacertado etiquetar esta centuria como el "siglo valenciano" de la literatura en lengua catalana. También es hacia mediados de este mismo siglo cuando se escribió la novela de caballería *Curial e Güelfa* (*Curial y Güelfa*), anónima, pero sobre todo es la centuria de la obra poética de Ausias March y de la novela *Tirant lo Blanc* de su cuñado Joanot Martorell, ambos pertenecientes a la pequeña nobleza valenciana.

Ausias March (1400/1401-1459), como se ha dicho hijo y sobrino de reconocidos poetas valencianos en provenzal, es quizá con el francés François Villon el más alto poeta europeo del siglo XV. Así como Llull se puede considerar el padre de la prosa literaria catalana, March es el primer escritor que se decidió a usar el catalán para la poesía. Como autor clásico de la literatura catalana, sus cerca de 10.000 versos, introspectivos, difíciles y de impactantes imágenes, no han dejado nunca de ser leídos y de influir en los poetas en catalán de todos los tiempos. Laico cultivado, además de conocer la tradición literaria de los trovadores en provenzal, se pueden apreciar en su obra ecos de Aristóteles, santo Tomás, Dante y Petrarca. Sus 127 poemas, compuestos probablemente a partir de 1427, se han agrupado tradicionalmente en cuatro divisiones temáticas, hoy en día en revisión: los *Cantos de amor*, los *Cantos de muerte*, los *Cantos morales* y, finalmente, su gran *Canto espiritual*.

Traducción al español de poemas de Ausias March (1400-1459), "cavallero valenciano de nación catalán", según declara la portada, a cargo del escritor portugués Jorge de Montemor (o Montemayor) (1560). March es el mayor poeta de la literatura catalana clásica. Dentro de la literatura medieval europea su obra es considerada la de más altura entre la época de Chaucer y la de Villon.

Joanot Martorell (1410/1411-1465) es el autor de *Tirant lo Blanc* (1490; *Tirante el Blanco*), que ha sido considerado por algunos críticos como la primera gran novela moderna de la literatura europea. Se trata de una extraordinaria narración que gira alrededor de los viajes y aventuras de su protagonista, el caballero andante Tirante, por Inglaterra, Sicilia, Rodas, el norte de África y, sobre todo, por el Imperio Bizantino, donde conocerá y se enamorará de Carmesina, la jovencísima hija del emperador. *Tirante el Blanco* ha sido calificada por el escritor peruano Mario Vargas Llosa como una novela "total", el cual la considera a un tiempo una novela de caballería, realista, fantástica, de humor,

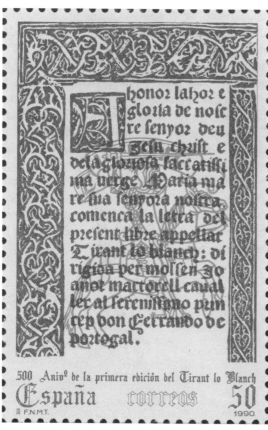

Sello de los correos españoles conmemorativo del quinto centenario de la publicación de *Tirant lo Blanc* (1490; *Tirante el Blanco:* 1511). Esta novela del caballero valenciano Joanot Martorell (1410/11-1465), cuñado de Ausias March, fue cálidamente elogiada por Cervantes como "el mejor libro del mundo" (*Don Quijote*, parte I, cap. 6). Considerada una de las primeras novelas de la literatura moderna occidental, se halla traducida a una docena de lenguas.

histórica, militar, social, erótica y psicológica —pero ninguna de estas cosas exclusivamente. Los méritos de la novela ya fueron observados y ensalzados por Cervantes, que en *El Quijote* (capítulo VI de la primera parte) no dudó en calificarla como "el mejor libro del mundo". De su éxito y cualidades literarias dan cuenta las tempranas traducciones e impresiones al español (1511), el italiano (1513) y el francés (1737?), que la dieron a conocer, además de Cervantes, a personajes tan diversos como Ariosto, Rousseau o Catalina la Grande de Rusia. También, un episodio de la novela inspiró, por vía indirecta de Ariosto, el asunto de *Mucho ruido para nada* (*Much Ado about Nothing, ca.* 1598) de

Shakespeare. Actualmente, el *Tirante* se encuentra traducido a una docena de idiomas, incluyendo las lenguas occidentales más extendidas y otras como el chino, el finlandés, el sueco, el neerlandés o el rumano.

Así mismo, fueron naturales del Reino de Valencia el médico Jaume Roig (1434-1478), autor del *Espill o Llibre de les dones* (*Espejo o Libro de las mujeres*), jocosa y antifemenina autobiografía de un viejo, formada por 16.000 brevísimos versos de cuatro sílabas de tono coloquial; la abadesa Isabel de Villena (1430-1490), autora de una popularista y emotiva *Vita Christi*; y el noble Joan Roís de Corella (1435-1497), que escribió sobre temas religiosos y profanos, y es reputado como el mejor poeta en catalán de la segunda mitad del siglo XV, amén de ser también un fecundo prosista de estilo barroquizante. La obra de este último autor es considerada por algunos estudiosos como el canto del cisne de la literatura catalana *clásica*. Finalmente, también fue valenciana la traducción al catalán e impresión (en 1478) de la Biblia, hoy perdida, a cargo de Bonifaci Ferrer, hermano de san Vicente.

LA SUBORDINACIÓN AL ESPAÑOL Y AL FRANCÉS (SIGLOS XVI Y XVII)

A medida que avanza el siglo XV y va concluyendo la Edad Media se concentran y concatenan una serie de hechos importantes que darán inicio a un proceso de crisis en la historia de la lengua catalana a partir del 1500, aproximadamente. El período comenzado entonces, y que durará por lo menos hasta la década de 1830, ha sido conocido a menudo por la historiografía catalana de inspiración romántica con el nombre de "la Decadencia", aunque hoy en día se prefieren otros términos más homologables con los de la historiografía occidental, como Edad Moderna.

Las circunstancias históricas del momento prepararon el terreno a la toma creciente del poder peninsular por parte de la Corona de Castilla, preeminencia que se manifestó no sólo en el terreno político sino también en el cultural y el lingüístico. Ya en 1412 el Compromiso de Caspe, que resolvió la crisis sucesoria de la Corona de Aragón, había elevado al trono aragonés a la dinastía castellana (y castellanohablante) de los Trastámaras, y entre 1475 y 1479 se produjo la unión entre las coronas de Aragón y de Castilla por medio del matrimonio de Fernando II de Aragón (1452-1516) e Isabel I de Castilla (1451-1504) —los llamados Reyes Católicos. Significativamente, en época de Alfonso V de Aragón (llamado el Magnánimo; 1396-1458), que residió la mayor parte de su reinado en su nuevo Reino de Nápoles, algunos escritores catalanohablantes, como Benet Garret, alias "il Chariteo" (*ca.* 1450-1514), comenzaron a componer también en español —la lengua materna del rey, nacido y criado en Castilla, así como de los numerosos intelectuales y literatos castellanos que se reunieron en su corte napolitana. Por otra parte, durante el siglo XV, Cataluña fue perdiendo progresivamente su tradicional peso político y económico en el seno de la Corona de Aragón, primero en favor del Reino de Valencia, y después en el conjunto de todos los estados de la Corona, los cuales se acabarían convirtiendo en meras provincias de un naciente imperio español que tenía en la Corona de Castilla su núcleo y estado hegemónico.

Es de notar que la unión entre las coronas de Aragón y de Castilla se hizo *de iure* entre dos coronas iguales en derechos y fue meramente *dinástica*, es decir, personal, y que contra lo que suele ser una opinión todavía bastante extendida, no comportó la fusión u homogeneización de territorios, de leyes o de instituciones. De hecho, más que el nacimiento de España como un Estado unitario similar al actual, el resultado de esta unión representó la aparición de una España plural y diversa —o unas "Españas", como se llegó a decir—, organizada en una estructura política que hoy podríamos calificar de federal o, mejor, confederal, dentro de un ordenamiento jurídico-constitucional flexible similar al del antiguo Imperio Austro-Húngaro o al de la actual Commonwealth británica. Este modelo de unión, o Estado de estados, calcado del modelo previo de asociación entre los diversos dominios de la Corona de Aragón y que había hecho perfectamente compatible la libertad de sus miembros con la unión bajo la Corona, se mantuvo con mayor o menor vigor durante los siglos XVI y XVII, es decir, mientras reinó la nueva dinastía de los Habsburgo o Austria, inaugurada por el emperador Carlos V —en España, Carlos I de Aragón y de Castilla (1500-1558). (De hecho, hoy en día, aunque para simplificar se suele hablar en términos históricos del "Rey de España", formalmente, y en rigor, siempre fue Don Tal, rey de Castilla, de Aragón, de Valencia, de Mallorca, conde de Barcelona, de El Rosellón, etc.) Todo esto, *de iure*; en cambio, *de facto* la balanza estuvo claramente inclinada, ya desde el principio, en favor de la Corona de Castilla, entre otras razones porque se daba un claro desequilibrio demográfico entre los 1,2 millones de habitantes que aportó la Corona de Aragón ibérica (aparte, estaban también los estados itálicos) y los 7 de la Corona de Castilla ibérica (sin contar, tampoco, los nacientes dominios de América).

En una época en la que en Europa empezaban a configurarse las monarquías absolutas, este desajuste entre el derecho y la realidad de los diferentes estados hispánicos fue percibido a menudo por la monarquía hispánica como una molesta complejidad heredada, con la tentación subsiguiente de arreglarla expeditivamente, e incluso, llegado el caso, por la fuerza de las armas.

A pesar del mantenimiento formal de las constituciones centenarias de los países de la Corona de Aragón, el hecho de que el rey compartido con la Corona de Castilla pasase a residir permanentemente en Castilla hizo que el soberano tendiese a identificarse cada vez más con el país en el que vivía, y que era el hegemónico. A la larga, además, se tendió a confundir Castilla y España, que comenzaba a perfilarse políticamente, o, si se prefiere, Castilla comenzó a monopolizar el concepto de España. Todo esto comportó que los reyes de la dinastía de los Austria perjudicaran con cierta frecuencia los intereses de la Corona de Aragón con medidas que a su vez favorecían a Castilla.

Así, por ejemplo, se convocaron cada vez menos las cortes o parlamentos, tanto las generales de la Corona de Aragón como las particulares de sus estados miembro, con lo que su sistema parlamentario y legislativo se fue fosilizando progresivamente; contra la tradición, y a menudo contra la ley, se introdujeron virreyes, gobernantes, funcionarios, eclesiásticos y hasta militares castellanos en los estados de la Corona; se creó un Consejo de Italia, segregado del Consejo de Aragón, por el cual los reinos de Nápoles y Sicilia (aunque no el de Cerdeña), que la Corona de Aragón había aportado a la nueva Unión, pasaron a depender directamente del monarca, radicado en Castilla; o se llegó a exigir la participación de catalanes, valencianos, mallorquines y aragoneses en la creación de un ejército unificado (por ejemplo, para las campañas en Flandes y los Países Bajos), cosa que iba también contra las constituciones de los estados de la Corona, que sólo permitían formar ejércitos para la defensa del propio territorio. (Por ejemplo, en el punto álgido del enfrentamiento entre la monarquía y Cataluña, en época de Felipe III de Aragón y Portugal y IV de Castilla [1605-1665], el conde-duque de Olivares, primer ministro del rey, llegó a aconsejarle explícitamente: "Trabaje y piense [Vuestra Majestad] por reducir estos reinos de que se compone España al estilo y leyes de Castilla, sin ninguna diferencia"; es decir, se recomendaba su anexión pura y simple por parte de Castilla, sin tener para nada en cuenta que "estos reinos" vivían bajo otros ordenamientos jurídicos y políticos, tan diferentes de los de Castilla como podían ser los de Francia o Inglaterra.) Cabe precisar, en cambio, que otras medidas, como la exclusión legal de los súbditos de la Corona de Aragón para comerciar con la América española, deben ser matizadas hoy en día a la luz de los conocimientos actuales.

El declive político de la Corona de Aragón coincidió, por otro lado, con el aumento progresivo del prestigio de la lengua española dentro sus propios estados (incluido el Reino de Aragón, donde avanzó a costa de la lengua aragonesa autóctona desde finales de la Edad Media) e incluso en Europa, donde se convirtió en lengua de moda, como idioma imperial. Este proceso se debió, en parte, al menos al principio, a la ascensión portentosa de la literatura en lengua española (el *Siglo de Oro*), pero sobre todo a la extensiva y paulatina acción mimética originada en la aristocracia y en las clases cultas locales, que empezaron a aprender el español y a usarlo. Por otra parte, la nobleza catalanohablante de la Corona de Aragón, que podría haber apoyado a las letras en catalán, se diluyó en conjunto, también a partir de entonces, entre la nobleza de Castilla, donde pasó a residir, cerca del rey, y a menudo se hizo absentista y se castellanizó en todos los sentidos.

Los ritmos de introducción del español, que comenzó a propagarse en el Dominio Lingüístico Catalán durante la Edad Moderna, fueron diversos según cada país de lengua catalana. Así, las Baleares se mantuvieron prácticamente refractarias a su influencia hasta finales del siglo XVII, mientras que en Valencia uno de los efectos más visibles de la resolución de la Guerra de las Germanías (1519-1523) contra el emperador Carlos V fue precisamente la castellanización lingüística de la aristocracia congregada alrededor de la corte virreinal de Germana de Foix (viuda de Fernando el Católico, abuelo materno del emperador). Se puede considerar éste como el primer eslabón en el proceso de secundarización del catalán en el Reino de Valencia, continuado durante el paso del siglo XVI al XVII por Juan de Ribera, arzobispo castellano de Valencia y lugarteniente general del rey. A partir de entonces el fenómeno se fue irradiando desde las clases más altas o cultas hacia las inferiores, que tendieron a imitarlas en su afán de aproximarse socialmente a ellas, muy en particular en la ciudad de Valencia. Por lo que respecta a Cataluña (incluida la actual Cataluña francesa), la introducción del español se situaría *grosso modo* entre el caso de Valencia y el de Mallorca.

Otros factores que favorecieron la familiarización de la población catalanohablante con el español fueron el teatro y la predicación —que en ciertos casos pasó a hacerse también en español—, así como la Inquisición, castellana en sus escalones más elevados. En el caso del Reino de Valencia se dio además una continuada afluencia hacia el centro del país de inmigrantes procedentes de las propias zonas castellanohablantes del interior, así como del Aragón colindante, que contribuyeron no sólo a divulgar el español sino también, probablemente, a particularizar la fisonomía dialectal del catalán valenciano, especialmente el de la ciudad de Valencia y su zona de influencia (el llamado valenciano *apitxat* [literalmente, 'apretado']).

Por otra parte, cierto número de escritores de lengua materna catalana comenzaron a usar el español en sus obras con naturalidad, contribuyendo así mismo a difundirlo entre sus compatriotas. Además de los autores en español de la corte de Alfonso el Magnánimo en el siglo XV (como el catalán Pere Torroella) y los de la pequeña, pero fastuosa, corte valenciana de Germana de Foix y de su tercer marido, el duque de Calabria, destacan ya en el siglo XVI algunos tempranos literatos que a pesar de ser catalanohablantes optan por el español como lengua para la literatura. Entre éstos sobresalen el innovador poeta barcelonés Joan Boscà (1487/1492-1542; castellanizado en Juan Boscán) y la escuela dramática valenciana, encabezada por Guillem de Castro (1569-1631; adaptado al castellano como Guillén de Castro). A estos primeros autores literarios en español les seguirán otros, mucho menos celebrados, durante el resto de la Edad Moderna. De modo parecido, ensayistas e historiadores, y en general la clase intelectual, se servirán abundantemente del español durante la Edad Moderna, y aún más allá. Aparte de los erasmistas, que como era de rigor escribieron sobre todo en latín (es el caso del valenciano Joan Lluís Vives, afincado en Flandes y amigo de Erasmo y Tomás Moro), destacan por el uso del español, entre otros, el valenciano Gregori Mayans, el aragonés Andrés Piquer, el catalán Antoni de Capmany o el menorquín Joan Ramis, los cuatro importantes eruditos ilustrados del siglo XVIII.

Al ambiente general de crisis de la lengua catalana se vino a añadir además la llamada "cuestión morisca". Como se ha dicho, los moriscos eran los descendientes de los popularmente llamados "moros", es decir, de los musulmanes que no se exiliaron o que, en virtud de capitulaciones, no fueron expulsados y pudieron quedarse, pero en régimen de servitud, especialmente en el Reino de Valencia, cuando éste fue conquistado en el siglo XIII por catalanes y aragoneses. Los moriscos se concentraban en particular en determinadas zonas (los llamados "lugares de moriscos") y su presencia ininterrumpida había sido más bien conflictiva desde entonces, aunque tenían a su favor el hecho de que, como siervos que eran, representaban el principal recurso humano de que disponía la aristocracia valenciana para cultivar sus tierras. Con Felipe II de Aragón y Portugal y III de Castilla (1578-1621), la intolerancia religiosa y cultural que subyacía a la cuestión morisca (y que en el conjunto de los reinos hispánicos afectaba, sobre todo, al de Valencia) llegó a su límite, y en 1609 se decretó su expulsión en masa, como poco más de un siglo antes (en 1492) lo habían sido los judíos, por razones en parte similares, bajo el reinado de los Reyes Católicos. Este hecho dramático representó el exilio inmediato y sin retorno de unos 130.000 musulmanes valencianos, esencialmente de lengua árabe, que representaban 1/3 de la población total del Reino de Valencia, con el consiguiente y repentino drenaje demográfico que dejó completamente despobladas amplias zonas del país. La repoblación posterior de algunos de estos lugares, especialmente del interior y del sur, por inmigrantes castellanohablantes procedentes de Aragón, de Castilla y de Murcia contribuyó a delimitar de manera prácticamente definitiva los actuales límites lingüísticos del País Valenciano, con un litoral catalanohablante y un interior y sur castellanohablantes.

Otro hecho no menor, en parte relacionado con el anterior, en parte relacionado con un continuado flujo de inmigrantes murcianos hacia el extremo sur del País Valenciano, se refiere al retroceso de la frontera lingüística en la región de Orihuela, donde los vacíos demográficos dejados por los "lugares de moriscos", a partir de su expulsión, fueron cubiertos por murcianos y castellano-manchegos de lengua española, que a su vez fueron desplazando paulatinamente al catalán de aquella ciudad y algunas zonas próximas, hasta su extinción hacia 1750.

Por otra parte, el creciente intervencionismo castellano en Cataluña condujo a la guerra de separación llamada "de los Segadores", contemporánea estricta de la independencia definitiva de Portugal (1640), y en el marco de la guerra de los Treinta Años (1618-1648) y su desenlace. La primera de estas guerras, concluida por la Paz de los Pirineos (1659), conllevó la cesión a Francia por parte de Felipe III de Aragón y IV de Castilla de la mayor parte de los territorios de los condados de Cataluña al norte de los Pirineos (*els Comtats*). Esta desmembración de la Cataluña septentrional del resto de los territorios catalanohablantes, que se llevó a cabo sin la preceptiva discusión y aprobación por el Parlamento de Cataluña, así como su consiguiente inclusión en otra estructura estatal y política (la monarquía borbónica francesa), hizo que a partir de entonces el proceso de sustitución lingüística recibiera allí nuevos influjos y adoptara bien pronto una dinámica contundente: inmediatamente, en el mismo siglo XVII, el rey de Francia, Luis XIV, empezó a aplicar medidas legales, y bien explícitas, contra el catalán, en una especie de preludio de lo que habría de representar en España el cambio dinástico, a raíz de la guerra de Sucesión,

Edicto real de Luis XIV de Francia (1700) limitando el uso del catalán en la Cataluña francesa. El Rey Sol manifiesta literalmente en esta disposición que "el uso del catalán repugna y es de alguna manera contrario a nuestra autoridad y al honor de la nación francesa". La represión legal del catalán se inició en Francia en 1661, dos años después del Tratado de los Pirineos, por el que el rey de España cedió los condados catalanes de El Rosellón y la Cerdaña, y medio siglo antes que en España.

unos cincuenta años más tarde. Así, tres decretos reales entre 1661 y 1682 obligarán a hacer la instrucción en francés, y uno de 1700 a sustanciar las transacciones económicas, todos los procesos judiciales y las actas públicas en esta lengua, ya que, según manifestaba Luis XIV en este último, "el uso del catalán *repugna* y es de alguna manera contrario a nuestra autoridad y al *honor* de la nación francesa" (las *cursivas* son nuestras).

Por consiguiente, el español —y el francés en Cataluña Norte— se va introduciendo durante la Edad Moderna en muchos ámbitos en los que hasta entonces había sido considerado una lengua extraña, por no decir extranjera. A partir de Felipe I de Aragón y Portugal y II de Castilla, el español pasará de ser la lengua de la Corte del rey a ser también a menudo la lengua de las cortes virreinales periféricas y de otras instituciones próximas, como la Iglesia: desde el siglo XVI, muchos obispos y miembros del alto clero, la Inquisición y las nuevas órdenes religiosas de estructura hispánica, como los jesuitas, se convertirán en eficaces instrumentos de castellanización lingüística. Como ya se ha dicho, diversos géneros literarios (incluyendo la oratoria de la predicación religiosa) pasaron a cultivarse también en español, aunque en general con un peso específico muy pequeño en el conjunto de la literatura en lengua española; e incluso antes de la guerra de Sucesión de 1702-1714 ya se puede encontrar el español, aunque excepcionalmente, en algún uso burocrático.

Como consecuencia de este progresivo avance de la lengua española, se empiezan a documentar incontestables castellanismos léxicos desde el siglo XV, y a partir de entonces su influencia se hará constante y creciente, desde la ortografía de los textos escritos (manuscritos o impresos) hasta ciertas estructuras gramaticales, pero sobre todo en el vocabulario. (En conjunto, se ha calculado que a partir de la Edad Moderna las aportaciones de diversas lenguas, incluyendo el español, al léxico catalán básico se pueden cifrar en torno a un 7% del total.)

Por lo que respecta a la introducción de vocabulario español, quizá no sea superfluo hacer una distinción entre aquellos castellanismos que se han integrado plenamente en el caudal del catalán o están en camino de hacerlo (que son relativamente pocos) y aquellos que se han considerado o se consideran formas foráneas dignas de ser evitadas (aunque no siempre hay acuerdo sobre el particular). Por ejemplo:

- Plenamente asimilados y admitidos por la normativa: *buscar*, [*la*] *tarda* < [la] tarde, *senzill* < sencillo, *matxo* 'mulo' < macho, *maco* 'bonito' < majo, *bonic* 'bonito' < bonico, *resar* < rezar, *preguntar*, *quartos* 'dinero' < cuartos..., algunos de ellos muy recientemente: *entregar*, *caldo*...
- Los que se podrían considerar prácticamente del lenguaje estándar, a pesar de no estar en la actualidad registrados como normativos: *despe-*

dir ('acomiadar'), *barco* ('vaixell'), *medir* ('mesurar'), *enterar-se* ('assabentar-se') < enterarse, *carinyós* ('afectuós') < cariñoso, *disfrutar* ('gaudir, fruir'), *quarto* ('habitació, cambra') 'habitación' < cuarto...

- Con continuidad ocasional hasta hoy día en el lenguaje menos cuidado, pero totalmente rechazados en la variedad estándar de la lengua: *els demés* ('els altres') < los demás, *menos* ('menys'), *después* ('després'), *pues* ('doncs'), *bueno!* ('bé!, d'acord!'), *apretar* ('prémer, estrényer'), *apoiar-se* ('recolzar-se') < apoyarse, *sombrero* ('barret'), *conde* ('comte'), *hermano* ('germà, frare') 'fraile' < hermano, *retxassar* ('rebutjar') < rechazar, *retrato* ('retrat'), *raro* ('estrany, rar'), *rato* ('estona')...

- Desaparecidos en la actualidad, o que solamente debieron de usarse antiguamente en el lenguaje escrito: *luego*, *hàcia* < hacia, *cerca, cumpleanyos* < cumpleaños, *càndido* < cándido, *lisonges* < lisonjas, *acercar, gosar* < gozar, *quissà* < quizá, *horrísono, regositjo* < regocijo...

Lógicamente, a lo largo de la historia el catalán también ha recibido préstamos de otros idiomas de considerable peso cultural, especialmente del francés y el italiano, muchos de los cuales, por otro lado, reaparecen a menudo en otros idiomas. Del francés medieval tenemos, por ejemplo: *llinatge* 'linaje' < *lignage*, *rogicler* 'rosicler' < rouge clair, *xemeneia* 'chimenea', *xamfrà* 'xaflán', *jaqueta* 'chaqueta', *franja* 'franja'; y entre los galicismos de la Edad Moderna podemos apuntar algunos otros, como: *bateria* 'batería' < équiper, *trinxa*r 'trinchar' < trenchier; *tissú* 'tisú' < tissu, *bijuteria* 'bisutería' < bijouterie; *baioneta* 'bayoneta', etc.

Entre los italianismos del catalán podemos notar los incorporados durante la Edad Media, como: *anxova* 'anchoa' < genovés anciöa, *crèdit* 'crédito' < credito, *ducat* 'ducado' < ducato, *novel·la* 'novela' < novella, *ragatxo* 'mozo, zagal' < ragazzo, *sonet* 'soneto' < sonetto; o bien los introducidos durante la Edad Moderna, como por ejemplo: *arlequí* 'arlequín' < arlecchino, *batuta* < battuta, *bravo!* '¡bravo!, *carrossa* 'carroza' < carrozza, *cultivar* < coltivare, *disseny* 'diseño' < disegno 'dibujo', *duo* 'dúo', *esdruíxol* 'esdrújulo' < sdrucciolo, *fragata, humanista* < umanista, *pintoresc* 'pintoresco' < pittoresco + cat. pintor, *sentinella* 'centinela' < sentinella, *soprano*, etc.

En cuanto a los anglicismos, igual que en las demás lenguas románicas, no abundan en catalán antes del siglo XVIII. Sin embargo, a partir de entonces se incrementa su introducción, en especial desde la Segunda Guerra Mundial, y los de carácter científico-técnico. Algunos de ellos han adoptado la ortografía del catalán, como *futbol* 'fútbol' < football, *bistec* 'bistec' < beefsteak, *esnob* 'esnob' < snob, *iot* 'yate' < yatch, *esport* 'deporte' < sport, *locaut* < 'cierre patronal' < lockout, etc., mientras que otros se han mantenido tal cual, como por ejemplo: *stop*, *hippy*, *playboy* o *input/output*. Por lo que respecta a los anglicismos más recientes, es de señalar que pueden convivir palabras de origen inglés con sus equivalentes en catalán, generalmente propuestos *a posteriori*: *software* vs. *programari*, *hardware* vs. *maquinari*, *freelance* vs. [*treballador especialitzat*] *independent*, *flash* vs. *flaix*, etc. Un fondo particular de anglicismos, que tocaremos en el siguiente capítulo, se refiere al catalán de la isla de Menorca, en las Baleares, que fue un dominio británico durante la mayor parte del siglo XVIII.

Finalmente, también han entrado a formar parte del caudal léxico de la lengua catalana otras palabras procedentes de lenguas muy diversas, una parte de las cuales a través del español. Así, han tomado carta de naturaleza en catalán palabras como: *colibrí*, *enagos* 'enaguas', *mico* 'mono', *moniato* 'boniato', *patata* (y *papa*), *xocolata* 'chocolate' (indoamericanismos); *calers* 'dinero', *menda* 'yo mismo', *pirar* 'irse, huir', *xorar* 'robar' (romaní ibérico, o caló); *blocaus* 'blocao', *vermut*, *xotis* 'chotis' (alemán); *maniquí*, *babord* 'babor' (neerlandés); *robot* (checo); *cotxe* 'coche' (húngaro); *quimono* (japonés), *mocassí* 'mocasín' (algonquino); *biquini* (polinesio), etc.

Pero prosiguiendo con la historia social de la lengua catalana durante la Edad Moderna, hay que dejar constancia de un hecho irrebatible: el catalán continuó siendo por todas partes el idioma del pueblo, en su inmensa mayoría todavía monolingüe durante el siglo XIX e incluso en bastantes casos hasta la primera mitad del siglo XX, y fue en general la lengua más utilizada en los intercambios orales o informales. Las clases dirigentes autóctonas, sin embargo, más que en bilingües se fueron convirtiendo en *diglósicas*. Esta distinción, más bien técnica, es sin embargo muy pertinente aquí: mientras que el bilingüismo suele conllevar implícitamente la idea de una cierta equidad por lo que respecta a la distribución de los usos y funciones de dos lenguas ("ambas se usan para todo"), la diglosia es un fenómeno sociolingüístico diferente, por el que a una lengua *A* (en nuestro caso, el español o el francés) se le tiende a reservar los usos más formales y elevados, como su aprendizaje en la escuela, su utilización por la Administración y la Iglesia o su uso en la literatura seria (y, hoy en día, en la prensa, la radio y la televisión o Internet), mientras que la lengua *B* (en nuestro caso, el catalán) queda relegada a los usos más íntimos y domésticos —si se quiere, los más "entrañables", pero invariablemente los sentidos como inferiores o sin prestigio.

Así, se puede afirmar que durante más de 300 años, es decir, como mínimo durante los siglos XVI, XVII, XVIII y parte del XIX, el catalán pasó a ocupar, con pocas excepciones, un lugar secundario como lengua de cultura, después del español y del latín —lenguas a las que habría que añadir el francés y el italiano en los casos de El Rosellón y de El Alguer y la isla de Cerdeña, respectivamente, a partir de los siglos XVII y XVIII.

Por otro lado, es precisamente durante ese período de más de tres siglos cuando muchas de las demás lenguas de Europa (en especial, las asociadas a un Estado) adoptan regulaciones gramaticales que las fijan más o menos definitivamente, y cuando consiguen ir imponiéndose al latín como lenguas de cultura —aunque este último seguirá siendo hasta el siglo XVIII, e incluso más tarde, la lengua de las universidades y el idioma "alto" de la Iglesia católica. El catalán, en cambio, ahora ya sin ningún apoyo de una corte real (a partir de Felipe I de Aragón y II de Castilla los reyes ya no hablarán catalán sino sólo español), y habiendo dejado de ser una lengua de Estado, queda eclipsado por el auge de la lengua española, que vive justamente entonces uno de sus mayores períodos de esplendor literario. Fortalecido entre otros factores por los estudios de sus gramáticos y lexicógrafos, por una literatura de primerísima línea, por la difusión de la imprenta y por una poderosa Monarquía que extiende su conocimiento y uso por América y Europa (Italia, Portugal, Países Bajos), el español va ganando espacio al catalán, que por el contrario no es objeto de estudios lingüísticos significativos y ve cómo su literatura cae en muchos casos por la pendiente de la vulgarización y el cultivo de los géneros inferiores, como la poesía satírica o los panfletos. La continuidad de la gran tradición poética y narrativa de la Edad Media, perfectamente homologable a las otras literaturas en lenguas europeas de su época, había quedado gravemente dañada.

Otra causa importante de la secundarización de la lengua catalana durante la Edad Moderna fue la difusión de la imprenta. Si bien durante el siglo XVI Barcelona y Valencia fueron dos grandes capitales de la imprenta, cabe decir que gracias a la licencia para exportar libros a España y al extranjero, muchas de las obras que se publicaron dentro del Dominio Lingüístico Catalán lo fueron en español: ya a finales de aquel siglo la edición de libros en lengua catalana en estas dos ciudades apenas llegaba al 10% del total, mientras que el resto lo era en latín y español. Después, la edición en catalán decayó dramáticamente. Y aunque durante los dos primeros tercios del siglo XVI aún se publicaron obras importantes en lengua catalana, de hecho se trataba más de reediciones de textos medievales (Ramon Llull, Ausias March, las *Crónicas* de Jaime I o de Muntaner...) que de obras de nueva creación.

La relegación del catalán a los registros familiares y populares, por otro lado, favoreció su dialectalización así como el debilitamiento del sentimiento de unidad lingüística entre el conjunto de sus hablantes y territorios, que, como se ha comentado anteriormente, aún hoy día manifiestan a menudo, especialmente las personas menos cultivadas, que hablan *valencià, mallorquí, eivis-senc*, etc., incluso oponiéndolo a *català*. Y a pesar de que no es desconocido este último término en textos procedentes de Valencia o de Mallorca, aplicado a la lengua común, pronto empezaron a proliferar las referencias a la *llengua valenciana* ('lengua valenciana') o a la *llengua mallorquina* ('lengua mallorquina'), cuyas primeras manifestaciones, como hemos dicho anteriormente, no parecen negar la unidad de una lengua compartida con los catalanes, sino que son más bien unos términos que significaban meramente 'lengua hablada por los valencianos, por los mallorquines'.

Durante el siglo XVI, por otro lado, se añade a este incipiente embrollo nominalista el término *llemosí* ('lemosín'), aplicado a la lengua que hoy se conoce científica e internacionalmente por catalán, y que fue usado tanto por autores catalanes como baleares, pero que tuvo un especial éxito entre los valencianos. Esta denominación, errónea y generadora de una larga tradición de confusiones, hacía provenir el catalán, míticamente, del occitano antiguo, concretamente del occitano de la región de Limoges, en la Francia central. Aunque, indirectamente, el lemosinismo ayudaba a mantener viva una cierta conciencia de unidad o comunidad *histórica* ("lenguas salidas de un tronco común"), que llegó hasta los escritores en lengua catalana de la *Renaixença* o "renacimiento" del siglo XIX, su aceptación acrítica representó a la postre la ruptura de la continuidad entre la tradición literaria clásica de los siglos XIII a XV y el catalán coloquial de la Edad Moderna: la lengua de la literatura anterior a 1500 será percibida durante esta última época como una lengua diferente, antigua y anticuada: el "lemosín".

Sin ser estudiada como las demás lenguas europeas, con escasa producción editorial y habiendo perdido el poder cohesionador y modélico que le podría haber proporcionado una corte real y su cancillería (es decir: el poder del Estado, como en Castilla o en Francia), la lengua modélica por excelencia de los catalanohablantes tendría que haber provenido, en su defecto, de la lengua de los literatos (o sea, del arte de los escritores: de la propia tradición literaria y de los escritores contemporáneos, como en Italia). Ahora bien, si la lengua coetánea (el "catalán", el "valenciano", el "mallorquín") era considerada diferente de la de los clásicos (el "lemosín"), y además empezaba a perder prestigio social, pronto se llegaba a un callejón sin salida. Por tanto, a partir del Renacimiento, al quedar también cerrado el camino hacia una solución basada en la propia tradición, para la renovación de la lengua literaria catalana se favorecerá más bien una tercera posibilidad, basada en la fuerza de pautas contemporáneas pero exteriores, o al menos no propiamente autóctonas: en concreto, la modernidad provendrá, sobre todo, del poderoso y cercano modelo literario español, muy especialmente con la eclosión del Barroco. Los grandes escritores en español del momento, como Garcilaso de la Vega (1501?-1536), Cervantes (1547-1616), Góngora (1561-1627), Lope de Vega (1562-1635), Quevedo (1580-1645), Tirso de Molina (1584-1648) o Calderón (1600-1681), se convertirán así en los modelos de una literatura catalana secundaria y dominada por el mimetismo.

LOS INICIOS DE LA REPRESIÓN CONTRA EL CATALÁN (SIGLO XVIII)

Ya hemos visto cómo desde mediados del siglo XVII, y contra las promesas del rey, el catalán había sido prohibido en la Cataluña francesa para los usos oficiales y en la educación; a partir del primer cuarto del siglo XVIII, como consecuencia de la guerra de Sucesión a la Corona de España, esta misma política se generalizará también en el Dominio Lingüístico Catalán de soberanía española.

En el año 1700 muere Carlos II de Aragón y de Castilla (nacido en 1661), el último rey de la rama hispánica de los Habsburgo, o Austria, y de acuerdo con sus disposiciones testamentarias sube al trono el duque Felipe de Anjou con el nombre de Felipe V de Castilla y IV de Aragón (1683-1746). El duque de Anjou, nieto de Luis XIV de Francia (el *rey Sol*), se convierte así en el primer rey español de la dinastía francesa de Borbón, y las tensiones domésticas e internacionales no tardan en activarse. Por un lado, el nuevo rey francés, procedente de una monarquía tradicionalmente centralista y que había hostigado a menudo las fronteras de Cataluña, es percibido por sus nuevos súbditos de la Corona de Aragón como un peligro para sus libertades tradicionales; por otro, las potencias europeas enemigas de Francia ven con temor la consolidación de una misma dinastía a ambos lados de los Pirineos.

Por todo ello, la Corona de Aragón, el Imperio Austríaco, Inglaterra y Holanda acaban dando su apoyo a las pretensiones sucesorias del archiduque Carlos de Austria (Carlos III de Aragón y de Castilla; 1685-1740) sobre el trono español, y estalla la guerra de Sucesión de España. Al principio, la situación no parece desfavorable a las fuerzas aliadas, pero poco a poco las cosas van evolucionando en favor de las tropas borbónicas castellano-francesas. En 1707, como consecuencia de la batalla de Almansa, en los confines entre Castilla y Valencia, caen y son ocupados los reinos de Valencia y de Aragón.

Ahora bien, cuando el archiduque-rey Carlos (también llamado el *primer* Carlos III por la historiografía en lengua catalana, en contraposición al nieto de Felipe V, el *segundo* Carlos III), extremadamente dependiente de los ingleses, es elegido emperador de Austria en 1711, el equilibrio de poderes europeo queda nuevamente amenazado: a partir de entonces tener un rey Borbón a lado y lado de los Pirineos, uno en España y otro en Francia, es considerado como un mal menor en comparación con una eventual, y no menos inquietante, reedición del imperio de Carlos V. La consecuencia inmediata de este nuevo estado de cosas fue la necesidad de concluir rápida y negociadamente la cuestión sucesoria a la Corona de España. Carlos III abandona el teatro de operaciones hispánico y parte hacia Austria para ser coronado emperador romano-germánico con el nombre de Carlos VI, y el Reino Unido se acaba retirando de la guerra. Por la paz de Utrecht de 1713, que decide el nuevo escenario internacional, se ratifica el abandono a su suerte de la Corona de Aragón (de hecho, ya sólo Cataluña, Mallorca e Ibiza, y Cerdeña, Nápoles y Sicilia), a pesar del compromiso formal en contra firmado con Inglaterra en 1705. También se sanciona formalmente, entre otras cosas, la transferencia definitiva de la soberanía de Gibraltar y de la isla de Menorca, territorios ocupados de manera interina por Inglaterra durante la guerra (respectivamente, en 1704 y 1708), los cuales pasarán a ser dominios de la Corona británica. La suerte de la guerra está echada: Barcelona cae el 11 de septiembre de 1714 —derrota que hoy en día es conmemorada como el día nacional de Cataluña—, y Mallorca e Ibiza en 1715. En cuanto a la isla de Cerdeña, ocupada de nuevo por Felipe V de España en 1718, acabará siendo cedida a Víctor Amadeo II de Saboya dos años más tarde, con lo cual dejaba atrás cuatro siglos de vinculación hispánica: dos de ellos directamente a la Corona de Aragón y otros dos a la monarquía de los Austria de España, pero a través del Consejo de Aragón. Nápoles y Sicilia, por su parte, también fueron separados de España a principios del siglo XVIII después de varios siglos de dependencia política de la Península Ibérica (Sicilia había sido anexionada a la Corona de Aragón a raíz de las Vísperas Sicilianas de 1282, y los reinos de Nápoles y de Sicilia en conjunto estuvieron vinculados a la Corona de Aragón desde 1443 hasta 1504, cuando pasaron a ser administrados por el Consejo de Italia, radicado en Castilla).

Más que con los Reyes Católicos (a finales del siglo XV), como todavía suele repetirse, es a partir de Felipe V (a principios del siglo XVIII) cuando podemos comenzar a considerar España como un Estado auténticamente unificado o, mejor, unitario: es a partir de entonces cuando podemos empezar hablar con propiedad de un rey de España o de una Corona de España y, consecuentemente, de un Reino de España. Las medidas represivas contra los súbditos de la extinta Corona de Aragón no se hicieron esperar, y ya poco después de la derrota de Almansa quedaron abolidas las constituciones centenarias de los reinos de Aragón y de Valencia (sus *Furs* o Fueros). Con la caída del Principado de Cataluña así como de las islas de Mallorca e Ibiza, se hará lo mismo a través de los llamados decretos de Nueva Planta, o de nueva organización. De esta manera, se suprime el derecho público privativo de los países de la antigua Corona de Aragón, con lo que dejarán de gobernarse con sus tradicionales libertades e instituciones, es decir, con unas amplias facultades de autogobierno. Esta amplísima autonomía, rayana con la independencia de hecho, se caracterizaba, además, por una soberanía limitada del rey, ejercida de manera compartida y pactada con las cortes o parlamentos, y más similar al sistema político inglés u holandés que al castellano o francés; de hecho, según algunos autores, como el malogrado economista, historiador y político Ernest Lluch, este sistema constitucional podría haber evolucionado más fácilmente que en la Corona de Castilla hacia un parlamentarismo avanzado, como en el Reino Unido o los Países Bajos. Por el contrario, a partir de la conclusión de la guerra, se impondrán a la Corona de Aragón "por justo derecho de conquista", como proclamó Felipe V, las leyes, las instituciones y las maneras de gobierno de Castilla, hasta entonces formalmente extranjeras, y en cuya cúspide se hallaba un rey con poderes prácticamente absolutos. El resto del derecho propio también se vio reducido progresivamente, y sólo el derecho civil autóctono (que ha llegado hasta nuestros días) continuó teniendo vigencia en Cataluña, las Baleares y Aragón, pero no en Valencia —ni en El Rosellón o en la Cerdaña francesa, abolido definitivamente por la legislación revolucionaria y homogeneizadora a partir de 1789.

Este nuevo estado de cosas no dejó de tener consecuencias lingüísticas, aunque quizá no tantas como las asumidas habitualmente, al menos por lo que respecta al reinado de Felipe V (1700/1713-1746). Uno de los artículos del Decreto de Nueva Planta de Cataluña (1716) ya advertía de que en adelante el español pasaba a ser la única lengua oficial de la Real Audiencia, o nuevo órgano supremo de gobierno en Cataluña. A pesar de que el contacto que debían de tener los catalanes corrientes con una instancia tan elevada debía de ser prácticamente nulo, es digno de ser señalado que, por primera vez en la historia del catalán —y no será la única—, fuera de la Cataluña francesa, se limita *por ley* el uso de la lengua catalana en su propio territorio.

Sin mucha incidencia práctica en su momento, esta medida representa sin embargo el primer eslabón de una larga cadena de medidas limitadoras del uso libre y normal del catalán. Disposiciones como las que se comenzaron a promulgar a partir del primer cuarto del siglo XVIII se apoyaron en el anterior proceso de secundarización de la lengua, a la vez que lo potenciaban, y le confirieron una cobertura política e ideológica que bajo ciertas formas ha llegado incluso hasta nuestros días (recordemos, por ejemplo, que la Constitución española actualmente vigente no consagra, antes al contrario, y a diferencia de otros países democráticos con diversas lenguas oficiales, una estricta igualdad de derechos y deberes de los ciudadanos por lo que respecta al conocimiento del español y las otras lenguas de España).

Pero quizá más interesante que las propias disposiciones legales sea considerar la ideología subyacente que impregnaba estas novedosas medidas coercitivas. Así, en 1716 el fiscal de la Audiencia enviaba a los gobernadores de los *corregimientos* del Principado de Cataluña (o nuevos distritos administrativos, organizados según el modelo y las leyes de Castilla) diversas instrucciones, entre las cuales la sexta trataba de justificar la introducción de la lengua española, así como la manera como se había de hacer; y concluía astutamente, según una conocida frase, que esta introducción debería ejecutarse dando "providencias muy templadas y disimuladas, de manera que se consiga el efecto sin que se note el cuidado". También, el Consejo de Castilla (que, a pesar de su nombre, a partir de Felipe V asumió el gobierno de toda España) no se supo abstener de aconsejar al primer rey de la Casa de Borbón que en adelante "en las escuelas de primeras letras y de gramática no se permitan libros en lengua catalana, escribir ni hablar[la] en las escuelas, y que la doctrina cristiana sea y la aprendan en castellano", aunque hay que reconocer que esta propuesta no fue atendida, y aun con una efectividad relativa, hasta el reinado de su nieto, el *segundo* Carlos III (1716-1788).

Nos hallamos, pues, de hecho, ante los primeros intentos explícitos de asimilación lingüística, que se extendieron con similares características al País Valenciano y a las Islas Baleares, excepción hecha de Menorca, bajo dominio británico durante casi todo el siglo XVIII. Estos designios se complementaron a lo largo de los siglos XVIII y XIX con otras normas legales, como la disposición que imponía la contabilidad en español (1722); la real pragmática de Carlos III que propugnaba la introducción del español en las escuelas a fin de "extender el idioma general de la nación para su mayor armonía y enlace recíproco" (1768); la prohibición de imprimir libros escolares en catalán (1773), que intentaba impedir más efectivamente la continuidad de la enseñanza en la lengua; o bien, indirectamente, a través de la prohibición de realizar representaciones teatrales en otro idioma que no fuera el español (1799).

Por lo que respecta a medidas como las citadas, es digno de ser señalado, por un lado, que la mayoría de ellas se dieron precisamente durante el reinado de Carlos III (rey de España entre 1759 y 1788; anteriormente rey de Nápoles entre 1734 y 1759), un monarca ilustrado tradicionalmente no mal considerado

REAL CEDULA
DE SU MAGESTAD,
A CONSULTA
DE LOS SEÑORES DEL CONSEJO,
REDUCIENDO EL ARANCEL
de los derechos procesales á reales de vellon en
toda la Corona de Aragon, y para que en todo
el Reyno se actúe y enseñe en lengua Castellana,
con otras cosas que expresa.

Año 1768.

EN MADRID.

En la Oficina de Don Antonio Sanz, Impresor del Rey nuestro Señor,
y de su Consejo.

Real cédula de Aranjuez (1768) promulgada por Carlos III de España. Por esta disposición se prohibía el uso del catalán en la enseñanza y se instruía a las autoridades gubernativas y educativas para "extender" el conocimiento del español. Aunque esta medida limitaba legalmente, por vez primera en España, el uso del catalán en un campo tan importante como la educación, la efectividad plena de este designio se dio sobre todo durante el siglo XIX.

por la historiografía de lengua catalana, a diferencia de su abuelo Felipe V, y por otro lado que el *idioma general* de la pragmática de 1768 (refiriéndose al español), habría sido mucho más exacto calificarlo de *mayoritario* (tomando el conjunto de España), ya que por la época no estaba en absoluto generalizado dentro del Dominio Lingüístico Catalán, donde la masa de la población continuaba sin saber otra lengua que su catalán de siempre.

Pero a pesar de todo, la situación real parece haber distado bastante de la que se podría presumir que se habría producido si se hubiesen puesto en práctica sistemáticamente disposiciones como las anteriores. Hay que hacer notar que los efectos de la perseguida asimilación lingüística no debieron de ser los apetecidos, a la vista de la frecuencia con que estas medidas se habían de recordar y volver a promulgar —lo que, por otro lado, viene a demostrar también el interés continuado de los diferentes gobiernos españoles por extender el español a costa del catalán. De hecho, fuera por el peso de la tradición, por voluntad de resistencia de los catalanohablantes o bien por la desidia de las propias autoridades (muchas de las cuales eran, además, catalanohablantes), los resultados finales hasta el fin del Antiguo Régimen fueron más bien menguados. Incluso hay algún indicio de cierta contestación, como por ejemplo el memorial de quejas que una representación de los cuatro países de la antigua Corona de Aragón expuso en 1760 ante Carlos III: los diputados, sin abandonar el tono respetuoso que requería la ocasión, no se refrenaron sin embargo de manifestar al rey, entre otras cosas, que "en las Indias [= la América española] ... los párrocos deben entender y hablar la lengua de sus feligreses. ¿Y van a ser los labradores catalanes, valencianos y mallorquines de peor condición que los indios?"...[13]

---

[13] Es posible que los delegados se refirieran en especial al caso del guaraní del Paraguay —y en las Islas Filipinas pasaba otro tanto. Cabe matizar, sin embargo, por lo que respecta a las regulaciones de orden lingüístico, y contra lo que se ha llegado a afirmar, incluso desde altas instancias del Reino de España, que la situación no parece que fuera muy diferente en la América española, como lo deja ver claramente la real cédula de 10 de mayo de 1770, así mismo de Carlos III, dirigida a los virreyes del Perú y de Nueva Granada (que comprendían todos los dominios del Rey de España al sur de Panamá), la cual se proponía, literalmente, "conseguir que se *extingan* los diferentes idiomas" de América del Sur que no fueran el español y que "*sólo se hable el castellano*" en dichos dominios (las *cursivas* son nuestras). Es posible que el rey tuviera presente el precedente de los guaraníes del Paraguay. Su caso, *a contrario sensu*, puede ayudar a dibujar mejor la responsabilidad de la Corona de España, de los españoles de la metrópoli (básicamente, monolingües en español) y de los criollos en la extinción de numerosas lenguas autóctonas de las Indias españolas. Así, no parece casual que la República del Paraguay, quizás el único país genuinamente bilingüe de toda la antigua América española, y que ha conservado hasta hoy mismo en plenitud su legado lingüístico original (la lengua tupí-guaraní, o guaraní, idioma oficial de la República junto al español), fuese en buena parte, durante la época colonial, un territorio independiente de hecho de la Corona española. Cabe recordar que hasta su expulsión en 1767 los jesuitas impulsaron la construcción y administración de una sociedad utópica (las *reducciones* jesuíticas); protegieron a los pobladores ancestrales de la depredación colonial, y dejaron un notable substrato de respeto e interés por lo autóctono, que ha perdurado hasta nuestros días. Pero además —cosa que suele ser muy poco divulgada—, y en contra de lo que era habitual, incluso entre sus correligionarios de México o de la metrópoli, los religiosos de la Sociedad de Jesús asimilaron, cultivaron, protegieron y emplearon con toda normalidad la lengua guaraní como instrumento para elevar el nivel cultural de la población y favorecer la consolidación de una sociedad más justa y estable. (En el mismo sentido de pragmatismo y de respeto hacia las lenguas autóctonas, otra excepción notable para la época, como veremos, fueron las propuestas que lanzó en la primera década del siglo xix el intelectual y político ilustrado Melchor Gaspar de Jovellanos respecto al catalán.)

Precisamente, sobre las relaciones entre lengua y religión, hay que decir que durante el siglo XVIII el español continuó abriéndose camino en, y desde, la Iglesia católica extendida por el Dominio Lingüístico Catalán. La actitud del alto clero respecto a la lengua catalana fue muy variada y dependió, en gran medida, del talante de cada obispo y de la tradición de cada diócesis. Así, algunos obispados, como los de Valencia, Mallorca y Tortosa, fueron menos dados al uso del catalán que otros, como Barcelona. Con todo, el bajo clero continuó fiel a la lengua catalana, aunque sólo fuera porque éste era el único vehículo lingüístico efectivo con el que podían entenderse con sus feligreses con facilidad y normalidad —y esto era capital, pues iba en ello la salvación de sus almas.

En resumidas cuentas, al llegar a finales del siglo XVIII, y a pesar de las restricciones impuestas por la administración borbónica, francesa o española, la situación lingüística del conjunto de los países de habla catalana no debía de ser todavía muy diferente de la que ofrecía el intendente Patiño en un informe sobre la Cataluña de 1715:

> [Los catalanes] solamente hablan en su lengua materna, y ningún común ['ayuntamiento'] hasta ahora escribía si no es en catalán ... bien que [la lengua española] comúnmente se entiende por las personas que han seguido estudios de letras, pero en nada la gente rústica.

No es necesario decir que, durante el Antiguo Régimen, las personas con estudios —o que simplemente supieran leer y escribir— eran una minoría, mientras que la "gente rústica" conformaba la parte más amplia de la población. De hecho, numerosas manifestaciones, incluyendo relatos de viajeros extranjeros, indican que en el Dominio Lingüístico Catalán, a excepción de las minorías aristocráticas y las ilustradas, algunos burgueses y los funcionarios y militares forasteros, la inmensa mayoría del pueblo llano no sabía ni leer ni escribir y sólo hablaba y entendía el catalán (es más: de hecho, están documentados abundantes casos de personas de las clases medias y bajas que continuaron aprendiendo a leer y escribir, pero exclusivamente en catalán). Estimaciones hechas para finales del siglo XVIII llegan a la conclusión de que el conocimiento del español —o del francés en El Rosellón— no sobrepasaba típicamente el 10% de la población. (Téngase en cuenta, en cuanto a esto, que casi un siglo y medio más tarde, pasada la Guerra de España de 1936-1939, según estimaciones del romanista catalán Joan Coromines, aún había hablantes monolingües que sólo conocían el catalán, y que un 25% tenía dificultades para expresarse en español y un 5% para comprenderlo; hoy en día se puede afirmar que ya no quedan catalanohablantes monolingües, aunque es un hecho que algunos, en especial de una cierta edad, tienen dificultades más o menos importantes para expresarse en español con fluidez.)

Ahora bien, como se ha dicho, entre finales del siglo XVIII y principios del XIX, el pueblo llano va acostumbrándose cada vez más a vivir según patrones diglósicos: mientras que el catalán quedará reducido poco a poco a la condición de lengua oral de las clases medias y bajas y, en el mejor de los casos, a la de lengua escrita de los documentos de relación personal y local (correspondencia privada, contabilidad, contratos, testamentos, dietarios, cierta literatura religiosa), el español se irá afianzando como lengua de categoría de los personajes notables (parte de los cuales, sin embargo, continuó usando el catalán para los usos domésticos y más informales), de los documentos de la monarquía y de los de gran relieve público, o bien como el idioma "apropiado" de la alta cultura y de las relaciones con el resto de España y con las colonias americanas, muy especialmente las comerciales. Necesidades económicas como estas últimas, junto con el prestigio del español como lengua de Estado, harán que las minorías rectoras catalanohablantes muestren un interés creciente por conocer este idioma y, así, no es de extrañar que durante los siglos XVIII y XIX aparezca un cierto número de diccionarios bilingües catalán-español que se proponen, explícitamente, ayudar a dar este paso.

En cambio, ante el panorama de represión y retroceso del catalán durante el siglo XVIII, la isla de Menorca, y a pesar de los 70 años de dominio británico, en tres períodos, y de los siete años de ocupación francesa, fue el único territorio de la antigua Corona de Aragón que conservó no sólo la mayor parte de su centenaria Constitución política, administrativa y judicial, sino también el uso pleno y normal del catalán hasta principios del siglo XIX. El respeto formal o, quizá más bien, una neutral indiferencia del Gobierno británico por las tradiciones de la isla, junto con el surgimiento de una burguesía local al calor de la nueva soberanía, permitió la aparición, precisamente en Menorca, de la literatura catalana más interesante y brillante del siglo XVIII, sólo parangonable con ciertas producciones dramáticas en la Cataluña francesa. Sin embargo, la crisis se acabó dando también en Menorca a raíz de la reintegración de la isla a la Corona de España entre finales de dicho siglo y principios del XIX. Y aunque con un siglo de retraso respecto al resto de los territorios catalanohablantes hispánicos, se reprodujo también allí idéntico proceso de introducción del español en la escuela, la Administración y la Iglesia —y con las equivalentes y no menos documentadas medidas coercitivas. Como vestigios de las dominaciones británicas de Menorca han perdurado hasta nuestros días unos 60 anglicismos en el catalán local, como *bèrecs* 'acuartelamiento' < barracks, [*ull*] *blec* '[ojo] morado' < black 'negro', *boínder* 'mirador acristalado' < bow-window, *bord* 'bandeja' < board, [*dur es*] *dèvils* ' tener el baile de san Vito, no estarse quieto' (literalmente: 'llevar los diablos') < devil 'diablo', *gin* 'ginebra (la hecha en Menorca)' < gin, *mèrvel* 'canica' < marble, *pinxa* 'sardina en sal' < pilchard 'sardina', *xoc* 'tiza' < chalk; pero la mayoría, unos 120, han desaparecido del uso actual, como *blècbol* 'pieza de betún para zapatos' < black ball, *gueng* 'grupo de marineros de un barco para tareas pesadas' < gang, *lesi* 'perezoso' < lazy, etc.

Por lo que respecta a Cataluña Norte, a pesar de su anexión a Francia en 1659, el catalán se mantuvo aún durante los dos siglos siguientes como la lengua oral de las clases medias y bajas, que no se bilingüizaron (en catalán y francés), y a menudo sólo superficialmente, hasta mediados del siglo XIX. Es por ello por lo que durante el siglo XVIII todavía se recogen abundantes documentos privados en catalán, e incluso hasta mediados del siglo XIX se dan numerosos testimonios del uso de la lengua por parte del bajo clero (predicación, catecismos e incluso teatro religioso de cierto nivel). Como se sabe, los grandes momentos de exaltación patriótica suelen ser claves en los procesos de sustitución lingüística. Así, con la Revolución Francesa el francés fue elevado no sólo a la categoría de lengua de la *nation,* sino también considerado la lengua por excelencia de la libertad y de la razón, y fue por tanto adoptado sin condiciones, en primer lugar por la burguesía en toda Francia, como signo de modernidad. Mientras, las otras lenguas de Francia e incluso otras variedades geográficas del mismo francés (reunidas unas y otras bajo el tradicional y genérico término despectivo de *patois,* derivado de *patte* 'pata de animal') serán vistas en adelante como un signo de la ignorancia feudal e incluso del "fanatismo" y de la "barbarie", en palabras del famoso *abbé* Henri Grégoire. Acusados por los jacobinos contra toda evidencia como uno de los enemigos la Revolución, el pretexto de la joven República en peligro impondrá la política de unificación forzada de la lengua, como se propusieron explícitamente él mismo y otros correligionarios suyos. Así, este obispo humanista y revolucionario, en 1790, siendo diputado y uno de los secretarios de la Asamblea Nacional, envió por toda Francia una encuesta de 43 preguntas relativas a lo que él llamaba los *patois* y a las costumbres de la gente del campo. Del informe correspondiente que presentó en el Año II (1794) a la Convención (y que llevaba el ilustrativo título de: *Sobre la necesidad y los medios de aniquilar* [anéantir] *los patois y de universalizar el uso de la lengua francesa*) había de nacer la justificación teórica de una vigorosa tradición homogeneizadora e impositiva en materia de lenguas. Precisamente, el Estado liberal del siglo XIX, surgido de la Revolución Francesa en buena parte de la Europa continental, hará bandera de esta ideología lingüística, tanto en España como, especialmente, en su cuna de Francia, que en gran medida ha perdurado hasta nuestros días. Por lo que respecta a la citada encuesta, sus corresponsales en Perpiñán, un grupo de apoyo a la Revolución denominado Amigos de la Constitución, fueron respondiendo a sus cuestiones, hasta que al ser preguntados sobre "cuáles serían los medios para destruir enteramente" el catalán, no pudieron evitar dar una respuesta que merece ser transcrita, y no sólo por su lirismo: "Para destruirlo —afirmaban— habría que destruir el sol, la frescura de las noches, el concepto de alimento, la calidad de las aguas, el hombre en su conjunto"...

En el catalán rosellonés se pueden detectar algunos castellanismos anteriores a su separación del resto de Cataluña en el siglo XVII (como *tabaco, hasta* o *gopo* 'bonito' < guapo), una cantidad no despreciable de occitanismos históricos procedentes del vecino Languedoc o de la Edad Media (como *veire* 'vaso' < veire, *belleu* 'quizás' < belhèu, *pastre* 'pastor' < pastre, *caçaire* 'cazador' < caçaire, *espertinar* 'merendar' < espertinar, *feda* 'oveja' < feda, etc.), y finalmente, desde su incorporación forzosa a Francia en 1659, abundantes galicismos provenientes del francés superpuesto, como: *gató* 'pastel' < gateau, *votura* 'coche' < voiture, *usina* 'fábrica' < usine, *gara* 'estación de ferrocarril' < gare, *quatre-vints* 'ochenta' (literalmente: 'cuatro veintes') < quatre-vingts, *apoprès* 'aproximadamente' < à peu près, *simpatique* 'simpático' (en vez del catalán general *simpàtic*) < sympathique, *arabe* 'árabe' (en vez del catalán general *àrab*) < arabe, *retratat* 'jubilado' < retraité, etc.

En la isla de Cerdeña, finalmente, también afectada de manera directa por las consecuencias de la guerra de Sucesión española de principios del siglo XVIII, se puede rastrear durante toda la centuria un retroceso paulatino de los usos de la lengua catalana. Desde los siglos XVI-XVII el catalán había competido en la isla con el español, que junto con éste eran las dos lenguas cultas de comunicación del patriciado urbano, de la administración civil y, en buena parte, de la eclesiástica, e incluso de una cierta literatura menor (el sardo, la lengua románica autóctona de la mayoría de la población, ha tenido históricamente poco uso escrito); pero a raíz de la separación de Cerdeña de la Corona de España en 1720, el uso del catalán fue desapareciendo, excepto en la ciudad de El Alguer, primero a favor del español, aunque poco después lo hicieron ambas lenguas y, definitivamente, en favor del emergente italiano. (Por tanto, el estudioso de la historia de la isla que quiera acercarse a la gran masa de documentos sardos, pero también sicilianos y napolitanos, desde finales de la Edad Media, ha de tener, aún hoy, conocimientos de catalán para poder interpretarlos.) Por lo que respecta a El Alguer, hay que hacer notar que en 1780, y hasta en 1823, todavía hay testimonios de la identificación explícita entre el catalán alguerés y el catalán general. Después, perdidos los contactos regulares con la tierra de sus mayores, y hasta finales del siglo XIX, los alguereses perderán la conciencia de ser el último reducto de la lengua catalana en Italia y, como mucho, afirmarán que ellos hablan "español" —pero el "español" de Barcelona o de Mallorca.

LA LITERATURA
DE LA EDAD MODERNA

Podemos agrupar bajo la etiqueta de *literatura catalana de la Edad Moderna* las diversas corrientes estéticas que hasta hace unos años se solían incluir bajo la denominación, hoy obsoleta, de *Decadència* ('Decadencia'). En comparación con esta última, la primera expresión tiene al menos la ventaja de ser más aséptica y de no denotar *a priori* unos tintes negativos. El nuevo término de literatura de la Edad Moderna presenta un alcance meramente cronológico, que abarca las obras de creación en catalán producidas desde los últimos clásicos medievales hasta los primeros románticos (aproximadamente, entre 1500 y 1830); y comprende diferentes escuelas o corrientes estéticas mejor definidas y más parangonables con las otras literaturas occidentales, como: epígonos medievales, renacimiento, manierismo, barroco, rococó, neoclasicismo, prerromanticismo, sentimentalismo, etc. Con todo, cabe admitir que el período citado coincidió no sólo con la progresiva secundarización y dialectalización de la lengua, sino también con un descenso en la calidad y cantidad de la producción literaria.

Por otro lado, como se sabe, la aparición y difusión de la imprenta corrió paralela a los inicios históricos de la Edad Moderna y fue, precisamente, uno de los factores que la caracterizaron en términos culturales. Ahora bien, a pesar de unos inicios esperanzadores, la producción literaria que llegó a imprimirse en catalán fue más bien escasa con relación a la que nos ha llegado manuscrita y, más en general, en relación con otras literaturas próximas. De hecho, la "literatura" impresa en catalán y más divulgada durante la Edad Moderna fueron las obras de temática religiosa o popular. Por lo que respecta al nivel y la intención estéticos de estas producciones, no hay duda de que, en general, se pueden calificar de menores; su importancia radica, más bien, en el hecho de que fueron los libros que disfrutaron de más circulación entre el pueblo menudo y de que, desde el siglo XVI hasta que se inició el resurgimiento del XIX, recayó sobre sus espaldas el mérito de que no se interrumpiese en ningún momento la continuidad de la edición en catalán —y la consiguiente lectura popular.

Repasemos en primer lugar la literatura de creación de una cierta ambición que se *imprimió* en catalán durante la Edad Moderna. Así, en poesía, hay que señalar primeramente los libros del Renacimiento local, en especial los *Dos llibres de Pedro Serafín de poesia vulgar en llengua catalana,* de Pere Serafí (Barcelona 1565; *Dos libros de Pedro Serafín de poesía popular en lengua catalana*), y los poemas en catalán (pero también los hay en español) del cancionero *Flor de enamorados*, compilado por el valenciano Joan Timoneda, pero publicado en Barcelona (1573; un éxito editorial: llegó a reeditarse siete veces hasta 1681). Del Barroco tenemos la edición (Barcelona 1703, 1712, 1820) de los poemas del sacerdote Vicent García (1578/1579-1623), muy popular en su época en Cataluña bajo el seudónimo de Rector de Vallfogona (*rector* tiene aquí el significado de 'párroco'), que conforman el corpus más significativo de poesía catalana de la Edad Moderna.

El escaso teatro culto impreso en catalán durante estos siglos se reduce prácticamente a una comedia religiosa del mismo García y a algunas piezas dramáticas publicadas en la Cataluña francesa durante el siglo XVIII, de tema religioso y estilo entre barroquizante (de inspiración española) y clasicista (de inspiración francesa), así como a una traducción de Racine.

Por lo que respecta a la prosa, destacan sobre todo la publicación de la novela mística y alegórica *Espill de la vida religiosa* (*Espejo de la vida religiosa*; Barcelona 1515, segunda edición: Valencia 1529), atribuida al monje Miquel Comalada, un auténtico *best-seller* en su versión española, bajo el título de *El Deseoso*, y que se tradujo también a otras lenguas (alemán, inglés, francés, italiano, etc.). Son así mismo dignas de ser señaladas algunas obras historiográficas impresas como: las *Cròniques d'Espanya,* de Pere Miquel Carbonell (Barcelona 1547; *Crónicas de España*), la *Primera part de la història de València,* de Pere Antoni Beuter (Valencia 1538; *Primera parte de la historia de Valencia;* la *Segunda parte* la publicó, significativamente, en español, en 1550), la *Crònica universal del Principat de Catalunya,* de Jeroni Pujades (Barcelona 1609; *Crónica universal del Principado de Cataluña*) y el *Sumari dels títols d'honor de Catalunya, Rosselló i Cerdanya,* de Andreu Bosch (Perpiñán 1628; *Sumario de los títulos de honor de Cataluña, Rosellón y Cerdaña*). También cabe reseñar alguna obra menor de imaginación, como la popular y reeditada *Rondalla de rondalles* (Valencia 1769, etc.; *Cuento de cuentos*), atribuida al valenciano Lluís Galiana, una novelita a base de refranes y frases hechas, a imitación del *Cuento de cuentos* de Francisco de Quevedo, que refleja el colorido del valenciano coloquial de la época. Y aunque no es propiamente una obra de creación, pero como muestra de la ininterrumpida tradición de traducciones al catalán desde el siglo XII, cabría resaltar aquí la versión del Nuevo Testamento, a cargo de Josep Melcior Prat, publicada en primera edición en 1832 en Londres a expensas de la British and Foreign Bible Society, un año antes del límite cronológico que hemos fijado para este período (esta traducción fue reeditada otra vez en Londres en 1835, en Barcelona en 1836 y en Madrid en 1888).

Ahora bien, como ya hemos dicho, los escritores en catalán de la Edad Moderna raramente vieron impresas sus obras en vida. Esto implica, especialmente en algunos casos, que exista una rica tradición *manuscrita,* proporcional a la popularidad de estos autores o de sus obras, como es el caso, por ejemplo, de las poesías satíricas, escatológicas y obscenas del anteriormente citado Rector de Vallfogona. Dado que la literatura catalana de esta época no ha sido reivindicada de manera consistente (y prácticamente redescubierta) hasta la segunda mitad del siglo XX, muchos de los textos de la Edad Moderna no han sido editados y estudiados por primera vez hasta tiempos relativamente recientes.

Así, no fue hasta el siglo XIX cuando se publicaron, por ejemplo, *Los col·loquis de la insigne ciutat de Tortosa* (*Los coloquios de la insigne ciudad de Tortosa*), del tortosino Cristòfor Despuig (1510-1574), la obra en prosa más interesante de la literatura catalana del Renacimiento, o una parte de la poesía y del teatro del barcelonés Francesc Fontanella (1622-1681/1685). Y hasta el siglo XX no han aparecido la mayoría, o toda, la obra del mismo Fontanella, las tres piezas teatrales y las poesías del menorquín Joan Ramis (1746-1819), o bien la ingente prosa memorialista del *Calaix de sastre* (*Cajón de sastre*) de su coetáneo barcelonés Rafael d'Amat, barón de Maldà (1746-1819). Más específicamente, son notables en la literatura catalana de la Edad Moderna los dos ambiciosos dramas barrocos de Fontanella: *Lo desengany* (*El desengaño*) y *Tragicomèdia d'amor, firmesa i porfia* (*Tragicomedia de amor, firmeza y obstinación*), así como la producción literaria, especialmente la dramática, escrita en Menorca y El Rosellón. Así, entre los siglos XVII y XVIII, en la Cataluña francesa se dio una abundante producción dramática de tema religioso y estilo barroquizante, de tradición hispánica; y en la isla de Menorca sobresale la figura de Joan Ramis, ya citado, y sus dramas, sobre todo la tragedia neoclásica *Lucrècia o Roma lliure* (1769; *Lucrecia o Roma libre*), la obra maestra de la literatura catalana del siglo XVIII, influida por la lectura de Corneille y Racine.

Un caso especial es, finalmente, el espectáculo teatral y musical de la *Festa* o *Misteri d'Elx* (*Fiesta* o *Misterio de Elche*, localidad del sur del País Valenciano), proclamado por la UNESCO "Obra Maestra del Patrimonio Oral e Inmaterial de la Humanidad" en la primera edición de esta distinción (mayo de

2001). Remodelada profundamente durante el siglo XVI a partir de textos anteriores, esta especie de ópera sacra, popularísima y generadora actualmente de una importante atracción turística, está basada en el tema de la muerte y subida al cielo de santa María y se representa, desde hace siglos, cada 14 y 15 de agosto en aquella ciudad de la provincia de Alicante.

EL PASO DEL SIGLO XVIII AL XIX

A finales del siglo XVIII y principios del XIX la irradiación de algunas de las manifestaciones de la Ilustración (el cosmopolitismo de las elites) y de la emergente ideología liberal (el uniformismo dentro de la *nación*) hace que las lenguas pequeñas no gocen de muchas simpatías entre los medios intelectuales y políticos. Incluso entre las capas rectoras de la sociedad catalanohablante, con pocas excepciones, un amplio consenso considera el catalán como una lengua meramente "provincial", como se decía entonces, a punto de convertirse en un *patois* decadente e irrecuperable. Se predica, pues, abiertamente, la conveniencia de sustituir la lengua catalana por otra más prestigiosa y "útil", como la española —o la francesa en la Cataluña Norte. Ésta era la tónica general, y llevada a su extremo se tradujo en planteamientos lingüicidas bien explícitos, como los proyectados en Francia, a partir de la Revolución, por ilustres unitaristas jacobinos como el anteriormente citado *abbé* Grégoire.

A la vista de este panorama, posturas contrarias a estas tendencias, como las que sostuvo el político y escritor español Gaspar Melchor de Jovellanos (1744-1811), fueron más bien minoritarias y excepcionales para su época; y no sólo por su rareza sino también por su falta de prejuicios. El confinamiento de Jovellanos en Mallorca entre 1801 y 1808 le permitió conocer de primera mano la situación sociolingüística de la isla, lo que le llevó a afirmar que se tenía que conceder al catalán insular una "mayor importancia de la que le hemos dado hasta aquí", a la vez que recomendaba sin ambages su cultivo en todos los ámbitos, incluyendo su enseñanza en las escuelas "ya que así —escribía en su *Memoria sobre educación pública*— abriremos las puertas de la ilustración a esta muchedumbre de mallorquines cuya suerte está vinculada con su ignorancia". Pero la reacción a la Revolución Francesa de 1789 y a propuestas progresistas como las de este reformista ilustrado y otras similares, demasiado avanzadas para el espíritu de la época —por no decir que iban contra él—, llevaron la Ilustración hispánica al colapso y no fueron atendidas. (De hecho, si se hubieran asumido y generalizado desde entonces al conjunto del Dominio Lingüístico Catalán, habrían hecho totalmente inútiles ciertas argumentaciones radicales actuales favorables a la supremacía "histórica" del español, según las cuales el mantenimiento del catalán habría favorecido el relegamiento en el analfabetismo de amplias capas de la población catalanohablante durante la Edad Contemporánea.)

En el paso de los siglos XVIII al XIX, pues, el catalán parecía haber llegado a una situación preagónica como lengua de cultura. Y sin embargo, a pesar del estado de postración en el que se hallaba sumido, es precisamente a partir de las primeras décadas de este último siglo cuando la lengua y la literatura catalanas comienzan un curso ascendente de recuperación que se iría definiendo y extendiendo por todas las tierras catalanohablantes a medida que avanzaba la centuria, que cristalizaría con especial fuerza sobre todo durante su segunda mitad y en Cataluña, y que, en el fondo, puede afirmarse que no han cesado desde entonces. Este proceso fue notable, así mismo, porque estuvo en la base del surgimiento, al menos en esta última región del Dominio Lingüístico Catalán, de una acendrada conciencia particularista, y con el tiempo nacional, y de su correspondiente manifestación política (el catalanismo).

¿Pero cómo explicar unas novedades tan notables en el curso de tan sólo unas pocas décadas? El mérito de este cambio se ha atribuido tradicionalmente al amplio movimiento conocido por el nombre de *Renaixença* ('resurgimiento'; literalmente: 'renacimiento'). Se ha afirmado a menudo, y no sin razón, que los fundamentos de la *Renaixença* se encuentran íntimamente asociados a la difusión del Romanticismo, pero lo cierto es que tampoco podemos dejar de lado dos componentes más, indudablemente más importantes de lo considerado tradicionalmente, como fueron, por un lado, la vitalidad de la lengua catalana popular, que según hemos dicho pervivía sin dificultades especiales a lo largo y ancho de toda el área lingüística, y por otro las semillas "regionalistas" plantadas durante la Ilustración.[14]

Sobre el último factor, Ernest Lluch, estudioso de la época, señalaba con acierto que "la lengua siguió como conclusión lógica de un proceso lanzado por

---

[14] Un tercer elemento, que suele ser citado a menudo, es el uso *oficial* del catalán —junto al francés, y descartando el español— que se hizo en Cataluña, anexionada a la Francia napoleónica, por parte de las autoridades de ocupación, durante la guerra de Independencia o del Francés (1808-1814), para intentar atraer a los catalanes hacia el Imperio Francés. Este hecho habría actuado indirectamente como catalizador para recordar usos pretéritos y prestigiosos de la lengua, así como para despertar conciencias sobre las posibilidades del catalán.

hombres [= los ilustrados catalanohablantes] que no creían mucho en el futuro viable del catalán, pero que al poner en marcha un proyecto catalán pusieron las bases para asegurarle dicho futuro". Por ejemplo, a partir del último tercio del siglo XVIII detecta también en la bibliografía una predisposición creciente a tratar temas específicos del país; y aunque estos intelectuales de la Ilustración mostraron, en efecto, un interés ambiguo hacia la lengua catalana, muchas veces prácticamente arqueológico, y a pesar de que el idioma usado en sus publicaciones fue casi invariablemente el español, también es cierto que fueron ellos los que contribuyeron a afianzar los fundamentos de un cierto regionalismo, así como de una cierta recuperación del interés por el catalán y por su rica literatura antigua.

En la Pre-*Renaixença*, pues, encontramos ya una significativa y variada producción editorial, como obras eruditas de ámbito catalán, valenciano, balear y hasta aragonés (de historia, literatura y filología, derecho, ciencias naturales); publicaciones sobre la lengua (apologías, diccionarios, la primera gramática impresa del catalán [1813]), o literatura en lengua catalana de muy diverso tono y género (culta y popular; poesía, teatro, traducciones); incluso hace su aparición una incipiente prensa popular en catalán. Forzando un tanto las divisiones, ya que muchos de los precursores de la *Renaixença* cultivaron diversos campos a la vez, entre los estudiosos de la segunda mitad del siglo XVIII y primeras décadas del XIX podemos destacar a Antoni de Capmany, Fèlix Torres Amat y Pròsper de Bofarull (catalanes del Principado); Gregori Mayans, Marc Antoni Orellana y Antoni J. Cabanilles (valencianos); Joan Ramis (menorquín), Jaubert de Paçà y Josep Tastú (catalanes rosselloneses), o Braulio Foz (aragonés). Por lo que respecta a los que mostraron una especial preocupación por la lengua hay que señalar también a Baldiri Reixach, Fèlix Amat y Josep Pau Ballot (catalanes del Principado); a Carles Ros y Manuel Sanelo (valencianos), o a Antoni Febrer y Joan Josep Amengual (menorquín y mallorquín, respectivamente). Finalmente, entre los autores que cultivaron la literatura en catalán cabe destacar a los citados Joan Ramis y Antoni Febrer (menorquines); el llamado grupo dramático de Tuïr (en francés, *Thuir*, catalanes rosselloneses); Antoni Puigblanch y el anónimo autor del poema *Lo Temple de la Glòria* (*El Templo de la Gloria*; catalanes del Principado); Joan Baptista Escorihuela, Lluís Galiana y Tomàs Villaroya (valencianos), el conde de Ayamans (Josep de Togores) y Guillem Roca i Seguí (mallorquines), e incluso Bartomeu Simon (alguerés).

LA *RENAIXENÇA* O "RENACIMIENTO" EN CATALUÑA (SIGLO XIX)

V isto en perspectiva, el siglo XIX en el Dominio Lingüístico Catalán, con la consolidación del Estado unitario liberal y el desarrollo paralelo de la denominada *Renaixença*, será clave para entender las posteriores relaciones entre lengua y sociedad durante el siglo XX, que en buena medida se prolongan hasta la actualidad. Más que con el Antiguo Régimen, preocupado más bien por otros tipos de unidad, como la homogeneidad religiosa de los súbditos ("un rey, una religión"), el nuevo régimen liberal se ocupará seriamente de la unidad *nacional* y por ello tratará de unificar e igualar lingüísticamente a sus ciudadanos ("una nación, una lengua"). La voluntad de imponer las lenguas oficiales o bien mayoritarias se producirá, pues, y no sin conflictos, coincidiendo precisamente con el resurgimiento a lo largo y ancho de Europa de las lenguas y culturas minoritarias al calor del movimiento romántico, renacer que en ciertos casos acabará acompañándose de su correspondiente correlato político (eventualmente, no menos nacional).

El Romanticismo fue un amplio movimiento, no sólo literario, que desató durante el siglo XIX un auténtico apasionamiento por las lenguas. Ya fueran grandes o pequeñas, o con una tradición literaria mayor o menor, en aquella época pasan a ser consideradas las representantes por excelencia de lo que se llamó el "espíritu de las naciones" (*Volkgeist*). Muchas culturas y lenguas europeas que desde hacía siglos habían pasado poco menos que desapercibidas, reivindican un lugar bajo el sol a partir de aquel momento: fue el caso, además del catalán, de otras muchas lenguas del Viejo Continente, como las bálticas y las celtas; las diversas lenguas nórdicas, incluidos el finlandés y el islandés; las eslavas, como el búlgaro, el checo, el eslovaco, el polaco o el serbocroata; el griego; el húngaro; el neerlandés de Flandes; románicas, como el gallego, el occitano y el rumano, etc.

Este movimiento romántico general se entrelazó íntimamente, en el Dominio Lingüístico Catalán, con otro movimiento particular —la *Renaixença* o "Renacimiento". Con este último se considera que comienza el proceso de recuperación del catalán como lengua comunitaria de prestigio, empezando por sus usos literarios. Su inicio se suele situar, convencionalmente, en 1833 con la publicación de la oda *La Pàtria* (*La Patria*), del barcelonés Bonaventura Carles Aribau. Paulatinamente, a lo largo del siglo XIX va aflorando una creciente toma de conciencia, lingüística especialmente, pero desde mediados de siglo también política y regional-nacional, entre los escritores e intelectuales de Cataluña, y de manera más secundaria entre los valencianos, mallorquines y roselloneses, la cual, como se ha afirmado, genera un verdadero renacimiento cultural: la emulación de los modelos medievales permite en primer lugar que la poesía renazca de sus cenizas, y después le seguirán otros géneros literarios y periodísticos, e incluso los inicios de una cierta prosa científica.

Al alcance y penetración del movimiento *renaixencista*, contribuyó notablemente la restauración en Barcelona de los llamados Juegos Florales (*Jocs Florals*), un certamen literario anual de origen medieval que premiaba las mejores obras poéticas en catalán. Estos "juegos" tuvieron un extraordinario éxito y una importancia sociolingüística, e incluso cívica, de primer orden desde su primera convocatoria en 1859, por lo que acabaron convirtiéndose en un medio formidable para la consolidación y expansión del nuevo prestigio social y literario de la lengua catalana.

Por otro lado, como la *Renaixença* vino a desvelar y divulgar una historia y una literatura medievales poco o mal conocidas, la lengua esplendorosa de un pasado redescubierto e independiente comenzó a ser vista con nuevos ojos por la burguesía de Cataluña, que dejó de considerarla una especie de habla de poco relieve. Una de las líneas maestras de la *Renaixença* fue, precisamente, su propósito de rescatar las glorias pasadas de la literatura catalana. La calidad científica que acompañó a los primeros proyectos de ediciones de textos antiguos fue más bien exigua, pero no hay duda de que contribuyeron a divulgar a unos autores y unas obras conocidos fragmentariamente hasta entonces, y de que sirvieron para asentar las bases de prácticas y ediciones más serias y metódicas durante el siglo XX. El interés por el catalán, por otro lado, llevó a los seguidores del movimiento, o *renaixencistes*, a estudiar también la historia de la lengua y sus variedades geográficas, a proponer diversos modelos de lengua escrita, así como a estudiar la tradición literaria autóctona y a publicar las primeras monografías sobre los autores y obras clásicos. Impelidos por el espíritu romántico, los *renaixencistes* también mostraron pronto un vivo interés por la historia, la geografía y la naturaleza del país, por el derecho privativo, por las artes y por toda clase de manifestaciones folklóricas, como las canciones y las danzas populares, las costumbres, etc.

Con todo, y a pesar de lo dicho sobre el aumento constante de la consideración y estima por el catalán, conviene no dejar de lado el peso de la tradición en las prácticas lingüísticas. Así, no debe extrañarnos que hasta bien entrado el siglo XIX los mismos autores que escribían literatura en catalán (que sobre todo era poesía) continuaran usando preferentemente el español (y el francés en El Rosellón) para el resto de las funciones escritas de una lengua; esto fue así desde los usos más formales (que incluían los temas eruditos sobre las mismas lengua y literatura catalanas) hasta su propia correspondencia privada. (En cuanto a esto, es bien conocido, por ejemplo, el fenomenal revuelo que provocó el dramaturgo Àngel Guimerà —en una fecha tan tardía como 1895— al pronunciar enteramente en catalán su discurso presidencial de apertura del año académico en el Ateneo Barcelonés, "osadía" que no se había producido nunca anteriormente.) Por otro lado, también hay que considerar la relativa paradoja que representó el hecho de que, a la vez que se producía el reavivamiento del catalán y crecía su reivindicación, especialmente en Cataluña, se diera así mismo un claro avance en la familiarización con el español e incluso un cierto uso de esta lengua entre algunas capas de la sociedad, gracias sobre todo a la extensión de la escolarización, a los negocios e intereses de la burguesía en el resto de España y en América o a la aparición de una incipiente inmigración castellanohablante. (Por lo que respecta a los varones, el servicio militar obligatorio tuvo, además, un importante papel sociolingüístico, tanto en Francia como en España, y ha sido definido no sin cierto humor, pero tampoco inexactamente, como "uno de los primeros cursos de inmersión lingüística, gratuito y obligatorio".) Una característica típica del siglo XIX es el reparto *diglósico* entre las funciones de las lenguas: el idioma del uso oral será normalmente el catalán, mientras que, excepto los literatos y los intelectuales más conscientes, el idioma escrito por excelencia será el español en el Dominio Lingüístico Catalán de España, al menos hasta principios del siglo XX, o el francés en la parte francesa de dicho territorio.[15]

---

[15] Sobre este particular, habría de tenerse más presente de lo que suele ser habitual que durante el siglo XIX, y aun en amplias zonas rurales hasta bien entrado el XX, sin los medios de comunicación actuales y con unas tasas relativamente bajas de escolarización y altas de analfabetismo, las probabilidades de que los niños, e incluso los adultos, de todo el Dominio Lingüístico Catalán pudieran no ya conocer y practicar sino simplemente *oír* el español, el francés o el italiano eran francamente exiguas. Más concretamente, en el medio rural, entonces mayoritario, aquellos que dominaban estas lenguas se reducían a menudo a un puñado de personas: el maestro, el sacerdote, algún funcionario foráneo como podía ser el secretario municipal o algún agente de la ley, o bien ciertos profesionales liberales con estudios como el médico, el farmacéutico o el veterinario.

Pero aún hubo más. Si las anquilosadas y poco eficaces monarquías del Antiguo Régimen preocupadas por otros tipos de unidad (como la religiosa) y además, con su compleja sociedad estamental y su falta crónica de recursos, ofrecían a sus súbditos múltiples resquicios por los que sortear el cumplimiento estricto de las leyes (incluyendo las disposiciones de política lingüística), el renovado y más racional aparato administrativo del Estado liberal incidirá con mayor efectividad en la vida de los nuevos ciudadanos: durante el siglo XIX las medidas de asimilación lingüística en favor de las lenguas dominantes de cada Estado no sólo tendrán una carga ideológica mucho más refinada que anteriormente, como veremos, sino que, sobre todo, dichas disposiciones se harán observar con mayor eficacia que en el siglo precedente.

Así, en España, a partir de 1820 los procedimientos criminales ante los tribunales ya sólo se podrán seguir en español, y la Ley de Enjuiciamiento Civil de 1881 sólo aceptará el uso de la lengua española en los procesos civiles; en 1862 la Ley de Notariado estableció también el español como único idioma posible para las escrituras públicas, al tiempo que prohibía los contratos en otra lengua, y ocho años más tarde la Ley del Registro Civil exigió así mismo el uso del español en las inscripciones oficiales (nombres sólo en español, lo que comportó la admisión de la castellanización y desvirtuación gráfica de muchos apellidos catalanes); en la escuela, por su lado, quedó proscrita cualquier otra lengua que no fuera la española o bien se obligó al uso y cultivo de este último idioma (Plan Quintana de 1821, Reglamento de Bravo Murillo de 1849 y, muy especialmente, Ley de Instrucción Pública de Moyano de 1857); y, aunque ya en el siglo XX (en 1902), el Gobierno español llegó a promulgar un decreto obligando a la enseñanza en español del catecismo (medida, intentada reiteradamente, que perseguía una finalidad de gran calado, dado que muchos niños tenían en esta instrucción su única posibilidad de alfabetizarse, aunque fuera sumariamente). Algunas de las disposiciones gubernamentales, por otra parte, pueden resultar incluso chocantes consideradas desde hoy día, como la real orden de 1867, que, retomando disposiciones anteriores de 1799 y 1807, desautorizaba, ahora de manera explícita, las obras teatrales escritas exclusivamente "en dialectos de las provincias de España"; o bien el reglamento de 1896 que prohibió las conversaciones telefónicas que no fueran en español. Algunas medidas, finalmente, fueron especialmente penosas, como el edicto real de 1837, que imponía castigos infamantes a los niños que no hablasen español en la escuela. Disposiciones como esta última sirvieron de fundamento legal al humillante pero efectivo sistema de la sortija, piedrecita o plaqueta, documentado en todo el dominio lingüístico, pero inimaginable en países monolingües, que ha sido descrito de la siguiente manera: "Cuando el maestro, por la mañana, sorprendía a un alumno que hablaba catalán con un compañero, en clase

Gobierno superior político de las Baleares.

Considerando que el ejercicio de las lenguas científicas es el primer instrumento para adquirir las ciencias y trasmitirlas, que la castellana, ademas de ser la nacional, está mandada observar en las escuelas y establecimientos públicos, y que por haberse descuidado esta parte de instruccion en las islas viven oscuros muchos talentos que pudieran ilustrar no solamente á su pais sino á la nacion entera; deseando que no queden estériles tan felices disposiciones; y considerando finalmente que seria tan dificultoso el corregir este descuido en las personas adultas como será fácil enmendarle en las generaciones que nos sucedan, he creido conveniente con la aprobacion de la Escma. Diputacion provincial, que en todos los establecimientos de enseñanza pública de ambos sexos en esta provincia se observe el sencillo método que á continuacion se espresa y se halla adoptado en otras con mucho fruto.

Cada maestro ó maestra tendrá una sortija de metal, que el lúnes entregará á uno de sus discípulos, advirtiendo á los demas que dentro del umbral de la escuela ninguno hable palabra que no sea en castellano, so pena de que oyéndola aquel que tiene la sortija, se la entregará en el momento, y el culpable no podrá negarse á recibirla; pero con el bien entendido de que en oyendo este en el mismo local que otro condiscípulo incurre en la misma falta, tendrá accion á pasarle el anillo, y este á otro en caso igual, y asi sucesivamente durante la semana hasta la tarde del sábado, en que á la hora señalada aquel en cuyo poder se encuentre el anillo sufra la pena, que en los primeros ensayos será muy leve; pero que se irá aumentando asi como se irá ampliando el local de la prohibicion, á proporcion de la mayor facilidad que los alumnos vayan adquiriendo de espresarse eu castellano, y para conseguirlo mas pronto convendrá tambien señalar á los mas adelantados algun privilegio, tal como el de no recibir la sortija los lúnes, ó ser juez en los pleitos que naturalmente se suscitarán sobre la identidad ó dialecto de la palabra en disputa.

De esta manera, insensiblemente, sin trabajo alguno de parte de los maestros, y siendo los castigos incomparablemente menores que las faltas, se conseguirá no solamente que al cabo de algun tiempo de constancia llegue á familiarizarse la juventud mallorquina con la lengua en que están escritas las doctrinas y conocimientos que aprende, y á espresarlos con facilidad y soltura, sino tambien que se guarde mas silencio en las escuelas por el temor que cada uno tendrá de incurrir inadvertidamente en la pena del anillo y esponerse al castigo, ó á lo ménos á las zozobras que siempre le precederán.

El zelo mejor entendido de los maestros en plantear y sostener esta medida tan sencilla y el adelantamiento de sus discípulos, será un mérito particular para unos y otros y un objeto especial de exámen en la visita anual que pasaré á todas las escuelas de la provincia; y para perpetuo recuerdo y observancia de esta disposicion se conservará fijo en el interior de las escuelas el presente edicto.

Dado en la ciudad de Palma á 22 de febrero de 1837.

Disposición del gobernador de las Islas Baleares (1837) prohibiendo el uso del catalán en las escuelas e instituyendo el sistema de la sortija. Este humillante método punitivo, ampliamente conocido en todo el Dominio Lingüístico Catalán, consistía en hacer circular un testigo que señalaba a los escolares que eran sorprendidos hablando catalán; el último que lo detentaba al fin de la jornada era castigado.

o en el patio, le pasaba una pequeña sortija. A partir de entonces era el alumno quien se espabilaba para descubrir a un condiscípulo que incurría en el mismo pecado, a fin de pasarle el testigo. El alumno detentador del objeto al final de la jornada quedaba castigado".[16]

---

[16] Aparentemente caduco y anacrónico, este método pedagógico aún puede reaparecer en nuestros días. Así, a principios de 2001 saltó a la prensa la denuncia contra un colegio de Villaviciosa (Asturias) que multaba a sus escolares con 25 pesetas (0,15 €) por cada palabra en asturiano, o bable, que pronunciaban (La Nueva España [Oviedo], 15-1-2001).

Con todo, cabe añadir que no todas estas restricciones al libre uso del catalán fueron siempre imposiciones gubernamentales, sino que también se llegó a dar algún caso de limitación de su utilización impulsado por las propias autoridades locales, como por ejemplo el acuerdo del Ayuntamiento de Barcelona, tomado en 1833, previa deliberación, referente a que los formularios de la Hacienda municipal pasasen a redactarse en español; o la decisión del Ayuntamiento de Palma de Mallorca, en 1863, sobre el cambio de la lengua de rotulación de las vías públicas, del catalán al español.

Como puede observarse, sin embargo, las disposiciones de mayor alcance y significado, a menudo con rango de ley, emanaban del poder central de una nueva concepción del Estado, el Estado liberal, más obsesionado por la "igualdad" legal y teórica de sus ciudadanos que por su real igualdad de oportunidades, lo que incluía homogeneizarlos lingüísticamente aun a costa de conculcar o limitar legalmente uno de los derechos fundamentales de la persona —la libertad de expresión.

Profundamente convencido de la bondad y el progreso que aportaban sus soluciones igualitaristas y unitaristas (o mejor, homogeneizadoras), el Estado liberal del siglo XIX se preocupará por difundir el concepto de Estado-nación unificado, de hecho más fundamentado en una noción ideal de la *soberanía de la nación* que en la real *soberanía del pueblo*. El Estado nacional, pues, se propondrá conseguir la igualdad de sus ciudadanos a base de promover la supresión de las particularidades que se desarrollaron y convivieron durante el Antiguo Régimen, sin hacer excepciones entre las sociales, las legislativas, las geohistóricas, las culturales o las lingüísticas. En este programa igualitarista a ultranza, que contenía implícitamente la formación y divulgación de la correspondiente mitología nacional (a menudo idealizada y basada excluyentemente en la cultura hegemónica), tuvo gran protagonismo la exaltación de los rasgos considerados comunes (que sería mucho más exacto considerar meramente "mayoritarios"), con la correlativa y frecuente minusvaloración u ocultación de los particulares o minoritarios. En el caso de España, la promoción de una mitología nacional de nuevo cuño incluyó por ejemplo la creación o difusión de héroes nacionales como El Cid Campeador o bien la de días patrios como el del Descubrimiento de América, con cierta frecuencia más bien patrimonio particular de la antigua Corona de Castilla —pero que gracias a ello quedaba confirmada como núcleo aglutinador del Estado. Dicho programa comprendía también el refuerzo de todo aquello que se consideraba que debía ser compartido por el conjunto de los españoles (a menudo con fundamentos discutibles, más ideológicos que contrastables científicamente), como la unidad de España desde los Reyes Católicos, cuando no desde la época de los visigodos o incluso desde el tiempo inmemorial de los celtíberos prerromanos.

Dentro de la lógica dominante de la época, en fin, el prurito unificador no podía en absoluto dejar de promocionar y difundir la lengua de las instituciones del Estado y su literatura, que de esta manera quedaban definitivamente instrumentalizadas como elementos fundamentales para la cohesión de la *nación* y como signos de adhesión a ella —y esto, si convenía, a costa de tradiciones lingüísticas y literarias diferentes. (Sobre este particular, es sintomático que fuese precisamente durante el siglo xix, en especial a través de la escuela, cuando se difundió y se acabó haciendo popular, al menos en buena parte de la España monolingüe, e incluso en América, la denominación de *español*, referida a la lengua mayoritaria del país, que comenzó a hacer retroceder de manera significativa a la histórica y tradicional de *castellano*.)

Cabe insistir, sin embargo, en que desde mediados del siglo xix el nacionalismo apoyado en la lengua y cultura mayoritarias, y fomentado y alimentado por la maquinaria del Estado (el *nacionalismo* [*mayoritario*] *de Estado*), coincidió y entró en colisión, como era previsible, con otros nacionalismos que también se estaban gestando por la misma época (los *nacionalismos* [*minoritarios*] *sin Estado*). Estos últimos, como en el caso de Cataluña o del País Vasco, se vehicularon en buena parte a través de lenguas, culturas y tradiciones que, a diferencia del Estado-nación, no sólo se veían impedidas de disfrutar y compartir el cobijo y poder de la estructura del Estado (que ya desde la dinastía hispánica de los Habsburgos había tendido a identificarse, de manera excluyente, con la lengua y culturas mayoritarias, de matriz castellana), sino que además se encontraron con la deslegitimación por parte del Estado, cuando no con su frontal oposición, a pesar de ser parte integrante de él o incluso, quizá en la mayoría de sus manifestaciones, de su voluntad de formar parte de él. En el fondo, en gran medida, se inició entonces un conflicto entre dos concepciones del Estado ("nación unificada" *versus* "nación de naciones" diversa), que, con mayor o menor vigor en el caso del *encaje* de Cataluña en España, atravesó los siglos xix y xx y ha llegado incluso hasta nuestros días.

Más concretamente, por lo que respecta a las relaciones entre lengua y sociedad durante el siglo xix, el Estado considerará que el único idioma digno de ser conocido, reconocido y usado en plenitud (*en* y *por* la Ley, la escuela, las magistraturas políticas, los tribunales y la Administración en general, la prensa y la literatura serias), es decir *la* lengua por excelencia, será el de las instituciones oficiales del Estado y, por tanto, el único considerado oficial. En cambio, el resto de las lenguas del país serán vistas como unas entidades poco organizadas, si no "incompletas", y en el mejor de los casos como un mosaico fragmentario, poco o nada digno de la cultura elevada y de la modernidad, y por tanto relegable al ámbito del folklore, la etnología o el color local. Esta ideología lingüística hegemónica, por no decir oficial, desplegada a través de medidas constrictivas de rango legal (política lingüística) y de la instrucción escolar, traspasó el siglo XIX y continuó durante el XX, especialmente en Francia, pero también en España, aunque en este último país se ha ido matizando con los años, en particular desde la entrada en vigor de la Constitución democrática de 1978. (Cabe subrayar que en ambos países este ideario ha dejado un fuerte poso en la sociedad, en particular la monolingüe, tanto entre las clases más cultivadas como entre las menos instruidas, así como entre la clase política de todas las tendencias.) Si a todo ello añadimos que en ciertos casos (como en Cataluña) la reivindicación en favor de la lengua autóctona estuvo a menudo íntimamente ligada a reivindicaciones políticas, dichas lenguas acabaron siendo percibidas con frecuencia como un peligro para la integridad territorial del Estado (y en algunas ocasiones, ciertamente, eso se pretendía), con lo que la reacción del Estado unitario no pudo ser otra que la predecible por la lógica del momento.

Por un lado, se considerará que lo racional será simplificar el panorama lingüístico del país y divulgar entre los ciudadanos *una única* lengua que no sólo reforzase los vínculos entre los componentes de la nación (o incluso, llegado el caso, forzando a crearlos) sino que también ayudara a igualar a aquellos en aras de la igualdad de oportunidades, al menos en teoría. Naturalmente, esta única lengua no podía ser otra que el "útil" idioma *nacional*, es decir, en el Dominio Lingüístico Catalán, el español o el francés —los cuales, a su vez, veían así consolidada su categoría de idiomas predominantes y potenciaban su vocación de idiomas dominantes.

Por otro lado, las lenguas no oficiales del país serán consideradas por el Estado liberal como un lastre asociado al Antiguo Régimen, que por ello había que combatir y superar. En el caso extremo, el lingüicidio fue precisamente, como hemos visto, una de las ideas-fuerza de la homogeneización a ultranza preconizada por los jacobinos franceses, y cuyo exponente más preclaro fue el ya citado *abbé* Henri Grégoire. El Estado liberal característico del siglo XIX, basado en buena parte de Europa y de la América Latina en la tradición jacobina triunfante durante de la Revolución Francesa, adoptó por tanto cuantas tácticas consideró oportunas a fin de remover este enojoso "obstáculo" heredado y poner en crisis la lealtad secular de los ciudadanos "diferentes" que hablaban otras lenguas, lo que incluyó la introducción entre ellos de sentimientos de inseguridad lingüística y la debilitación de su autoestima como comunidades diferenciadas.

Así, el Estado no sólo se abstuvo de proteger dichas lenguas (y no digamos fomentarlas), o puso reiteradas dificultades para su desarrollo normal, como hemos visto en este capítulo y veremos también en el siguiente para la Cataluña francesa, sino que difundió un ideario lingüístico tendente a rebajar la dignidad y realidad de las lenguas minoritarias, que sirvió a la vez para enaltecer, por contraste, la lengua oficial. Las tácticas empleadas, aunque podían no provenir de instrucciones explícitas, se inspiraban ampliamente en la ideología lingüística hegemónica (resumible en la frase: "una nación, una lengua"), y se vehicularon en buena medida, aunque no únicamente, a través de la autoridad moral de la escuela. Los ciudadanos así formados (que eran relativamente pocos en España, pero más en Francia, con un sistema escolar más desarrollado), además, volvían a reproducir esta ideología y ayudaban a popularizarla a su vez entre sus conciudadanos sin una instrucción especial.

Uno de los sistemas más usados, particularmente desde la tarima del aula, fue dejar a las otras lenguas huérfanas de un nombre serio que reflejase con la mayor precisión su realidad lingüística y geohistórica, y que las identificase claramente ante sus propios locutores, pero también ante los de otras lenguas —y en primer lugar ante la oficial. (A esta ausencia de una nomenclatura adecuada contribuyó no poco el escaso desarrollo, por un lado, de la incipiente filología románica del siglo XIX —a su vez influida por la ideología liberal de raíz francesa— y, por otro, el de ciertos conceptos científicos, como lengua o dialecto.) A menudo, estas lenguas minoritarias fueron confundidas interesadamente entre sí y reunidas todas ellas (eventualmente, junto con otras variedades de la misma lengua *nacional*) bajo etiquetas ambiguas y peyorativas, como *patois* (en Francia) o *dialecto* (en España). Ya fueran el andaluz, el panocho o el canario (español), el "catalán", el "valenciano", el "mallorquín", el "menorquín" o el "ibicenco" (catalán), el vasco, el gallego, el aragonés, el asturiano, etc., todos eran designados en general con el apelativo indistinto, y de tono despectivo, de *dialecto* —y este uso obtuvo aún mayor eco en el caso de Francia con el término claramente despreciativo de *patois*, que la fuerza del uso ha hecho llegar popularmente hasta nuestros días.[17]

[17] Una modalidad más contundente de esta práctica fue denominar algunas de estas lenguas o de sus variantes geográficas (normalmente las más desprotegidas, a causa de su situación periférica extrema o de su escaso peso demográfico y político-social) con designaciones aún más negativas que el término semierudito de *dialecto*, como por ejemplo *patués* (tomado del apelativo francés *patois*) para nombrar ciertas hablas del aragonés, o bien *chapurreado* para designar el catalán de Aragón, pero también el gallego de las provincias de León y Zamora o el gallego arcaizante del Valle del Ellas, en la provincia de Cáceres —y cuya inadecuación se puede colegir a simple vista por su aplicación indiferenciada a hablas tan distintas y distantes. La consecuencia de esta manera de proceder fue que denominaciones como éstas, reiteradas de manera constante por las autoridades y por la escuela, y a falta de otras anteriores más apropiadas y definidas, llegaron a ser asumidas popularmente (e interiorizadas), incluso con naturalidad, por la comunidad respectiva, una vez difuminada la conciencia de su origen despectivo.

LA *RENAIXENÇA* O "RENACIMIENTO" EN CATALUÑA

Como era previsible, otro procedimiento así mismo explotado fue —y, en parte, lo es todavía— la aplicación de la máxima clásica *divide et impera*. Apoyándose en tradiciones locales, a veces seculares (como en el caso del catalán de Valencia), y en la poca precisión que ofrecía la filología románica coetánea, el Estado no hizo nada por reconocer la unidad de muchos de estos *dialectos*. Así el potencial demográfico, histórico o incluso político que podía suponer la existencia de una sola lengua como el catalán quedaba mermado y fragmentado en un número variable de "lenguas" menores o *dialectos*, como el "catalán" (exclusivamente el de Cataluña), el "valenciano", el "mallorquín", el "menorquín" o el "ibicenco", entre otras opciones locales como, por ejemplo, dentro de la misma Cataluña, el "tortosino" (de la región de Tortosa).[18]

Una variante de la opción anterior, finalmente, era diferenciar insidiosamente las lenguas que no fueran el español entre unas que sí *podían* llegar a acceder a dicha categoría de "lengua" (típicamente, el vasco, a causa de su carácter ancestral y de su aire totalmente diferente), mientras que otras no podían aspirar a dicho reconocimiento sino que sólo podían conseguir un vago reconocimiento como "dialectos" (el catalán, el gallego). Cabe señalar que esta clasificación errónea fue asimilada y usada miméticamente, a su vez, en alguna de estas lenguas (más exactamente, por algunas de sus elites), como en el caso del mismo catalán; así, el catalán *de Cataluña* podía llegar a ser considerado "lengua", mientras que el catalán de Valencia y de las Baleares había de conformarse con la categoría inferior de "dialecto" (en el fondo, algo así como afirmar que el español de España, y solamente él, sería lengua, mientras que el de México, Cuba o Argentina serían dialectos).

En resumen, pues, puede decirse que allá donde no arraigaron o triunfaron movimientos como la *Renaixença* (como fue el caso, en grados diversos, del País Valenciano, las Islas Baleares, el Aragón de lengua catalana o la Cataluña francesa, a diferencia de la Cataluña estricta), el resultado final de la política lingüística del Estado liberal del siglo XIX (y de manera especial en Francia) fue en general un debilitamiento severo de las lenguas diferentes de las oficiales por medio de la quiebra, como hemos dicho, de los sentimientos de autoestima y de lealtad lingüística de sus hablantes. Cabe añadir, en fin, que este pro-

---

[18] Un caso extremo, especialmente explotado en la Franja de Aragón, que ha impedido tradicionalmente una clara visión de conjunto sobre la comunidad del catalán hablado en esta zona (pero que ayudaba a ratificar la hegemonía del español como lengua *alta*, y que ha llegado hasta hoy), fue designar su catalán local no sólo como "chapurreado", según hemos visto, sino sostener alternativamente, en un alarde de localismo parroquial, la existencia de unos inverosímiles lenguajes municipales, como el *fragatí* (la "lengua" de Fraga), el *maellà* (de Maella), el *mequinensà* (de Mequinenza), etc.

grama de homogeneización lingüística no dejó de influir poderosamente en los Estados plurilingües del siglo xx, ya fueran democráticos o dictatoriales.

Con la Revolución Industrial, que dejó una profunda huella en la Cataluña española del siglo xix, aparecieron las clases obrera y burguesa. Este proceso histórico, protagonizado en Cataluña sobre todo por el sector textil, apenas se extendió, sin embargo, por el resto de España. Como otra diferencia político-económica importante hay que señalar que la burguesía catalana profesó una viva actitud proteccionista, contraria al dominante librecambismo español —y por ello, en buena medida, acabó tomando, o reforzando, su conciencia de pertenencia a un grupo diferenciado dentro del sistema sociopolítico español. Si bien esta clase social se adhirió al creciente sentimiento regional-nacionalista, y especialmente la media y la pequeña burguesía tuvieron un relevante papel en la salvaguarda y reivindicación del idioma catalán, no fueron menos importantes en el mantenimiento de la fidelidad a la lengua los obreros, la otra clase social nacida al calor de la industrialización y, más en general, el conjunto de las clases populares. Así, mientras estas últimas ayudaron decisivamente a conservar el uso *masivo* del catalán a lo largo y ancho de todo el dominio lingüístico (como se puede constatar, por ejemplo, por el gran éxito del teatro popular y de los periódicos en catalán coloquial), la pequeña y mediana burguesía, a diferencia de la exigua alta burguesía, a menudo ampliamente diglósica o castellanizada, se propusieron durante la segunda mitad del siglo xix recuperar para el catalán su antiguo prestigio y conferirle la normalidad de que ya disfrutaban otras lenguas vecinas y contemporáneas.

Es entonces cuando se comienza a teorizar sobre la relación entre lengua catalana y la nación catalana, entre una tradición lingüístico-literaria independiente y nacionalismo catalán. La burguesía de Cataluña no tardó en generar agrupaciones políticas propias, catalanistas y no dependientes de los grandes partidos españoles, a diferencia de sus congéneres de Valencia y Mallorca, muy poco estructurados alrededor de cuestiones locales. Si bien estos últimos se acomodaron a las opciones que les ofrecía la burguesía española (los alternantes partidos conservador y liberal del período conocido por la Restauración: 1874-1931), los burgueses catalanes, que se sentían incómodos en el sistema centralista y oligárquico español, se organizaron tras la tremenda crisis espiritual y política consiguiente al desastre militar de 1898 (pérdida de las últimas colonias de España: Cuba, Puerto Rico y Filipinas) alrededor de un partido de nuevo cuño, de ámbito estrictamente catalán: la Lliga Regionalista ('Liga Regionalista'). La Lliga, socialmente conservadora, fue el partido predominante en Cataluña hasta el advenimiento de la II República Española en 1931, y con su creación en 1901 desarticuló estrepitosamente el sistema político del *caciquismo* imperante en el país, caracterizado por sus corruptelas y sus pequeños líderes locales, que aún había de perdurar en el conjunto de España hasta el fin de la Restauración. Es también hacia el cambio del siglo cuando comienza a generalizarse el término *nacionalismo*, que sustituye en buena medida al anterior de *regionalismo*.

Pero el catalanismo político era cada vez más popular e iba más allá de su corriente conservadora, cosa que quedó patentemente clara a partir de la proclamación de la II República Española el 14 de abril de 1931, cuando Esquerra Republicana de Catalunya ('Izquierda Republicana de Cataluña') se convirtió en el partido político hegemónico de Cataluña hasta el trágico fin del período republicano, en 1939. Así, a comienzos del siglo XX, el catalanismo abrazaba ya tendencias y matices muy diversos, muchos de los cuales hundían sus raíces en los inicios de este movimiento político, medio siglo antes: además de los regionalistas (hoy, en España, quizá, serían llamados autonomistas) y los nacionalistas (los más radicales de los cuales eran independentistas), había también federalistas, buena parte de los republicanos e incluso los legitimistas carlistas. Como prueba de ello, la candidatura unitaria Solidaritat Catalana ('Solidaridad Catalana'), que recogía este amplio espectro a excepción de los dos partidos tradicionales españoles de la monarquía —los liberales y los conservadores— y de los republicanos populistas de A. Lerroux, devino una ola catalanista que barrió en las elecciones generales de 1907 y obtuvo 41 de los 44 escaños elegibles por Cataluña.

Paralelamente, a lo largo del siglo XIX la Iglesia católica de Cataluña había ido tejiendo también estrechas relaciones con el catalanismo y, además de influir ideológicamente en él (por ejemplo con el obispo Josep Torras i Bages), apoyó muchas de sus causas, como la conservación del derecho civil autóctono o la recuperación del catalán: aparte de los eclesiásticos que estudiaron la lengua (Antoni M. Alcover, mallorquín) o cultivaron la literatura (Jacint Verdaguer, catalán), en el paso del siglo XIX al XX podemos observar la actividad de obispos que se significaron abiertamente por su defensa de la lengua catalana como idioma de la predicación y del catecismo, tanto frente al Gobierno español como ante el mismo Vaticano.

Ahora bien, a pesar de la popularidad general de que disfrutaba el catalanismo ya a principios del siglo XX, no hay que olvidar el peso del mundo obrero, a menudo refractario a los planteamientos regional-nacionalistas. Así, el movimiento anarcosindicalista, de una gran influencia en la Cataluña de las primeras décadas del siglo XX, desdeñará, en general, los proyectos catalanistas en aras del internacionalismo proletario y de la desaparición de los estados, mientras que algún político radical, como el citado Lerroux, intentará erigirse en campeón de un españolismo demagógico e instrumentalizar la ideología catalanista con miras a dividir e incluso enfrentar a los catalanes de origen y los de adopción.

En resumen: podemos afirmar que fue en Cataluña donde el movimiento de la *Renaixença* alcanzó su plenitud. No sólo aumentó el cultivo literario del catalán, sino que el uso social y público de esta lengua acabó convirtiéndose en un signo externo de prestigio y comenzó a extenderse por todos los ámbitos, a excepción de los oficiales, que siguieron reservados exclusivamente al español hasta la segunda década del siglo xx, cuando se constituyó la llamada Mancomunidad de Cataluña, una asociación de las cuatro diputaciones provinciales catalanas que se convertiría en el primer ensayo de autonomía política de la Cataluña contemporánea. A partir de la *Renaixença*, pues, el catalán y la cultura que aglutinaba serán vistos en general con nuevos ojos, y este movimiento, originalmente literario, llegará a tener una significativa traducción política, no sólo asumida por la burguesía dirigente de Cataluña, sino también por muy amplios sectores de las clases populares.

LA *RENAIXENÇA* EN VALENCIA, MALLORCA, EL ROSELLÓN Y EL ALGUER (SIGLO XIX)

C omo ya se ha indicado en el apartado anterior, el ideario *renaixencista* no se extendió de igual manera por todas las tierras de lengua catalana. Así, si no es difícil descubrir la profunda huella de la *Renaixença* en muchos de los cambios culturales y políticos que se dieron en Cataluña entre finales del siglo XIX y principios del XX (y que de alguna manera llega hasta hoy), en cambio en las Islas Baleares y, especialmente, en el País Valenciano y en Cataluña Norte dicho movimiento tuvo unas consecuencias sensiblemente menores, a causa de unas bases ideológicas y populares mucho menos sólidas.

Curiosamente, los primeros balbuceos de la *Renaixença* valenciana se consolidaron gracias a los esfuerzos de un mallorquín, Marià Aguiló, quien, aprovechando su estancia en Valencia como director de la biblioteca provincial, organizó en 1859, el mismo año que se restauraban los de Barcelona, unos juegos florales que hicieron confluir, por primera vez, a los *renaixencistes* de las tres regiones principales de la lengua catalana, y durante los cuales se premió al catalán Víctor Balaguer y a los jóvenes poetas valencianos Teodor Llorente y Vicent W. Querol. Sin embargo, ya desde 1865, Llorente, que sería considerado el patriarca de la *Renaixença* valenciana, empezó a tomar claras distancias de los intentos de algunos activistas catalanes, como el citado Balaguer, de abrir el renacimiento literario a un eventual resurgimiento político. A partir de entonces se enfriaron las relaciones de la *Renaixença* valenciana con la de Cataluña y Mallorca, mientras aumentaban paralelamente las coincidencias ideológicas de la primera con el movimiento del *Felibritge* provenzal (en francés: *Félibrige*) encabezado por Frédéric Mistral (1830-1914), quien concebía el cultivo literario de la lengua más bien como una actividad de amable entretenimiento estético, prácticamente privada. Dicha actitud, por otra parte, hizo que estos dos poetas valencianos de extracción burguesa, a pesar de su prestigio, fueran considerados localmente como una especie de esnobs elitistas, y que tanto ellos como lo que podría haber representado su obra lírica para el avivamiento de la lengua en el País Valenciano acabaran siendo rechazados por el pueblo llano, claramente inclinado a otro tipo de literatura menos sutil, como el teatro y la prensa escritos en el valenciano más vulgar.

Por otro lado, la burguesía valenciana (agrarista, de tendencias librecambistas y, por tanto, aliada con el Gobierno de Madrid) no sólo estaba enfrentada políticamente a la burguesía catalana (industrial, proteccionista y solidaria con los industriales vascos), sino que también tendió a asimilarse lingüísticamente a las clases valencianas más altas, ya castellanizadas de hacía largo tiempo, muy especialmente en la ciudad de Valencia: para las elites valencianas el cambio de lengua (hacia el español) se convirtió pronto, pues, en un signo externo adicional de ascensión social y de conformidad con el Estado. (Y un fenómeno similar se consolidó también en El Rosellón, o Cataluña Norte, por lo que respecta al francés.)

Finalmente, hay que recordar que, a diferencia de otros territorios catalanohablantes, la lengua del antiguo Reino de Valencia, durante la *Renaixença* recibió allí constantemente el nombre exclusivo de valenciano, o bien, en los círculos más cultos, el confundidor de lemosín. La excepción más notable fueron las *Rimes catalanes* (1877; *Rimas catalanas*) del citado Querol, con ilustrativo adjetivo que, aunque mereció el aplauso del ilustre historiador de la cultura Marcelino Menéndez y Pelayo por lo que aportaba a la clarificación de la cuestión del nombre de la lengua común, acabó desapareciendo de la edición de 1891.

Factores como los citados, pues, contribuyeron a distanciar la *Renaixença* del País Valenciano de la *Renaixença* de Cataluña y las Baleares y ello acabó abocando a la primera a un callejón sin salida en el paso del siglo XIX al XX. Este fracaso todavía colea y está en la base de la resistencia de muchos valencianos actuales —incluso cultivados— a reconocer la unidad de la lengua hablada en la Comunidad Valenciana con la de Cataluña, las Islas Baleares, Cataluña Norte, parte de Aragón y El Alguer, a pesar del pronunciamiento unánime de la comunidad científica y académica en general y de los romanistas internacionales en particular.

Por el contrario, en Mallorca, la catalanidad de la lengua de las Islas Baleares, proclamada sin ambages por Marià Aguiló en los IV Juegos Florales de Barcelona (1862), fue asumida plenamente, e incluso potenciada, por los autores mallorquines de las siguientes generaciones, como Tomàs Forteza, Miquel dels Sants Oliver, Miquel Costa i Llobera, Antoni M. Alcover o Joan Alcover. Como resultado de ello, desde comienzos del siglo XX, en las Baleares este principio ya no será discutido seriamente por nadie entre las clases cultas o rectoras de la sociedad insular.

Por lo que respecta a Francia, durante el siglo XIX, la posición de los poderes públicos sobre cuestiones lingüísticas fue más clara aún si cabe y sus efectos mucho más definidos: los diversos procesos de sustitución lingüística habían avanzado tanto desde la Revolución, y la hegemonía de la lengua francesa estaba ya tan ampliamente asumida por el conjunto de la población, que prácticamente no hizo falta explicitarla con disposiciones oficiales específicas. En Francia, en efecto, durante el siglo XIX fue espectacular el retroceso de las lenguas diferentes del francés. Así, los datos de la amplia encuesta llevada a cabo por el *abbé* Grégoire en 1790-1794 le habían permitido resumir, para su escándalo y desolación, que en época de la Revolución el 80% de los ciudadanos de la joven República no tenían el francés de París y su región como lengua materna; que solamente 3 millones de franceses (de un total de 28; o sea, cerca del 11% de la población) lo hablaban "con pureza", y que tan sólo se expresaban "exclusivamente" en la lengua oficial del país "unos 15 departamentos" o provincias (de un total de 83). En 1863 se estimaba que ya solamente 7,5 millones de franceses (de 38 millones de almas, un 20% de la población) desconocían totalmente la lengua oficial de las instituciones públicas y, finalmente, proyectando hacia atrás la curva de hablantes 1920-1989 de lenguas "regionales" de Francia ofrecida por el Instituto Nacional de Estadística y Estudios Económicos de Francia (INSEE; 2002), se puede estimar que hacia 1900 ya sólo 1/3 de los franceses metropolitanos hablaban lenguas o dialectos diferentes del francés estándar de París, aunque hasta 1935-1940 la mayoría de ellos todavía los usaban de manera más habitual que ocasional.[19]

En Cataluña Norte, pues, la *Renaixença* coincidió con el retroceso generalizado del catalán, en una tendencia que ha llegado hasta hoy mismo. Con todo, en 1866 aún se consideraba conveniente imprimir en Perpiñán unas *Leçons pratiques de grammaire* que se proponían enseñar "la ortografía [francesa] por medio de la lengua catalana", lo que prueba la relativa extensión, todavía en la época, del catalán, que era, por tanto, considerado necesario como instrumento para aprender el francés. Pero es a partir del decreto ministerial de 1880 que establecía que "en la escuela sólo se usará el francés" y, sobre todo, de las eficaces leyes de Jules Ferry de 1881 y 1886, que establecieron la enseñanza obligatoria y —evidentemente— en francés, cuando puede decirse que comienza realmente el debilitamiento severo del catalán y se produce la situación diglósica más grave de todos los países de lengua catalana, que se ha prolongado hasta la actualidad. Finalmente, en el mismo siglo, algunos cambios radi-

---

[19] François Clanché (2002). "Langues régionales, langues étrangères: de l'héritage à la pratique", *Insee première,* 830. ISSN 0997-3192. <http://www.insee.fr/fr/ppp/collections.htm> [25-2-2002].

Inscripciones del siglo XX en la escuela de Aiguatèbia (oficialmente, *Ayguatébia,* Cataluña Norte). Los escolares catalano-franceses veían asociada la admonición *Parlez français* ('Hablad francés') con la advertencia *Soyez propres* ('Sed limpios'). Durante el siglo XIX y hasta la primera mitad del siglo XX, la escuela fue el instrumento más eficaz de los estados para generalizar el conocimiento del español, el francés o el italiano en el Dominio Lingüístico Catalán.

cales en la economía y las comunicaciones de la Cataluña Norte tuvieron también sus efectos sobre el catalán de esta región. La agricultura del Llano del Rosellón se desarrolla muy notablemente y pasa de ser de simple autoabastecimiento a una de las proveedoras de París; por otra parte, conectada directamente por ferrocarril esta última ciudad con Perpiñán, a partir de 1858, aumentan las relaciones de todo tipo con la capital (negociantes, Administración pública), con lo que el francés se hace finalmente *indispensable* para progresar social y económicamente.

Por todo ello, la *Renaixença* literaria en la Cataluña francesa fue sensiblemente más tardía que en las otras regiones catalanohablantes, pero también allí acabó cristalizando a principios de la década de 1880, aunque sus consecuencias lingüísticas y sociales fueron poco perceptibles. Hasta en el pequeño Alguer tuvo cierto eco el movimiento *renaixencista*: desde 1860 se habían reanudado, muy tímidamente y a escala personal, los contactos con la tierra madre de su lengua, de cuyo origen se había perdido la memoria; y a partir de 1888 las relaciones mutuas se potenciaron progresivamente. En el Aragón catalano-hablante, finalmente, con unas minorías dirigentes más diglósicas que bilingües, la *Renaixença* no tuvo prácticamente resonancia, aunque cabe reseñar alguna excepción sin consecuencias conocidas, como una apología de la lengua catalana (1862) escrita por Braulio Foz, novelista en español y catedrático de griego, pero catalanohablante a la vez que aragonesista, natural de la villa de Fórnoles (*Fórnols*, provincia de Teruel), que también presidió los V Juegos Florales de Barcelona en 1863, dos años antes de su muerte.

Hacia finales del siglo XIX podemos decir, pues, que la situación de la lengua catalana variaba sensiblemente de región a región. Dejando aparte el caso de Cataluña, ya tratado, podríamos describir el panorama sociolingüístico general de la siguiente manera. El catalán sigue siendo en todas partes la lengua mayoritaria de las relaciones verbales e informales, y aunque el español (o el francés en El Rosellón, y el italiano en El Alguer) va siendo conocido por capas cada vez más amplias de la población, la transmisión de la lengua entre unas generaciones y las siguientes continuó con naturalidad, y en general no se vio interrumpida.

Sólo en el País Valenciano (especialmente en las ciudades de Valencia y de Alicante) y en El Rosellón (sobre todo en Perpiñán) continuó el proceso de sustitución del catalán por el español y el francés, respectivamente, proceso que se extendió a través de las clases medias y que tenía sus orígenes en los siglos anteriores. Como hemos dicho, en ambas regiones la influencia y popularidad de la *Renaixença* fue prácticamente nula en lo que se refiere a la revitalización del catalán y del sentimiento particularista, aunque en la Cataluña francesa nadie ha negado nunca el nombre de la lengua autóctona; es más, aún hoy se pueden encontrar roselloneses que se designan espontáneamente a sí mismos como "los catalanes" (por excelencia), y se contraponen a "los españoles" del sur de los Pirineos (refiriéndose a los catalanes de España). Cosas similares pueden decirse sobre el escaso predicamento popular de la *Renaixença* en las Baleares, pero con la diferencia importante de que en aquellas comunidades insulares, con escasos contactos con el exterior durante la época, el uso del catalán se mantuvo en todas las capas de la sociedad, incluida la aristocracia, y que a partir de entonces, además, las elites sociales y culturales no negarán normalmente la catalanidad de su lengua.

En pocas palabras, si el éxito de la *Renaixença* en el País Valenciano, los antiguos condados norcatalanes y las Baleares fue más bien relativo (los casos del Aragón catalanohablante y de El Alguer son especiales), se puede afirmar en cambio que fue el triunfo rotundo del movimiento en Cataluña el que habría de proporcionar, en adelante, una referencia clara y próxima, y a menudo un ejemplo a seguir, para los otros países de lengua catalana.

LOS MODELOS DE CATALÁN DURANTE EL SIGLO XIX

A pesar de que durante la Edad Moderna no se dio en la lengua catalana el florecimiento de reflexiones lingüísticas que se produjo en otras culturas próximas, el modelo de lengua legado por la Cancillería Real medieval (que podríamos calificar como una especie de estándar *avant la lettre*) se mantuvo prácticamente inalterado hasta el siglo XVIII. Ello fue posible en parte, y no sin cierta paradoja, gracias a la ausencia misma de estudios gramaticales, en parte gracias a la pervivencia del catalán en la imprenta y en los usos administrativos y oficiales, todo lo cual hizo que perdurara por inercia, con pocas modificaciones, el modelo legado por la Cancillería.

Sin embargo, como reflejo de la tensión entre las soluciones más tradicionales, típicas de las personas alfabetizadas todavía en lengua catalana, en especial de los notarios, del clero y de los escribanos, y las más innovadoras de otros usuarios, como ciertos escritores y algunos de los primeros gramáticos del catalán, se desató en 1796 una polémica en el *Diario de Barcelona* que puso de manifiesto la ausencia de una entidad reconocida, o academia de la lengua, que legislara según el modelo de otros idiomas, como el francés, el italiano o el español. Otras muestras del interés que suscitaba por entonces el estado de la ortografía catalana fue, por ejemplo, una correspondencia cruzada sobre este mismo tema en el *Diario de Valencia* entre 1802 y 1803, así como una polémica de contenido similar que se produjo en 1836 en el *Diario Balear*, de Palma de Mallorca.

Uno de los polemistas del *Diario de Barcelona* fue Josep Pau Ballot, autor, precisamente, de la primera gramática impresa del catalán (la *Gramàtica i apologia de la llengua catalana*, 1813). Sus ideas gramaticales y ortográficas dejaron huella entre los precursores de la *Renaixença,* como fue también el caso del diccionario trilingüe (catalán-español-latín; 1839-1840) de Pere Labèrnia, erudito valenciano afincado en Cataluña. La gramática de Ballot influyó poderosamente en otras de su mismo siglo y, por su parte, el diccionario de Labèrnia es considerado el trabajo más sólido sobre el léxico del catalán hasta la publicación del *Diccionari general de la llengua catalana* (*Diccionario general de la lengua catalana*) de Pompeu Fabra, en 1932. Las dos obras pusieron los fundamentos, además, del modelo de lengua conocido por *catalán académico*, una de las dos tendencias relativas a la codificación de la lengua catalana que fueron tomando cuerpo a partir de mediados del siglo XIX; la otra corriente fue la seguida por los partidarios del llamado *català que ara es parla* o 'catalán que ahora se habla'.

Los seguidores del primer modelo otorgaron una gran importancia a las hablas rurales, que consideraban más puras, y a la lengua de la literatura de épocas pasadas. Sus partidarios se subdividían a su vez entre los que propugnaban adoptar una tradición "antigua" (siglos XIV-XV), como el poeta y erudito mallorquín Marià Aguiló, y los que proponían una tradición "moderna" (siglos XVI-XVIII), como el escritor e historiador catalán Antoni de Bofarull. Por el contrario, los seguidores del "catalán que ahora se habla" sostenían que no hacía falta una lengua compartida por todas las variedades geográficas, arcaizante y fruto de la reflexión y el acuerdo, sino más bien un modelo lo más cercano posible al lenguaje corriente, que había que intentar reproducir. Como consecuencia de esta premisa, estos últimos aceptaban con toda naturalidad las interferencias del español (y del francés en El Rosellón), así como aquellas soluciones gráficas que, a pesar de no ser genuinas, eran fácilmente comprensibles por un público sin una cultura especial o, en todo caso, escolarizado exclusivamente en español o en francés. Este último modelo fue el característico de los autores teatrales, sobre todo, de algunos poetas y también de los periódicos más populares, tanto catalanes del sur (Frederic Soler "Pitarra", *Un tros de paper*...) como del norte (Albert Saisset "Un Tal"), mallorquines (Tomàs Aguiló, Manuela de los Herreros, *La ignorància*) o valencianos (Josep Bernat i Baldoví, *El Mole*...).

Como se puede colegir de estos dos planteamientos (que, además, tampoco eran categóricos), y a pesar de la *Renaixença*, las soluciones u opciones concretas acabaron siendo, de manera inevitable, excesivamente dispares. Esta situación llevó la lengua *escrita* del siglo XIX a una situación de caos que se convirtió en un grave obstáculo en el camino de hacer de nuevo del catalán una lengua moderna de cultura: a partir de la década de 1860 ya no sólo el cultivo de la poesía sino la aparición, además, de un teatro culto, de una narrativa en crecimiento y la consolidación de prensa en catalán puso en primer plano la discusión de los problemas de definir una lengua flexible y válida para todos los registros de la comunicación lingüística, desde los más utilitarios hasta los más cultos. Es en esta fase de la *Renaixença* cuando se puede considerar que se inician propiamente los procesos de establecimiento, aceptación y difusión de unas normas gramaticales (*codificación* o *normativización*) y de recuperación y ampliación de los usos del catalán (*normalización*).

LA CODIFICACIÓN DE LA LENGUA: POMPEU FABRA (1868-1948)

La ordenación lingüística del catalán hasta el paso del siglo XIX al siglo XX se caracterizó, en pocas palabras, por su desbarajuste y por la mezcla y falta de concreción de sus elecciones. Después de algunos intentos fracasados de establecer un organismo único que legislara sobre la lengua (los Juegos Florales de Barcelona, la Real Academia de Buenas Letras...), la solución a esta preocupante situación había de llegar finalmente de las propuestas que el barcelonés Pompeu Fabra i Poch y otros autores afines comenzaron a formular desde finales del siglo XIX.

Durante la segunda mitad del siglo XIX, y a pesar de algunos ensayos de síntesis (como los del filólogo, folklorista y poeta Manuel Milà i Fontanals), las dos posiciones lingüísticas que hemos reseñado —la cultista del "catalán académico" y la vulgarizante del "catalán que ahora se habla"— resultaban irreconciliables y nadie reconocía ninguna autoridad lingüística indiscutible que arbitrase en la total dispersión de criterios existente. Y, sin embargo, la recuperación del catalán para los usos y funciones de una lengua moderna exigía que sus usuarios dispusieran de unas reglas de ortografía claras y definidas y, más en general, de normas gramaticales y léxicas, así como de una autoridad legítima que las avalase y que favoreciera su divulgación y enseñanza. La legitimidad pública y política la proporcionó la Mancomunidad de Cataluña (1914-1925), la primera institución político-administrativa que reunió de nuevo a toda Cataluña después de su desmembramiento en cuatro provincias en 1833; por lo que respecta a la autoridad académica, quedó garantizada por el Instituto de Estudios Catalanes (Institut d'Estudis Catalans), organismo científico fundado en 1907 por la Diputación Provincial de Barcelona, u órgano de la administración ordinaria de las provincias españolas.

Pompeu Fabra i Poch (1868-1948) es reconocido como el "genio ordenador del catalán". Su *Gramàtica catalana* (1918) y su *Diccionari general de la llengua catalana* (1932) fijaron y codificaron la lengua catalana tal como se conoce hoy en día y como se enseña y se aprende en toda su área lingüística y fuera de ella.

La necesidad imperiosa de establecer una normativa para el catalán había sido asumida en la década de 1890 por un pequeño núcleo de activistas, entre los que se contaba el joven Pompeu Fabra, agrupados en torno a la revista *L'Avenç* ('El Progreso'; 1881-1884, 1889-1893), que creían en las posibilidades del catalán como instrumento de una cultura moderna. De hecho, la mayor parte del proceso de la codificación de la lengua catalana contemporánea, tal como la conocemos hoy día, es fundamentalmente obra de Fabra y de las gramáticas y diccionarios que escribiría y publicaría durante el primer tercio del siglo xx. La figura de Pompeu Fabra (1868-1948), catedrático de química, pero preocupado por el catalán desde su juventud, y dotado no sólo de una fina intuición lingüística sino también de una sólida preparación filológica, es reconocida y recordada con el epíteto consagrado de *seny ordenador de la llengua*, que podríamos parafrasear por 'genio codificador del catalán'.

Entre 1890 y 1892 el grupo de *L'Avenç* realizó una campaña lingüística que se proponía la fijación de la lengua. Esta campaña fue la precursora de la llamada "reforma de Fabra", desarrollada durante las tres primeras décadas del siglo XX y que se puede resumir en tres puntos principales:

- La necesidad de acabar con la anarquía ortográfica y de elaborar un diccionario normativo;
- La unificación de los dos modelos de lengua, la culta y la vulgar, en uno solo que no comportase un gran desacuerdo entre el lenguaje escrito y el hablado, modelo que se basaría en una síntesis entre la lengua clásica y las soluciones más genuinas del habla popular, en especial la de Barcelona, y
- El inicio de una depuración gramatical y léxica.

El espíritu y una buena parte de las propuestas de *L'Avenç* fueron adoptados a principios del siglo XX por el Instituto de Estudios Catalanes, que fue dotado de las funciones y poderes de una academia de la lengua, y cuya Sección Filológica fue presidida por el mismo Pompeu Fabra. Esta institución publicó en 1913 las *Normes ortogràfiques* (*Normas ortográficas*), obra principalmente de Fabra, que pusieron fin al caos reinante hasta entonces. En 1918 apareció la *Gramàtica catalana* (*Gramática catalana*), enteramente de Fabra, conceptuada hasta hoy como la gramática oficial del Instituto (y, por tanto, de la lengua catalana), que fue justamente definida por Josep Pla, uno de los más prestigiosos prosistas del siglo XX, como "una gramática clara, simple, precisa, e inteligible"; con todo, se considera unánimemente que su gramática más elaborada y completa es la *Gramàtica catalana* publicada después de su muerte, en 1956, más conocida por ello por el sobrenombre de "Gramática póstuma".

En 1932 vio así mismo la luz la primera edición del popular *Diccionari general de la llengua catalana* (*Diccionario general de la lengua catalana*), también de Fabra, de concepción contemporánea e intención normativa, que fue reputado durante décadas como el diccionario oficioso del catalán, hasta la aparición en 1995 del *Diccionari de la llengua catalana* (*Diccionario de la lengua catalana*), del Instituto de Estudios Catalanes, hoy día el oficial. (El "Diccionario Fabra", como es conocido corrientemente el primero, ha sido y es más práctico, pero sin duda menos completo, que el monumental *Diccionari Català-Valencià-Balear* [1926-1968; *Diccionario Catalán-Valenciano-Balear* o "Alcover-Moll", en 10 volúmenes], de los filólogos Antoni M. Alcover [1862-1932; sacerdote mallorquín] y Francesc de B. Moll [1903-1991; lingüista menorquín autodidacta que vivió en Mallorca]. Este último diccionario de la lengua catalana, no normativo, aunque elaborado con una visión más exhaustiva, incluye múltiples informaciones adicionales, como citas de textos, etimología de las palabras, dialectalismos o arcaísmos, refranes, información antropológica y folklórica, ilustraciones, etc.)

Básicamente, con algunos retoques posteriores y pequeñas adaptaciones regionales, como las llamadas *Normes de Castelló* (1932; *Normas de Castellón*) y las gramáticas de Manuel Sanchis Guarner o de Enric Valor para el catalán valenciano y de Francesc de B. Moll para el catalán balear, las obras que hemos reseñado en este apartado conforman a grandes rasgos el corpus de donde procede la normativa del catalán tal y como se enseña y se aprende hoy en día por toda su área lingüística y fuera de ella.

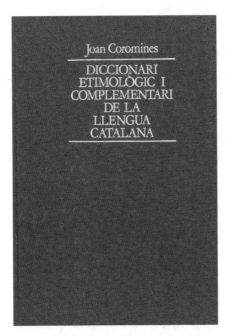

Portadas de dos obras mayores de la lingüística catalana y románica. Como otras lenguas de cultura, el catalán está codificado en gramáticas y diccionarios. Entre las lenguas románicas, algunas de estas obras son únicas en su género, como el *Diccionari etimològic i complementari de la llengua catalana* de Joan Coromines (1980-1991, en nueve volúmenes) o bien tienen raros equivalentes en otros idiomas, como la *Gramàtica del català contemporani* dirigida por Joan Solà (2002, en tres volúmenes).

EL INICIO DE LA NORMALIZACIÓN (1901-1939)

E n el fondo, la historia de la lengua catalana desde la *Renaixença* hasta nuestros días se podría definir esquemáticamente como la descripción y explicación razonadas de cómo el catalán ha ido recobrando, a pesar incluso de graves obstáculos, unos ámbitos de uso que había ido perdiendo durante los últimos siglos en favor del español o, en su caso, del francés y del italiano —y también de cómo se ha ido adaptando a campos y medios nuevos para cualquier lengua, desde el cine y la radiotelevisión a las nuevas tecnologías. El siglo xx será sobre todo el de la extensión progresiva de los procesos de codificación y normalización del catalán a lo largo y ancho de su dominio lingüístico, aunque la intensidad y los ritmos variarán sensiblemente según las diversas regiones. La lengua catalana, por otra parte, también vivirá durante el mismo siglo algunos de los momentos más dramáticos de su historia. Más concretamente, podríamos decir que la recuperación del catalán, reforzada desde principios del siglo xx, muy especialmente en Cataluña, se verá interrumpida en España primeramente por la Dictadura del general Primo de Rivera (1923-1930) y después cortada no sólo de raíz sino brutalmente trastornada por la Dictadura del general Franco (1936/1939-1975), consiguiente a la Guerra Civil española. Con todo, el impulso inicial se ha retomado, durante las dos últimas décadas del siglo xx, con nuevo ímpetu y nuevas propuestas (disposiciones legislativas y reglamentarias sobre política lingüística en la mayoría de las diversas regiones del área lingüística catalana, discusiones sobre los modelos de lengua para los medios de comunicación y para los escritores, fijación de la variedad estándar del catalán, etc.).

Por lo que respecta a los territorios de lengua catalana de fuera de España, el panorama sociolingüístico se ha caracterizado por su diversidad durante el siglo xx. Así, los Valles de Andorra fueron más bien la excepción, y allí el

Después de la Guerra Civil española (1936-1939) se colocaron en vías y locales públicos de Cataluña inscripciones como esta de Balaguer (Lérida) y otras como "Aquí se habla la lengua del Imperio", que resumían la política lingüística asimilista de la Dictadura del general Franco (1936/39-1975) y sugerían con fuerza que el uso del catalán era percibido como un caso de traición.

catalán continuó siendo, como era tradicional, la única lengua normal de las relaciones personales, sociales y administrativas (es sabido, por ejemplo, que Pompeu Fabra viajó a propósito a Andorra, un año antes de su fallecimiento en el exilio de la Cataluña francesa, con el fin de otorgar testamento en catalán en el único territorio donde podía hacerlo legalmente así); y en 1993 la primera Constitución andorrana oficializó esta situación consuetudinaria y de hecho. En cuanto a la parte de Cataluña de soberanía francesa (Cataluña Norte), la transmisión intergeneracional del catalán se mantuvo relativamente estable hasta los tiempos de la Segunda Guerra Mundial, a partir de la cual cesó prácticamente. En el caso de El Alguer, la vitalidad de la lengua catalana se conservó hasta más tarde incluso, pero su caída posterior parece hoy en día difícilmente reversible. (En la pequeña comarca murciana de El Carche, en fin, la situación sociolingüística del catalán siguió parecida a la de sus vecinos valencianos.)

Con los primeros años del siglo XX el interés por el estudio del catalán llegó a un punto de inflexión decisivo, paralelo al acceso del catalanismo político a las instituciones públicas. El año 1901 fue el del triunfo electoral de la Liga Regionalista; en 1906 se celebró el Primer Congreso Internacional de la Lengua Catalana, con una participación multitudinaria procedente de todos los países de expresión catalana, pero también de España y del extranjero, lo que proporcionó un gran impulso en la fijación de la conciencia de su unidad lingüística; y un año después triunfaba la coalición electoral Solidaridad Catalana y se fundaba el Instituto de Estudios Catalanes, que desde 1911 incluye la Sección Filológica como una de sus principales ramas científicas. Salvadas algunas reticencias de ciertos significados estudiosos y escritores valencianos y mallorquines, pero también de algunos catalanes, durante el primer tercio del siglo XX se acabó aceptando plenamente la codificación lingüística propugnada por Pompeu Fabra y el Instituto de Estudios Catalanes, reforma que supuso el establecimiento de una variedad común y supradialectal del catalán que sirviera de referencia clara para todos los hablantes del área lingüística.

En especial, la incorporación de la lengua catalana a un campo tan decisivo como el de la educación experimentó un continuado avance desde finales del siglo XIX hasta el final de la Guerra Civil (1939), aunque hay que tener presente que hacia 1900 se estima que sólo el 25% de la población catalana en edad escolar acudía a establecimientos de enseñanza. La primera institución escolar de los tiempos modernos que ofreció educación íntegramente en catalán fue creada en 1898 (Col·legi Sant Jordi), y la Asociación Protectora de la Enseñanza Catalana (1899-1939), surgida de ella, impulsó no sólo la creación de más escuelas en lengua catalana sino que es recordada, sobre todo, por su política de fomento y edición de numerosos y variados libros escolares en catalán. Esta corriente favorable al catalán en la escuela se dio, más en general, en numerosos establecimientos privados de enseñanza. Paralelamente, las instituciones públicas catalanas, como la Mancomunidad de Cataluña, el Ayuntamiento de Barcelona o, durante la II República, la Generalidad de Cataluña asumieron la responsabilidad de asegurar la enseñanza del catalán así como su uso normal en las demás asignaturas y como lengua vehicular de las escuelas. El punto culminante de este proceso coincidió con la Guerra Civil, con la creación del Consejo de la Escuela Nueva Unificada (1936-1939), organismo que, a pesar de las dificultades inherentes al período bélico en que tuvo que actuar, intentó coordinar todas las ramas y grados de enseñanza en Cataluña, y uno de cuyos objetivos fue, precisamente, garantizar la presencia integral de la lengua catalana en todos los ámbitos educativos.

La introducción del catalán en la enseñanza; la creación de entidades científicas y culturales como el citado Instituto de Estudios Catalanes; la Fundación Bernat Metge (que, creada en 1923, nueve años después ya había publicado 42 volúmenes de clásicos griegos y latinos, en versión original y catalana); la colección "A Tot Vent" ('A Toda Vela'), que hasta la Guerra de España publicó un centenar de títulos, la mayoría traducciones de la literatura universal); la colección literaria "Els Nostres Clàssics" ('Nuestros Clásicos'), de la Editorial Barcino (comenzada en 1924 con el propósito de editar científicamente textos medievales catalanes), o el uso creciente de la lengua a partir de 1914 en la Mancomunidad, las diputaciones y los ayuntamientos de Cataluña (a pesar del inciso represor de la Dictadura de Primo de Rivera, una especie de ensayo a escala reducida de lo que sería la Dictadura de Franco a partir de la década siguiente) fueron factores que se vieron potenciados decisivamente con el advenimiento de la II República Española en 1931 y la declaración, un año más tarde, del catalán como lengua oficial en Cataluña junto al español, hecho que, legalmente, constituyó la primera vez que tanto una lengua como la otra obtenían, explícitamente, dicho reconocimiento. En conjunto, pues, al menos en Cataluña, el primer tercio del siglo xx, hasta la Guerra Civil española de 1936-1939, coincidió con una etapa de progresiva recuperación del catalán como lengua normal de expresión, y no sólo en la literatura o en los usos cultos sino también en todos los grados de la enseñanza, en la ciencia, la prensa y la incipiente radiodifusión, las comunicaciones escritas, oficiales o privadas, etc.

Con todo, durante el mismo período, en el resto del dominio lingüístico el uso social y público de la lengua catalana fue en general muy limitado, con la única excepción de Andorra. En efecto, si comparamos el estatus del catalán durante el primer tercio del siglo xx en Valencia, las Baleares, El Rosellón, la Franja de Aragón y El Alguer con el nivel conseguido en Cataluña durante el mismo lapso de tiempo, el balance general podría considerarse, sin ningún margen de error, claramente deficitario en las primeras regiones; ahora bien, tomando como referencia para la comparación el panorama de postergación del catalán en cada una de ellas de tan sólo cien años antes, no hay duda de que la situación también había mejorado relativamente, al menos en las tres primeras, especialmente entre sus elites culturales. Estas diferencias de ritmo entre los diversos territorios se debieron, en parte, a la deriva histórica de la lengua catalana en Valencia, las Baleares, El Rosellón, la Franja de Aragón y El Alguer —regiones en las que el catalán, a diferencia de Cataluña y Andorra, no acabó de perder el estigma de lengua "baja" o plebeya—, y también, en parte, a la extrema debilidad política de las fuerzas políticas valencianistas, mallorquinistas y catalanistas de El Rosellón, así como a la falta de instituciones públicas, e incluso privadas, que acogieran un programa decidido de refuerzo de la lengua. Estas tendencias, con las diferencias que correspondan a los distintos casos, parecen ser hasta el momento una constante histórica, aunque también hay que decir que se han visto modificadas hacia un mayor reconocimiento lingüístico, en parte como fruto de una mayor exigencia social dentro de cada región, en parte por la referencia próxima de Cataluña, en especial desde la desaparición del régimen franquista.

UNA ESPERANZA TRUNCADA Y LA LENTA RECUPERACIÓN (1936/1939-1978)

El camino hacia la normalidad de la lengua catalana se vio violentamente cortado al acabar la Guerra de España y dio paso a un difícil período de resistencia y recuperación, en general más pasivo en los casos del País Valenciano y las Islas Baleares y más consciente y activo en el de Cataluña, durante los casi cuarenta años (1936/1939-1975) que duró la Dictadura del general Francisco Franco (1892-1975) en las tierras de lengua catalana de España. En cuanto a Cataluña Norte, o la Cataluña francesa, el catalán aceleró su declive, mientras que en la ciudad italiana de El Alguer, durante estas décadas, se conservó con bastante normalidad y, no haría falta decirlo, también fue así en el Principado de Andorra.

Como consecuencia del final de la Guerra Civil, el catalán entró en la etapa más crítica de toda su historia. El régimen franquista propugnó la España *imperial* y *una,* fundamentada en el papel histórico de Castilla, convenientemente manipulado por el fascismo español, que veía en ella la quintaesencia y la salvación de España, pero que también habían mitificado anteriormente numerosos intelectuales españoles de todo el espectro ideológico y político, desde los conservadores a los progresistas pasando por los liberales. En unas declaraciones de la época, por ejemplo, el general Franco afirmaba sin rubor alguno: "La unidad nacional la queremos absoluta, con una sola lengua, el castellano, y una sola personalidad, la española". (En cuanto a este *Leitmotiv,* son muchos los catalanes de una cierta edad que aún tienen presente el texto de un cartel que se podía leer en las vías públicas durante la posguerra, que rezaba: "¡Si eres español, habla español!".) Y vista la inclinación de muchos estamentos rectores de la España de matriz castellana a monopolizar prácticamente en exclusiva, o simplemente en exclusiva, un concepto estrecho de España, no es de extrañar que durante la Dictadura franquista se concretase exacerbadamente una cierta tradición del nacionalismo español que tiende a articular de manera excluyente al conjunto de los pueblos de España en torno a un patriotismo centrado en la cultura mayoritaria, pero no única, de raíz y lengua castellana (o "española", como es conocida más bien en la España monolingüe), en vez de hacerlo en torno a la innegable variedad de sus culturas y lenguas.

Bajo premisas como éstas, una vez finalizada la guerra se desarrolló una política lingüicida por la cual el catalán fue prohibido y excluido *totalmente* de cualquier ámbito que no fuera el estrictamente privado y familiar. Por lo que respecta a la historia del catalán, podemos distinguir tres etapas durante el período franquista. La primera fue, pura y llanamente, de represión brutal; coincidió con la opresión general de la inmediata posguerra española y duró hasta el fin de la Segunda Guerra Mundial. La segunda, más selectiva y sutil, se propuso hacer del catalán una lengua *invisible* en la vida cotidia-

Pintada franquista; el texto del eslogan ("España: 1 Bandera, 1 Patria, 1 Lengua") condensa claramente la voluntad uniformista y excluyente de la Dictadura del general Franco. Si bien el movimiento de la *Renaixença* del siglo XIX y el ímpetu del primer tercio del XX permitieron recuperar posiciones perdidas por la lengua catalana, su persecución política durante cuarenta años del siglo XX hizo peligrar su continuidad como idioma de cultura y de relación mayoritaria. El advenimiento de la democracia (Constitución española de 1978) ha permitido que la lengua pueda afrontar el inicio del nuevo milenio con unas garantías mínimas de perpetuación.

na, a través de su severo debilitamiento como lengua normal (prohibición de su uso público y oficial, ausencia total de su enseñanza en la escuela) y a poner trabas a la producción y reproducción de cultura en catalán (por ejemplo, el franquismo de esta segunda época toleró la publicación de literatura, especialmente de poesía, porque era un género minoritario, pero puso serias dificultades a otros géneros o medios más masivos, como el teatro, la publicación de traducciones o bien la difusión de publicaciones periódicas). Una tercera fase, finalmente, se caracterizó por la recuperación progresiva de la presencia pública del catalán, que a pesar de todo continuó padeciendo cortapisas hasta la muerte de Franco, e incluso más tarde.

Las actuaciones del régimen del general Franco contra la lengua catalana incluyeron un amplio catálogo de medidas represivas, algunas de las cuales se mantuvieron mucho tiempo después de la inmediata posguerra. Entre éstas podemos citar las siguientes: revocación total de su uso oficial (incluidos los funcionarios en horas de servicio), prohibición de la edición de libros en catalán, proscripción absoluta del uso de la lengua catalana en la prensa, la radio y el cine, prohibición de su uso y cultivo en todos los establecimientos y niveles de enseñanza, expurgo de los libros en catalán de las bibliotecas escolares, imposibilidad de inscribir nombres en catalán en el Registro Civil, traducción al español de los topónimos y nombres de vías públicas (o su transcripción en la ortografía antigua, a menudo castellanizada o deformada, anterior a Fabra), sanciones a los particulares que hicieran publicidad comercial o pusieran rótulos en catalán en sus negocios, etc. Otras medidas, finalmente, sin ser propiamente represivas, conminaban a hablar el español, como los rótulos con la frase: "Aquí se habla la lengua del Imperio", que se obligó a colocar en establecimientos públicos como cafeterías o bares.

Sin embargo, no todo fueron agentes "externos". También hay que hacer notar, al menos para la primera época de la Dictadura, que sectores no pequeños de la comunidad catalanohablante, entre los cuales algunos de especial relevancia social, simpatizaron más o menos abiertamente con el franquismo, o se acomodaron a él. Bien por estas razones o bien porque se considerase, dadas las circunstancias, que la conservación y transmisión de la lengua catalana a las nuevas generaciones era una causa perdida o inútil, es bien sabido, por ejemplo, que buena parte de las elites sociales o económicas, en incluso otras capas sociales próximas, especialmente en Barcelona, optó por el español como lengua familiar y de relación —aunque, cabe decir, con el tiempo, la mayoría de estos mismos grupos volverían a recuperar el uso del catalán, e incluso a reivindicarlo con vigor.

Para hacerse una idea de la magnitud del sentimiento de desesperanza y catástrofe colectiva que embargó a una parte importante de la colectividad catalanohablante durante la Dictadura, en especial en Cataluña, baste decir que algún escritor, como el poeta, dramaturgo y narrador Salvador Espriu, llegó a concebir el conjunto de su obra literaria como una especie de testamento de la lengua catalana para la posteridad.

Una de las consecuencias más visibles, aún hoy en día, de la persecución del franquismo contra el catalán es que no menos de dos generaciones de catalanohablantes de todo el dominio lingüístico en España —que viven actualmente— no pudieron recibir educación alguna en su lengua materna ni vivir en un ambiente en el que el catalán tuviera al menos los mismos derechos que el español: así se explican las altas tasas de analfabetismo en catalán que se dan típicamente entre los segmentos de población de más de 40 años en el año 2000 (es decir, los escolarizados durante la Dictadura).

A la lengua catalana, por tanto, durante el franquismo le fueron arrebatadas en Cataluña la mayoría de las funciones de cualquier lengua normal de cultura, funciones que había ido recuperando, a menudo con dificultades, durante los últimos cien años, incluido su cultivo escolar (analfabetismo en catalán), y llegó a ser abandonada por grupos de hablantes que nunca antes lo habían hecho, como miembros de la pequeña y la mediana burguesía.

En el País Valenciano y las Islas Baleares, la situación social de la lengua devino tanto o más dramática si cabe, aunque no se produjo en general el encarnizamiento que se dio en Cataluña, ya que en estos países el sentimiento y expresión regional-nacionalistas siempre fueron extremadamente minoritarios y el catalán no había llegado a tener nunca el estatus de normalidad de la Cataluña republicana ni su categoría de lengua oficial —por lo que no hubo mucho que represaliar o prohibir expresamente en este sentido. En ambas regiones, así como en el Aragón de lengua catalana, más que represión lingüística abierta, pues, se continuó desarrollando y potenciando la ideología y las actitudes diglósicas tradicionales, que situaban el catalán en un plano meramente residual o folklórico.

En la Cataluña francesa, por otro lado, la situación popular del catalán continuó agravándose, en una tendencia que llega hasta nuestros días. Además, la francisación lingüística se vio potenciada no poco gracias a dos grandes momentos de cohesión y fervor nacionales, alrededor de la Primera y de la Segunda Guerras Mundiales (1914-1918 y 1939-1945), amén de las posteriores guerras coloniales, con numerosos catalanes del norte caídos por Francia —de hecho, un fenómeno parecido, pero con consecuencias lingüísticas más limitadas, se había producido ya en El Rosellón, especialmente en Perpiñán, a raíz de la Revolución de 1789. Además, este territorio era, y es, dentro del conjunto de Francia, un rincón periférico con problemas crónicos en el mercado laboral. Durante décadas fue un anhelo típico de muchos padres catalano-franceses que sus hijos pudieran llegar a ser funcionarios del Estado, con la previsión de poder emigrar a París, a otros departamentos franceses o bien de pasar a las colonias de ultramar. Como optar a uno de estos puestos de la Administración pública comportaba como condición *sine qua non* dominar el francés (y los prejuicios contra el catalán eran entonces tales que se extendían, incluso, a admitir con naturalidad la posibilidad de un bilingüismo personal catalán-francés), el resultado de todo ello fue que desde el final de la Segunda Guerra Mundial se puede decir que cesó prácticamente la transmisión espontánea del catalán en las familias norcatalanas. Sólo en los últimos años el prestigio del catalán ha aumentado y la situación de diglosia se ha suavizado, aunque no por ello haya aumentado paralelamente el conocimiento y uso de la lengua en la Cataluña francesa, sino que continúan descendiendo. Este incremento de la consideración social del catalán parece deberse en parte al espejo ofrecido por la Cataluña del sur (que incluye, además de la oficialización de la lengua catalana, verbigracia, la recepción de emisoras de radio y televisión en catalán), y en parte a las eventuales ventajas, sobre todo de orden económico, que se intuye que puede comportar el establecimiento de una relación fluida y privilegiada con la vecina y desarrollada Cataluña española, en el marco de la nueva Europa unida.

Por lo que respecta al catalán de El Alguer, hay que reconocer que su situación a principios del siglo XXI parece cercana a la extinción. Dado su escaso índice de transmisión intergeneracional y el consiguiente envejecimiento de los catalanohablantes (en el año 2000, sólo un 1,7% de las madres algueresas hablaba alguerés a sus hijos), es posible que esta modalidad sarda del catalán no perviva más allá de las próximas dos generaciones.

Acabada la Segunda Guerra Mundial, por otro lado, el régimen franquista perdió sus apoyos en la Alemania nazi y la Italia fascista, por lo que quedó aislado ante las democracias occidentales y se vio obligado a suavizar el rigor de la posguerra española. Por lo que respecta al catalán, si desde el fin de la Guerra Civil española sólo se había autorizado la edición de la poesía del sacerdote Jacint Verdaguer (y aun con la condición explícita, y bien significativa, de hacerlo en la confusionista ortografía anterior a la reforma de Fabra), una de las consecuencias de la nueva situación internacional fue que se comenzaron a tolerar ciertas actividades culturales y, desde 1946, la edición de algunos libros en catalán. Con el tiempo, pues, se fueron ganando espacios de una relativa permisividad, pero siempre con la espada de Damocles de la opresión de una dictadura y en particular de su censura.

Los años sesenta representaron una etapa de reavivación política y cultural que se fue acentuando en los setenta, hasta la muerte del general Franco en 1975. Incluso, a diferencia del resto de España, se puede afirmar que en Cataluña la transición política hacia la democracia comenzó ya a principios de la década de 1970, gracias a una concepción unitaria de la oposición democrática, que se había agrupado alrededor de la clandestina Asamblea de Cataluña (Assemblea de Catalunya, 1971-1977). En este sentido, fue muy importante el papel desarrollado por los intelectuales, escritores, artistas y políticos de la oposición democrática de todas las regiones del Dominio Lingüístico Catalán, que con mucha frecuencia contaron con el apoyo, o al menos la complicidad, de sus colegas del resto de España. Tanto si procedían de Cataluña como del País Valenciano, de las Islas Baleares o incluso de Cataluña Norte, de Aragón o de El Alguer, todos ellos mostraban una clara conciencia de la unidad lingüística, a menudo ligada a un tipo u otro de concepción nacional, y la difundieron entre nuevos y más amplios sectores de la población. Es la época en que se teoriza abundantemente sobre el concepto de Países Catalanes, a la espera de la caída de la Dictadura franquista. Todo parece posible.

Un paso importante en el camino de recuperación del catalán como lengua normal de una sociedad contemporánea provino sin duda de las nuevas actitudes de la Iglesia católica. A raíz del Concilio Vaticano II (1962-1965) se produjo un *aggiornamento* o puesta al día de la Iglesia, que en España se tradujo en el inicio de su distanciamiento crítico respecto al régimen franquista; a ello se sumó el hecho de que una de las resoluciones más conocidas del Concilio decidió abandonar el latín como lengua litúrgica para adoptar las que llamó "lenguas vernáculas". Todo esto había de tener hondas consecuencias para el catalán. En Cataluña, atendiendo a las dos lenguas de su población, el catalán fue adoptado rápidamente para toda la liturgia junto al español, lo que dotó de un nuevo e inesperado prestigio a la primera de estas lenguas. En cambio, tanto en las diócesis valencianas como en las baleares (por no hablar del Aragón de expresión catalana) se produjeron vacilaciones, e incluso resistencias. Si bien en las tres diócesis baleares la situación ha ido mejorando con el paso de los años, en las diócesis valencianas, posiblemente gracias a una de las confusiones de la época entre Iglesia y Estado, que ha perdurado, se asumió en falso que la "lengua vernácula" de la población era la oficial del Estado español. Por ello, la Iglesia valentina, salvo rarísimas excepciones, no ha ofrecido nunca a sus fieles la oportunidad de orar pública y comunitariamente en la lengua íntima de la mayoría de sus feligreses, lo cual no sólo está en clara contradicción con las continuadas manifestaciones de la propia Iglesia católica desde el Concilio Vaticano II, sino que ha redundado de manera notable en la perpetuación hasta hoy mismo de la ideología y las prácticas diglósicas en la Comunidad Valenciana. La misma falta de sensibilidad se da también en la Franja de Aragón, donde a pesar de que la mayoría de las parroquias catalanohablantes han dependido plurisecularmente de los obispados de Tortosa (hasta 1957) y de Lérida (hasta 1957, 1995 y 1998), el catalán de la inmensa mayoría de los feligreses ha sido (y es) una lengua insólita en la liturgia, en las expresiones escritas e incluso en otros usos eclesiásticos menos formales, por no decir una lengua simplemente ignorada o invisible.

En las diócesis de Elna-Perpiñán (Cataluña francesa) y de El Alguer (Cerdeña), el catalán no es tan desconocido como lengua litúrgica, pero también es excepcional, como en los obispados valencianos. (No hace falta decir que en las parroquias andorranas, que forman parte de la diócesis de Urgel —y cuyo obispo, recordemos, es a su vez el copríncipe *episcopal* del Principado—, la lengua catalana es el idioma normal de la liturgia y de la administración eclesiástica.)

Entre los artistas, el movimiento de la *Nova Cançó* ('Nueva Canción') desempeñó también un papel capital. Reunidos desde 1961 en torno a *Els Setze Jutges* ('Los Dieciséis Jueces', nombre tomado de un conocido trabalenguas catalán), que fue más un movimiento sociomusical que un grupo organizado, cantantes catalanes, valencianos y de las Baleares se erigieron ante el conjunto de la población catalanohablante en una constante referencia cívica y, unidos en su compromiso por la consecución de las libertades democráticas, recorrieron con sus canciones todo el dominio lingüístico, especialmente el de España, y también el extranjero, con lo cual ayudaron a recuperar y difundir popularmente la idea de la unidad y dignidad del catalán. Pertenecieron a este movimiento artístico, entre otros, los valencianos Raimon (1940), Ovidi Montllor (1942-1995) o el grupo Al Tall (1975); los catalanes Joan Manuel Serrat (1943), Francesc (*Quico*) Pi de la Serra (1942), Lluís Llach (1948) o el grupo satírico La Trinca (1969-1990); la mallorquina Maria del Mar Bonet (1947), el grupo ibicenco Uc (1967), y el norcatalán Jordi Barre (1920), muchos de los cuales continúan hoy día en activo.

Por esta época comenzaron a aparecer también algunas pocas publicaciones periódicas en catalán, como *Serra d'Or* ('Sierra de Oro'; en una segunda época desde 1959), revista mensual de alta cultura publicada bajo los auspicios de la Abadía de Montserrat; *Cavall Fort* (literalmente: 'Caballo Fuerte', en referencia al juego conocido en español por 'churro-mediamanga-mangotero'; desde 1961), dirigida al público infantil y juvenil, también bajo la protección de la Iglesia católica de Cataluña; y otras, sobre todo de contenido cultural, como la valenciana *Gorg* ('Remanso'; 1969-1972, clausurada por orden del Gobierno español de la época) o la mallorquina *Lluc* (nombre de un santuario de la isla; en una segunda época desde 1968). En El Rosellón, en cambio, sin las restricciones a la libertad de expresión que se daban al sur de los Pirineos durante la Dictadura, ven la luz por esos años las revistas *Sant Joan i Barres*

('San Juan y Barras'; desde 1961) y *Terra Nostra* ('Nuestra Tierra'; desde 1965).

Paralelamente, se fundan las primeras editoriales de la posguerra con catálogos de libros exclusivamente en catalán, al principio muy reducidos y dedicados exclusivamente a la literatura, como la Editorial Selecta (1944), Aymà (1944) o Albertí (1954), en Barcelona; Torre (1949) y L'Estel (1962), en Valencia; y se relanza la Editorial Moll, con sede en Palma de Mallorca (su colección "Raixa", iniciada en 1954, había superado en 1976 el primer centenar de títulos). La constitución en Barcelona, en 1961, de Edicions 62 actuó como un revulsivo en el panorama editorial en lengua catalana debido a la variedad y ritmo de su producción (en 1979 editó su título número mil, y en 2001 el cuatro mil), seguida por otras editoriales, entre las que destaca Tres i Quatre (1968), de Valencia, que en 1982 ya había llegado a los 160 libros publicados. Algunas de estas editoriales, y otras muchas creadas posteriormente, continúan publicando actualmente. Otro hito importante en el enderezamiento del catalán durante el final de la Dictadura y la transición a la democracia fue el proyecto de la *Gran Enciclopèdia Catalana* (1969-1980; 'Gran Enciclopedia Catalana', en 15 volúmenes, más 5 suplementos hasta el 2001), una enciclopedia general de alta calidad especializada en el ámbito de los Países Catalanes.

En un orden similar de cosas, la radio y la televisión podrían haber desempeñado durante aquellos años un papel de primerísimo orden en la normalización del catalán en toda el área lingüística, como lo han tenido después de la restauración democrática en España. Sin embargo, durante la Dictadura franquista la incorporación del catalán a estos medios, y prácticamente sólo en Cataluña, fue muy lenta y modesta, especialmente en el novedoso medio de la televisión. En la década de 1960 ciertas emisoras de radio de Cataluña empezaron a producir algún programa en lengua catalana, pero no fue hasta 1976, un año después de la muerte de Franco, cuando Ràdio Olot (provincia de Gerona) comenzó a emitir exclusivamente en catalán por primera vez desde 1939; y también aquel mismo año Radiotelevisión Española (RTVE) creó Ràdio 4, la primera emisora de titularidad pública que radió sólo en catalán desde el fin de la Guerra Civil, aunque limitada a la audiencia del Principado de Cataluña, y no todo. A pesar de las dificultades y de la falta de tradición y experiencia, el año de la promulgación de la Constitución democrática española (1978) la mayoría de las emisoras de los países de expresión catalana producían ya algún programa en catalán, aunque en el País Valenciano, las Islas Baleares, la Cataluña Norte y El Alguer esta presencia solía ser muy secundaria o a título más bien simbólico. Es digno de ser señalado que en 1981 empezó a funcionar en Perpiñán la emisora Ràdio Arrels ('Radio Raíces'), que continúa radiando sus programas únicamente en catalán. Respecto a Andorra, sus famosas emisoras comerciales, orientadas al conjunto de Francia o de España, no emitieron prácticamente nunca en catalán.

En cuanto a la televisión, la introducción de la lengua catalana fue aún, y significativamente, más lenta y tardía. En 1964 se autorizó que Televisión Española (TVE) en Cataluña emitiese una obra de teatro una vez al mes, que podía captarse en Cataluña y en las islas de Mallorca y Menorca. Tres años más tarde, esta reducida presencia se aumentó con *Mare Nostrum*, un breve espacio informativo y literario con el mismo ámbito geográfico; pero no fue hasta 1976, desaparecido el general Franco, cuando el circuito catalán de TVE pasó a emitir *Giravolt* ('Voltereta'), un programa diario en lengua catalana. Ese mismo año TVE en Valencia empezó a programar *Aitana*, un programa bilingüe en catalán y español destinado al País Valenciano e Ibiza así como a la provincia castellanohablante de Albacete; y en 1979 la misma televisión pública comenzó a emitir en catalán *Panorama Balear*, producido desde los estudios centrales de Madrid, pero para la audiencia de las Islas Baleares.

Así mismo, y dado que durante la Dictadura el catalán no se podía enseñar libremente en las escuelas, durante las décadas de los sesenta y de los setenta florecieron los cursos de lengua por todo el dominio lingüístico, siempre a cargo de instituciones privadas, como Òmnium Cultural en Cataluña, Lo Rat Penat en Valencia, o la Obra Cultural Balear en las Islas Baleares. En 1967 se autorizó que las escuelas privadas pudieran programar hasta tres horas semanales de lengua catalana, aunque la incidencia real de esta medida fue ínfima; y en 1970 se abrió tímidamente, por primera vez en la España de la posguerra, la posibilidad de que otras asignaturas pudieran ser enseñadas en las llamadas entonces "lenguas regionales", pero siempre con carácter voluntario y sólo en los establecimientos privados. Un decreto de 1975, firmado por el entonces jefe del Estado en funciones (poco después rey de España de la monarquía reinstaurada), facultó la inclusión de las que se denominaron "lenguas nativas españolas" como materia voluntaria para los alumnos de educación preescolar y primaria. En la Cataluña Norte una disposición similar a la primera de las citadas ya estaba teóricamente disponible desde 1951 gracias a la ley Deixonne, que permitía la enseñanza de las lenguas regionales de Francia, aunque también con carácter facultativo, y bajo unos términos altamente restrictivos. (Cabe recordar que la anterior política francesa al respecto había sido explícitamente asimilacionista: en la Cataluña francesa se conservan cartelones del siglo xx, de un par de metros de longitud, procedentes de escuelas públicas, con el texto admonitorio: *Parlez français* ['Hablad francés'], contiguo a una advertencia higienista de las mismas características: *Soyez propres* ['Sed limpios']...) En relación con las dificultades para la enseñanza de la lengua catalana, el desprecio a la voluntad popular que significó la negativa del Ayuntamiento de Barcelona, en 1974, a conceder subvenciones para cursos de catalán en las escuelas municipales está en el origen de la convocatoria en 1976 (el general Franco había muerto medio año antes) del Congreso de Cultura Catalana, que tuvo un amplísimo eco e incidencia en el avivamiento lingüístico y nacional durante los años de la transición entre la Dictadura y la democracia.

Por lo que respecta a las universidades, a pesar de que la lengua burocrática fue generalmente el español hasta la muerte de Franco, ya desde años antes era posible encontrar actividades en las que el catalán era idioma académico normal (clases, relación profesores-estudiantes, exámenes, trabajos escritos) e incluso administrativo (cierta documentación interna, letreros indicativos). Un caso especial fue el de la Universidad Catalana de Verano (Universitat Catalana d'Estiu, UCE). Instituida en 1969, se continúa celebrando cada año, durante el mes de agosto, en la localidad norcatalana de Prada de Conflent (en francés, *Prades*). Durante la Dictadura, la UCE tuvo un importante papel como santuario de la libre expresión que no era posible dentro de España, y devino una magnífica plataforma de encuentro y discusión del proyecto político de los Países Catalanes; hoy en día, sin haber perdido aquel aspecto originario, ha potenciado su carácter académico.

A partir de la desaparición del general Franco en 1975 se aceleró la transición hacia la democracia, período que como hemos dicho había comenzado, al menos en Cataluña, a principios de la década, en una manifestación de modernidad y unidad que no dejó de sorprender tanto a visitantes españoles como extranjeros. La Dictadura y sus secuelas van desmoronándose poco a poco, empujadas por las ansias populares de libertad, y en el año 1978 se aprueba en España la primera constitución democrática desde la Guerra Civil.

Con el retorno de la democracia a España se removerán las principales restricciones que imposibilitaban legalmente la vida pública plena y normal de la lengua catalana, al tiempo que se observa también una desactivación de las posturas idealistas o radicales que habían sostenido hasta entonces la mayoría de los grupos políticos durante la Dictadura en torno a las cuestiones nacionales. Un cierto realismo parece imponerse. Así, la idea de Países Catalanes, anteriormente asumida y defendida más o menos explícitamente, durante la clandestinidad, por muchas y variadas fuerzas políticas de las regiones catalanohablantes de España, queda relegada en general, a la vez que desde mediados de los años setenta se reproduce y se fomenta en el País Valenciano la antigua cuestión de la filiación y nombre de la lengua mayoritaria de sus habitantes. Ahora, todo está por hacer.

Como hemos dicho, en 1978 se promulga la Constitución española actualmente en vigor, que en uno de sus primeros artículos —el 3— prevé en estos términos la declaración de oficiales de otras lenguas, además del español:

"Las demás lenguas oficiales españolas serán también oficiales en las respectivas comunidades autónomas de acuerdo con sus estatutos",[20]

con el importante bienentendido, explícitamente declarado en el mismo artículo de la Constitución, de que:

"La riqueza de las distintas modalidades lingüísticas de España es un patrimonio cultural que será objeto de especial respeto y protección."[21]

---

[20] *Comunidades autónomas* es el nombre oficial que reciben en España cada una de las unidades territoriales subestatales (anteriormente denominadas *regiones*) que agrupan una o diversas provincias y que están dotadas de determinadas capacidades de autogobierno, ejercidas de acuerdo con las previsiones de la Constitución y de los respectivos Estatutos de autonomía; a diferencia de las provincias, que tienen capacidades básicamente administrativas, las comunidades autónomas tienen además competencias legislativas y ejecutivas. En cuanto a los *estatutos de autonomía*, vienen a ser las constituciones particulares o interiores de cada comunidad autónoma.

[21] Cabe decir, con todo, como se ha apuntado anteriormente, que la Constitución de 1978 no ha acabado de consagrar la estricta igualdad legal entre todas las lenguas de España. Así, mientras exige explícitamente a todos los ciudadanos el *conocimento* del castellano o español (pero no su *uso*) y les reconoce expresamente el derecho a usarlo por todo el país ("El *castellano* es la lengua española oficial del Estado. Todos los españoles tienen el deber de conocerlo y el derecho de usarlo" [artículo 3.1]; la *cursiva* es nuestra), los apartados 3.2 y 3.3 acabados de citar, en cambio, no reconocen expresamente a las demás lenguas de España el mismo grado legal de derechos y deberes, ya sea respecto al Estado o bien respecto al trato constitucional de los ciudadanos españoles de territorios con otras lenguas, fuera de su oficialidad conjunta, menos explícita.

LOS FLUJOS MIGRATORIOS (SIGLO XX)

A lo largo de la historia, el conjunto del territorio del Dominio Lingüístico Catalán ha recibido periódicamente aportaciones demográficas (y lingüísticas) de poblaciones más o menos cercanas o lejanas, salidas de sus lugares de origen a la búsqueda de mejores condiciones de vida y de un nuevo lugar donde vivir, y que con su trabajo han hecho progresar a su vez su tierra de adopción. Por no citar más que dos de las corrientes migratorias antiguas más importantes, en el Reino de Valencia, desde finales de la Edad Media, se dio un continuado flujo de inmigrantes (sobre todo de valencianos del interior, castellanohablantes, y de aragoneses), hacia las comarcas centrales del país; y en el Principado de Cataluña, entre los siglos XVI y XVII, se produjo una notable entrada de inmigrantes de origen occitano, especialmente gascón.

A finales del siglo XIX, en particular en Cataluña, comienza una corriente de inmigración interior, procedente de España, que se potencia durante la década de 1920 y se retoma con una fuerza desconocida entre la década de 1950 y la de 1970. Finalmente, después de unos años de reflujo, durante la última década del siglo XX se inicia un nuevo movimiento migratorio, que continua actualmente. Esta última llegada de inmigrantes, procedentes de todos los continentes y que presenta una diversidad cultural y lingüística no experimentada anteriormente, está produciendo un sensible impacto social y cultural en toda el área de la lengua catalana. (Cabe decir que este esquema general, válido a grandes rasgos para Cataluña y la Comunidad Valenciana, ha de ser matizado, como veremos, para las Islas Baleares, la Cataluña francesa, Andorra, el Aragón catalanófono y El Alguer.)

Naturalmente, todos estos movimientos de poblaciones (sólo excepcionalmente procedentes de regiones catalanohablantes, como el de valencianos hacia Cataluña en la década de 1920) no han dejado, ni han de dejar, de tener implicaciones para la lengua catalana. Así, la situación crítica de lengua catalana durante la Dictadura del general Franco que hemos descrito en el capítulo anterior se vio agravada momentáneamente en Cataluña, pero también en el País Valenciano y en las Islas Baleares, más o menos entre 1950 y 1975, a consecuencia de un intenso flujo inmigratorio formado por españoles de lengua no catalana, procedentes sobre todo de Andalucía, y no fáciles de integrar lingüísticamente dadas la falta de libertades individuales y públicas así como las no menos difíciles condiciones culturales reinantes durante la Dictadura del general Franco. De hecho, ideólogos y responsables políticos del régimen franquista llegaron a considerar que entre una y otra cosa, el "estorbo" o la "anomalía" que representaba la subsistencia del catalán podía acabar "solucionándose" no sólo por inanición sino también por disolución demográfica.

Para hacernos una idea del impacto demográfico que representó aquel fenómeno migratorio, apuntemos que el conjunto del Dominio Lingüístico Catalán pasó de 7 millones de habitantes en 1960 a 9,5 millones en 1975, y a 10,7 en 1981. Sólo por lo que respecta a Cataluña, entre 1960 y 1981 se pasó de 3,8 a 5,9 millones de habitantes (un 55,3% de incremento); y los datos de 1971 nos daban los siguientes porcentajes de no nacidos en el área lingüística del catalán: para Cataluña un 42,9% (un 30,9% en 1991), para el País Valenciano un 34,7% en 1970 (un 25,3% en 1991) y para las Islas Baleares un 21,6% (un 25,6% en 1991).

Los nuevos ciudadanos de Cataluña, el País Valenciano y las Islas Baleares, a la vista de la adversa situación política y sociolingüística del momento, no tuvieron, lógicamente, muchas oportunidades para adaptarse a la lengua autóctona de su tierra de adopción. Esto sucedió en parte a causa de las circunstancias políticas derivadas de la Dictadura, contrarias a la normalización del catalán (falta de su estudio en las escuelas, ausencia del catalán en los usos oficiales y en los medios de comunicación), y en parte porque una buena proporción de estos inmigrantes se vieron obligados a agruparse, por razones socioeconómicas, en determinadas zonas y barrios, a menudo de nueva creación y en el extrarradio de las ciudades, donde los vecinos catalanohablantes autóctonos, si los había, pronto quedaban en minoría —y, por tanto, con una capacidad demográfica extremadamente exigua, o nula, para intentar una integración lingüística espontánea. Se puede explicar así la existencia de importantes núcleos urbanos (especialmente en la región metropolitana que rodea a Barcelona, pero no únicamente) donde actualmente el español es la lengua familiar y habitual de relación de una gran parte, incluso mayoritaria, de la población —por el contrario, en el medio rural la integración lingüística se produjo, como es tradicional, de manera mucho más fácil y rápida.

Con todo, quizá no se ha calibrado correctamente hasta la fecha la importancia real, y *positiva,* que han tenido estos inmigrantes (y sus descendientes) para la demografía de la lengua catalana y, por tanto, para su mismo futuro.

Habitualmente, se ha remarcado la incidencia del fenómeno migratorio en el incremento significativo de los castellanohablantes en Cataluña, Valencia y las Baleares o, si se prefiere, en la distorsión de las proporciones de preguerra entre catalanohablantes y castellanohablantes, hasta entonces ampliamente favorables a los primeros. (En su momento, hubo quien llegó a hablar, no sin cierto dramatismo, del "peligro" que los nuevos catalanes podían representar para la identidad y la lengua catalanas.) Sin embargo, recientes estudios de la demógrafa Anna Cabré sobre la demografía histórica de Cataluña a partir de 1900 hacen notar que si durante el siglo xx no se hubiera producido el citado fenómeno migratorio, previsiblemente la población catalana no habría sobrepasado, en 1996, los 2,4 millones de personas. Y como dicha población hubiera sido, pues, de base eminentemente autóctona, de manera presumible habría presentado una proporción de hablantes de catalán cercana al 100% (piénsese que datos de la población de Cataluña referentes a 1887, cuando la inmensa mayoría de la población hablaba catalán, revelan que el 98,75% de sus habitantes habían nacido en ella —en el resto de las regiones del Dominio Lingüístico Catalán esta proporción debió de ser aún mayor).

Ahora bien, el censo oficial de población de 1996 nos informa, por un lado, de que los habitantes de Cataluña en dicho año eran realmente 6 millones de personas y, por otro, de que 4,5 millones de ellas sabían hablar el catalán (es decir, el 75% de la población). Como sabemos también desde hace poco que el 60% de la población de Cataluña en dicho año había nacido fuera de ella o bien, al menos, uno de sus padres no era catalán de origen, no es difícil deducir de todos estos datos que el saldo (positivo) entre los 4,5 millones de catalanes que sabían catalán en 1996 y los 2,4 (como mucho) que lo hubieran sabido en ausencia de inmigración (esto es, una diferencia *positiva* de unos 2,1 millones de catalanohablantes) es fruto, directo o indirecto, de los procesos migratorios. O si se prefiere, dicho de otra manera: aunque durante el siglo xx la demografía de la lengua catalana en Cataluña haya perdido en números relativos (de cerca de un 100% de catalanohablantes predictible se ha pasado al 75% de la población en 1996), se ha ganado, en cambio, en números absolutos (pasando de 2,4 a 4,5 millones de hablantes de catalán).

En resumen: parece lícito afirmar, pues, que si hoy en día en Cataluña hay unos 2,1 millones de hablantes más de catalán de los que habrían sido previsibles en ausencia de inmigración, este notable aumento es debido *precisamente* al importante flujo migratorio que se dio durante el siglo xx.[22]

Por lo que respecta al País Valenciano y las Islas Baleares, aunque no haya investigaciones similares sobre la demografía histórica de la inmigración en estos territorios que se puedan aplicar a nuestros actuales conocimientos sociolingüísticos, dados los componentes cuantitativos y cualitativos, equiparables tanto por lo que respecta a los flujos migratorios como al conocimiento del catalán en estas dos regiones, es presumible que a grandes rasgos tanto una como otra hayan coincidido con el patrón general de Cataluña, al menos hasta hace poco. (Cabe decir, sin embargo, que en las Baleares, por ejemplo, especialmente en Ibiza pero también en ciertas localidades de Mallorca, se ha dado en los últimos años un flujo inmigratorio no catalanohablante, impulsado por el turismo y no sólo por motivos laborales, de una intensidad sin precedentes.)

También las restantes regiones del área de habla catalana se caracterizaron durante el siglo xx por la existencia de diversos procesos migratorios. Así, en Andorra, en 1968, los residentes de nacionalidad andorrana en el Principado eran sólo 5.769 personas, mientras que los residentes extranjeros sumaban un total de 11.458, aunque la mayoría de los inmigrantes procedían de la vecina Cataluña y mayoritariamente eran hablantes de catalán como los andorranos. En la actualidad, la proporción de extranjeros es aún mayor: en 1999, con una cifra global de 65.877 habitantes, los ciudadanos españoles representaban el 48,4% de la población de Andorra, los andorranos eran el 25,6%, los portugueses el 11,4% y los franceses el 7,1%; pero si bien entre 1991 y 1995 había continuado la pauta tradicional, según la cual se instalaban en los Valles de Andorra más inmigrantes catalanohablantes que castellanohablantes, durante los cuatro años siguientes se ha constatado por primera vez un cambio de sentido en la citada tendencia.

---

[22] Con todo, estos resultados, aunque dan una explicación razonable del crecimiento absoluto de catalanohablantes en Cataluña, acompañado de una disminución de su porcentaje con relación al número total de habitantes, deben considerarse más bien como una aproximación, aunque bastante ajustada. Así, hemos hecho abstracción de factores de diverso signo, que en la práctica podemos considerar que se neutralizaron mutuamente: desde ambivalentes para el catalán, como los medios de comunicación de masas (negativos o positivos según la época y las circunstancias) hasta obviamente negativos, como la existencia de una dictadura y todas sus consecuencias, pasando por ciertamente positivos, como la labor de concienciación política y lingüística ejercida sobre la población inmigrada durante la Dictadura por fuerzas políticas y sindicales de la oposición democrática, como el entonces influyente Partido Socialista Unificado de Cataluña (Partit Socialista Unificat de Catalunya, PSUC) o el sindicato Comisiones Obreras (Comissió Obrera Nacional de Catalunya, CONC).

En la Cataluña Norte, o departamento francés de los Pirineos Orientales, por su parte, el sentido de los flujos migratorios ha sido doble, con un saldo final negativo para los catalanohablantes. Por un lado, sólo para el período 1968-1975 se estima que un 12% de los catalanes de ciudadanía francesa (una parte de los cuales, probablemente del orden del 50%, catalanohablantes) emigraron al norte industrializado de Francia, mientras que por otro se instalaron en los Pirineos Orientales un número nada desdeñable de franceses procedentes de otros departamentos franceses, mayoritariamente repatriados de la Argelia francesa (los llamados *pied-noirs*) así como jubilados, ambos grupos franco-hablantes, que representaban un 18% de la población global de la región durante el período. En cuanto a El Alguer, ha experimentado un espectacular aumento demográfico debido a la inmigración, que en una parte importante ha acabado afectando al tradicional conocimiento masivo de la lengua catalana en esta ciudad de la isla de Cerdeña. Así, de los 21.325 habitantes que vivían en su término municipal en 1951 se calcula que unos 20.000 hablaban catalán, es decir, cerca del 95% de la población de aquel momento. (La mayoría de ellos vivían —y viven— en el núcleo urbano, y sólo unos 2.100 residían en las zonas rurales de su extenso término y eran más bien locutores de sardo.) A mediados del siglo xx, se estimaba que los habitantes del municipio estaban compuestos por un 60% de alguereses autóctonos, un 30% de sardos, un 6% de juliano-dál-matas y un 4% de emilianos (ferrareses), aunque la mayoría de la segunda generación de los inmigrantes insulares y peninsulares acababa adoptando el catalán de sus convecinos. Sin embargo, en la década de 1970 se inició una rápida regresión del catalán alguerés como consecuencia combinada del aumento masivo de la población inmigrante (no catalanohablante) y del acele-rado abandono de la transmisión intergeneracional de la lengua, tendencias que se han acentuado duante el último cuarto de siglo. Para dicha década, se calculaba que los alguereses que sabían catalán ya habían descendido al 50% de la población del momento (que era de 33.111 habitantes en 1971); y es-timaciones realistas consideran que a principios del siglo xxi el número máximo de locutores de catalán de El Alguer no debe de superar el 20-25% de una población que en 2000 tenía 43.109 habitantes (es decir, unos 9.000-11.000 catalanohablantes como máximo). Para concluir, en la Franja de Aragón, hasta el paso del siglo xx al xxi, no se ha producido inmigración sino emigración y despoblación generalizada, especialmente hacia Cataluña, lo que explica en buena parte que sea la zona del dominio lingüístico con la proporción más alta de catalanohablantes con relación a su población total (superior al 90% a fina-les del siglo xx).

No es posible cerrar este capítulo sin referirnos, finalmente, a la aparición de las recientes corrientes migratorias y su interacción con la lengua catalana. Después del reflujo migratorio experimentado en la década de 1970, a partir de la década de 1980 el conjunto del Dominio Lingüístico Catalán empieza a convertirse de nuevo en receptor de inmigrantes, con la gran novedad de que ahora será una inmigración exterior, procedente de todos los continentes. El múltiple origen geográfico de este reciente e importante flujo migratorio (acelerado desde 1991, y que por otro lado afecta en general al conjunto de la Unión Europea), está llamado a tener un sensible impacto social, cultural y lingüístico en el conjunto de los países de expresión catalana, especialmente por la falta de experiencia anterior en el tratamiento de una inmigración con un bagaje étnico, cultural y lingüístico tan diverso. (Y es previsible que dicho impacto sea todavía mayor en el resto de España, no acostumbrada históricamente a ser receptora de inmigración —ni tan sólo interior—, sino emisora de emigrantes, sobre todo a América Latina y a Europa.)

Según datos oficiales publicados por la Delegación de Gobierno para la Extranjería, en el conjunto formado por Cataluña, la Comunidad Valenciana y las Islas Baleares —territorios que comprenden el 93% de la población del Dominio Lingüístico Catalán— estaban registrados 429.124 residentes extranjeros en 2001 (el 42 por 1.000 de su población total), a los cuales habría que añadir unos 75.000 extranjeros más en situación irregular. De los residentes registrados, alrededor de 100.000 son ciudadanos de la Unión Europea, que disfrutan de libertad de residencia dentro de ella ("residentes comunitarios"), y unos 319.000, son propiamente inmigrantes ("residentes extracomunitarios"). Estos últimos representan, pues, alrededor del 31 por 1.000 de la población del área lingüística catalana.[23]

Los números absolutos a que nos acabamos de referir, y sobre todo sus proporciones, varían sensiblemente, sin embargo, si los desglosamos regionalmente. Así, en 2001 había registrados oficialmente en las Islas Baleares 48.000 residentes comunitarios o extracomunitarios (el 55 por 1.000 de la población balear; pero estudios académicos no oficiales elevan los residentes extranjeros

---

[23] Según Eurostat, la oficina estadística de la Comisión Europea, con datos del año 2000, las proporciones de inmigrantes extracomunitarios en la Unión Europea de los Quince variaban desde unos 10 por 1.000 habitantes en España, Francia, Portugal y Austria hasta los 114 por 1.000 de Luxemburgo, los 24 de Alemania y los 20 de Bélgica. En cuanto a su procedencia, el contingente más numeroso en el Dominio Lingüístico Catalán es el magrebí (en especial, de Marruecos), seguido a distancia del americano (en especial, el Ecuador, el Perú y Colombia) y de los inmigrantes procedentes de China, el Pakistán y Rumanía, entre otros. De los residentes comunitarios, la mayoría son originarios de Alemania y el Reino Unido, seguidos por los provinientes de Francia e Italia.

permanentes a 82.000, más otros 78.000 temporales, que en conjunto sumarían el 181 por 1.000 de la población de las islas); mientras que en Cataluña había 280.000 (el 46 por 1.000 de la población), y en la Comunidad Valenciana 101.000 (el 29 por 1.000).

El crecimiento demográfico más espectacular se da sin duda en las Islas Baleares, que han registrado un inesperado incremento de 120.000 habitantes entre 1996 y 2001, el 95% de los cuales emigrantes (110.000 personas). De estos últimos el 35% proceden de la Península y el 65% son extranjeros, y tanto la mayoría de unos como de otros no hablan catalán. Los casos extremos son, por un lado, la isla de Menorca (una de las zonas del dominio lingüístico con mayor conocimiento del catalán, el 81,3% en 1991) y, por el otro, localidades de Mallorca como Palma o Calvià y, sobre, todo Ibiza (en esta última isla, con 90.000 habitantes, 50.000 han nacido en la isla y el 61,8% de ellos hablaba catalán en 1991; 30.000 son peninsulares y raramente lo saben todavía, y unos 10.000 son residentes extranjeros que hablan sobre todo inglés, alemán, árabe, bereber o tagalo). A diferencia de Cataluña y de la Comunidad Valenciana, en las Baleares este flujo migratorio no se da principalmente por motivos laborales sino más bien puramente *residenciales*, a menudo temporalmente. Los extranjeros de este último tipo suelen ser europeos adultos o jubilados (en especial alemanes; según algunos estudios, del orden de los 58.000, que multiplican por dos a los británicos, el siguiente grupo nacional); por contra, los residentes por motivos de trabajo (emigrantes estrictos) suelen ser jóvenes procedentes del Magreb (18.000 marroquíes) o de Latinoamérica. Por lo que respecta al conocimiento de la lengua, se estima que sólo un 2% de los alemanes (y probablemente una cifra similar de los británicos), que no suelen integrarse en la vida y la sociedad locales, saben hablar catalán —y un 40% desconocen tanto el catalán como el español.

En cuanto a Cataluña, a finales de 2001 se contabilizaban unos 51.000 residentes comunitarios (un 18% de la población extranjera). Entre los 229.000 extracomunitarios sobresalen los marroquíes (89.000 residentes, el 32%), los ecuatorianos (15.000, el 5%) y los peruanos (12.000), seguidos de los chinos (12.000) y los pakistaníes (10.000). Por lo que respecta a la lengua de estos nuevos inmigrantes, la primera generación (los adultos) se inclina generalmente por la lengua mayoritaria del Estado, preferencia que parece transmitirse a la segunda generación. En un medio urbano como Barcelona, la antropóloga Sílvia Carrasco ha detectado (2002) que sólo el 4% de los alumnos del sistema escolar público nacidos de padre o madre extranjeros tiene el catalán como lengua familiar, por un 28% que tiene el español (también ha observado, sin embargo, que en un 62% de estas familias hay alguna presencia tanto de catalán como de español en casa, por un 37% en que hay alguna presencia del español pero ninguna de catalán).

Como se puede ver, pues, las situaciones sociolingüísticas ligadas a la inmigración son muy variadas, como también lo son las respuestas de las administraciones autónomas. Así, las consecuencias, y no sólo lingüísticas, de los profundos cambios demográficos que se están produciendo en las Islas Baleares preocupan al Gobierno Balear, que ha preparado (2001) un "Plan de Choque" sobre el particular. En cuanto a Cataluña, donde se da un interés tradicional por las cuestiones sociolingüísticas, y aunque se echa en falta un plan global de actuación, hace tiempo que el Gobierno de la Generalidad va introduciendo políticas lingüísticas dirigidas a la población inmigrante; estas actuaciones tienen como destinatarios preferentes a los hijos en edad escolar, a fin de que puedan incorporarse en igualdad de condiciones al sistema público de enseñanza como primer paso para integrarse plenamente en su país de adopción y poder progresar socialmente. (Cabe decir que a menudo las iniciativas públicas de integración lingüística son complementadas, y a veces incluso suplidas, por otras entidades y organizaciones, como los sindicatos y algunas ONG.) Por lo que respecta a la Comunidad Valenciana, finalmente, donde la política de promoción del valenciano (nombre oficial, allí, del catalán) no se suele considerar tan importante, el fomento de la lengua entre la nueva población inmigrante no es una prioridad que se haya planteado públicamente la Generalidad Valenciana, ni es previsible que lo sea a corto plazo.

Para concluir este capítulo, hay que decir que aunque exista la experiencia anterior de las migraciones del siglo xx (y en las condiciones excepcionales de una dictadura como la franquista), e incluso la de otros países en situación similar (como la del Quebec, en el Canadá), no cabe duda de que la interacción entre las nuevas corrientes migratorias y la lengua catalana ha de ser a medio y largo plazo uno de los retos más importantes de la comunidad de expresión catalana, ligado al actual debate europeo y mundial sobre la integración, el multiculturalismo y el multilingüismo.

LA LITERATURA CONTEMPORÁNEA
(1833-2000)

L a literatura catalana contemporánea se suele hacer comenzar con la *Renaixença* o resurgimiento del siglo XIX; más concretamente, es un lugar común y consagrado considerar que se inicia con la publicación en 1833 de la oda *La Pàtria* (*La Patria*), de Bonaventura C. Aribau (1798-1862). Junto a la literatura medieval, la literatura contemporánea es el período más interesante de la historia de las letras catalanas, y sin duda el más próximo —no sólo cronológica y lingüísticamente— al lector actual. Como se ha dicho, en el Dominio Lingüístico Catalán el Romanticismo fue el eje vertebrador de este proceso de "renacimiento", que se tradujo en un interés recobrado por la lengua catalana y sus producciones literarias de la edad de oro, así como en una mitificación paralela del pasado, especialmente de la Edad Media. El período intermedio fue, en cambio, considerado oscuro y poco atractivo; los *renaixencistes* le llamaron "la Decadencia", con lo que ellos mismos se constituyeron automáticamente en puente restaurador, y por tanto salvador, que permitió el "resurgimiento" del siglo XIX.

Como ya hemos visto, conviene matizar sin embargo algunos extremos sobre aquel movimiento. Por ejemplo, cabría decir que Aribau, a pesar de la importancia que se dio *a posteriori* a su famosa oda, no compuso ni escribió prácticamente nada más en catalán, pero en cambio fue un notable editor de literatura en lengua española; o, por lo que se refiere a la *Renaixença* valenciana, cabe decir que presentó, al menos al principio, un origen independiente de la primera *Renaixença,* íntimamente relacionada, de Cataluña y Mallorca (Bonaventura C. Aribau, Joaquim Rubió i Ors, Marià Aguiló). El primer manifiesto de la *Renaixença* aparecié en *Lo Gaiter del Llobregat* (1841; *El Gaitero del Llobregat*), de Joaquim Rubió i Ors (1818-1899), que recogía sus poemas publicados entre 1839 y 1841 en el *Diario de Barcelona*. Dos antologías

Billete de 500 pesetas (3,01 €) emitido en 1971. El anverso recoge una fotografía de juventud del poeta y sacerdote Jacint *(mossèn Cinto)* Verdaguer (1842-1902), la figura señera del movimiento literario conocido como *Renaixença* ('Resurgimiento', 'Renacimiento'). El reverso muestra la montaña pirenaica del Canigó (en francés, *Canigou*), vista desde el pueblo catalano-francés de Vernet (oficialmente, *Vernet-les-Bains*), que dio nombre a su conocido poema épico del mismo nombre (1886).

Cartel publicitario de la película *Marta of the Lowlands* (1913), versión cinematográfica en inglés de la obra teatral *Terra Baixa* (1897; '*Tierra Baja*'), de Àngel Guimerà (1845-1924). Junto con la poesía de Jacint Verdaguer y la novelística de Narcís Oller, las obras dramáticas de Guimerà, que continúan representándose en la actualidad, hicieron equiparable la literatura catalana del siglo XIX a las demás literaturas coetáneas occidentales.

poéticas, *Los trobadors nous* (1858; *Los trovadores nuevos*), a cargo de Antoni de Bofarull (1821-1892), y *Los trobadors moderns* (1859; *Los trovadores modernos*), al cuidado de Víctor Balaguer (1824-1901), sentaron las bases de los Juegos Florales. Este acontecimiento literario y social, restablecido a imitación de los certámenes homónimos medievales, consistió fundamentalmente, como ya hemos dicho, en un concurso poético anual por el que fueron pasando todos los poetas significados del momento. El éxito alcanzado por los Juegos Florales de Barcelona hizo aparecer réplicas en el resto del dominio lingüístico, como los Juegos Florales de Lo Rat Penat ('El Murciélago'; Valencia, desde 1879, pero bilingües en catalán y español) o los de la Companyia Literària de la Ginesta d'Or ('Compañía Literaria de la Retama de Oro'; El Rosellón, desde 1924, en catalán y francés).

Tres escritores clave de la *Renaixença* permitieron que a partir del último cuarto del siglo XIX la literatura catalana se situara a la misma altura que sus coetáneas de Europa: Verdaguer, Guimerà y Oller. La calidad de las obras participantes en los Juegos Florales fue aumentando constantemente y en 1877 se premió al joven sacerdote Jacint (*Cinto*) Verdaguer por su primer poema épico, *L'Atlàntida* (*La Atlántida*). Verdaguer (1845-1902) es el autor más importante del siglo XIX, y su papel en las letras catalanas ha sido comparado, por la renovación que supuso la irrupción de su lenguaje poético, a la figura de Ramon Llull en el siglo XIII. Hacia 1890 su vida entró en una etapa borrascosa, que le llevó a enfrentarse dramáticamente a su protector (el marqués de Comillas, a la sazón el hombre más rico de España) y a su mismo obispo, hechos que sacudieron ampliamente la sociedad catalana del momento. Si en *L'Atlàntida,* que obtuvo un éxito entusiasta en Cataluña y un insólito eco internacional (está traducida a doce lenguas, y fue musicada por Manuel de Falla), evoca un espacio mitológico e ideal, *Canigó* (1886), el segundo poema épico de Verdaguer —nombre de una montaña pirenaica de Cataluña Norte, el Canigó (en francés: *Canigou*)—, le permitió invocar los orígenes de un país real: Cataluña. Además, Verdaguer también escribió otros poemarios de tema religioso popular, místico y patriótico.

Àngel Guimerà (1845-1924), por su parte, es considerado el venerable renovador del teatro catalán. Antes de él destacan Josep Robrenyo (1783-1838) y Frederic Soler, más conocido por el seudónimo de Serafí Pitarra (1839-1895), quien después de unas obras de juventud contestatarias y bohemias acabaría convirtiéndose en el autor dramático por excelencia de la burguesía barcelonesa. Por lo que respecta a Guimerà, nacido en las islas Canarias y cuya lengua materna fue el español, cabe decir que marcaron su obra el estigma de ser hijo natural así como un desengaño amoroso en su juventud. También escribió poesía y fue uno de los fundadores de *La Renaixença*, primeramente revista (1871-1881) y después diario (1881-1905). Sus primeros dramas, como *Mar i cel* (1888; *Mar y cielo*), acusan todavía la influencia romántica, que irá virando hacia mayores dosis de realismo, como en su trilogía fundamental: *Maria Rosa* (1894; *María Rosa*), *Terra Baixa* (1897; *Tierra Baja*) y *La filla del mar* (1900; *La hija del mar*). La fuerza de estas obras sigue siendo apreciada por los espectadores actuales, y el éxito fenomenal que tuvieron en su día se deja entrever en las numerosas traducciones de que fue objeto a otras lenguas occidentales; de *Terra Baixa*, su obra más popular, se han hecho además adaptaciones musicales (como la ópera *Tiefland,* en alemán, con música d'Eugen d'Albert) y cinematográficas (1907; *Marta of the Lowlands*, Inglaterra, 1913; *Tiefland*, de L. Riefenstahl, Alemania, 1940-1944/1954; *Tierra Baja*, de M. Zacarías, México, 1950). En cuanto a la novela, hay que señalar que fue el género literario que más tardó en incorporarse a la *Renaixença*. Entre las diversas razones que se han dado para explicar este retraso cabe destacar el hecho de que los primeros novelistas románticos catalanes escribieron en español, no en catalán; que las traducciones contemporáneas de autores como Walter Scott, Victor Hugo o Alexandre Dumas se hicieron en la primera de estas lenguas; y —no menos importante— que los editores y los eventuales autores se mostraron reacios a asumir la "novedad" (y el riesgo, económico y de crítica) de publicar novela en catalán, un género prácticamente no cultivado desde el final de la Edad Media. Las primeras muestras de novelística durante la *Renaixença* fueron *L'orfeneta de Menargues* (1862; *La huerfanilla de Menargues*), de Antoni de Bofarull, y *Julita* (1874), de Martí Genís i Aguilar (1847-1932). Pero más que del modelo romántico, el impulso de la novela acabó proviniendo del modelo realista y del costumbrismo. La primera de estas tendencias se concretó primeramente en el ruralismo tremendista de autores como Marià Vayreda (1853-1903), con *La punyalada* (1893; *La puñalada*); la otra, con las obras de Emili Vilanova (1840-1905). Estos y otros autores prefiguran sin embargo la aparición de Narcís Oller (1864-1930) y sus seis novelas y seis libros de narraciones breves, un corpus que supone la introducción del género narrativo en catalán dentro de las corrientes hegemónicas que entonces representaban la modernidad en Europa. La trayectoria de Oller recorrió los epígonos de un incierto romanticismo, se adentró por los caminos del realismo y del naturalismo y acabó concluyendo con los inicios del Modernismo de la transición del siglo XIX al XX. Su primera novela, *La papallona* (1882; *La mariposa*), una historia de seducción y abandono, de tono melodramático, fue traducida a varios idiomas, y su versión francesa mereció un prólogo de Émile Zola; *L'escanyapobres* (1884; *El usurero*), más próximo al naturalismo, toca el tema clásico de la avaricia. Un año después publicó *Vilaniu,* retrato de la vida turbadora y asfixiante de una ciudad provinciana. Sin embargo, la gran novela de la Barcelona de la década de 1880 —y la primera en mitificar esta ciudad— será *La febre d'or* (1890 y 1892; *La fiebre de oro*), novela total en la que Oller retrata la ascensión y caída de una familia barcelonesa, paralela a la subida y posterior crac de la bolsa, así como el crecimiento y la espectacular transformación de Barcelona alrededor de la Exposición Universal de 1888. *La bogeria* (1899; *La locura*) toca el determinismo, un tema estrella de los naturalistas, a través la historia de un loco. Finalmente, con *Pilar Prim* (1906) se orienta hacia la novela psicológica.

En el País Valenciano, Teodor Llorente y Vicent W. Querol, sin duda los mejores poetas valencianos del siglo XIX, encabezaron el ala burguesa y conservadora de la *Renaixença* valenciana, que acabaría imponiéndose al sector popular y progresista de Carmel Navarro, más conocido con el seudónimo de Constantí Llombart. Llorente (1836-1911) fue la personalidad literaria más influyente del siglo XIX en el País Valenciano. Ideológicamente, procuró mantener el valencianismo cultural fuera del ámbito político y, en especial, alejarlo del naciente catalanismo; y aunque reconocía la unidad del catalán, se refirió constantemente a él como "lemosín". Influido por el Romanticismo europeo, escribió poesía paisajística y de certamen, como: *Llibret de versos* (1885; *Librillo de versos*) y *Cartes de soldat* (1897; *Cartas de soldado*), entre otros. Vicent W. Querol (1837-1889), como Llorente, recibió la influencia del mallorquín Marià Aguiló, y es el autor de unas *Rimes catalanes* (1877; *Rimas catalanas*, que como ya se ha dicho se reeditaron en 1891 con el título, significativamente abreviado, de *Rimes*). Constantí Llombart (1848-1893), en cambio, escritor de ideología republicana y federal, fue también un activista cultural y el fundador de la sociedad de cultura Lo Rat Penat, de Valencia, que fuera de su control viró hacia el conservadurismo de Llorente. Defensor de la lengua común de valencianos, catalanes y baleáricos, escribió poesía, teatro y *Los fills de la morta viva* (1879-1885; *Los hijos de la muerta viva*, en referencia al catalán valenciano), un ensayo bio-bliográfico sobre los escritores valencianos de los siglos XVIII y XIX.

A diferencia del País Valenciano, en Mallorca y las otras islas la catalanidad de su lengua no fue en general motivo de polémica por parte de los escritores, y la relación con sus colegas de Cataluña fue fluida desde el principio de la *Renaixença*. Los ideales de este movimiento fueron abrazados rápidamente por poetas como Marià Aguiló, Tomàs Forteza y Josep Lluís Pons i Gallarza. Perteneciente a la estigmatizada minoría *xueta* ('chuetas': los mallorquines reputados de ascendencia judía), Marià Aguiló (1825-1897) destacó como erudito (folklorista, filólogo y bibliófilo) y como poeta. Sus estudios y profundos conocimientos sobre la lengua catalana fructificaron en uno de los primeros diccionarios históricos del catalán; como poeta romántico escribió especialmente sobre los temas de la patria, el amor y la muerte. Por influencia suya, su primo Tomàs Forteza (1838-1898) pasó también a escribir poesía en catalán. En cuanto a Lluís Pons i Gallarza (1823-1894), catalán de nacimiento que pasó casi la mitad de su vida en Mallorca, su obra poética es reconocida por el tratamiento romántico que hizo del tema clásico del *Beatus ille*.

En cuanto a Cataluña Norte y El Alguer, su *Renaixença* literaria acabó cuajando a partir de 1880, en gran parte como consecuencia de la vigorosa *Renaixença* del Principado de Cataluña. Este despertar, aunque tardío, contribuyó a conformar una cierta tradición local: en Cataluña Norte destacan los poetas Antoni Jofre (1801-1864), Josep Bonafont (1854-1935) y Justí Pepratx (1821-1901), aunque el poeta rosellonés más popular fue sin duda Albert Saisset (que escribió bajo el popular pseudónimo de Un Tal 'Un Tal'; 1842-1894), alejado de las tesis *renaixencistes* y autor de conocidas poesías humorísticas. En El Alguer sobresalieron los pedagogos y poetas Josep Frank (1830-1900) y Joan Palomba (1876-1953), fundador en 1906, entre otros, de "La Palmavera", una agrupación explícitamente catalanista, cuyos miembros se relacionaron directamente con Cataluña, y a la cual se debió en buena parte la continuidad de la literatura en catalán en aquella ciudad sarda.

Por lo que respecta al siglo xx, con todos sus avatares históricos, se puede decir que ha representado en conjunto la consolidación y diversificación de la literatura catalana en todos los países catalanohablantes, a menudo en consonancia con las tendencias coetáneas de la literatura mundial. Una buena porción de sus escritores han gozado de difusión fuera de las fronteras del catalán a través de las traducciones a diversos idiomas, e incluso algunos fueron (y son) propuestos al Premio Nobel de Literatura. De la extensión y variedad de la literatura y de los literatos en lengua catalana del siglo xx (hasta 1975) dan una idea las casi 2.300 páginas contenidas en cuatro gruesos volúmenes de los 11 de que consta la *Història de la literatura catalana*, la historia general estándar de la literatura catalana dirigida por A. Comas, M. de Riquer y J. Molas, o bien una buena parte de los 3.100 artículos biobibliográficos y conceptuales del reciente *Nou diccionari 62 de la literatura catalana* (2000; *Nuevo diccionario 62 de la literatura catalana*), dirigido por E. Bou, que se cierra con los autores nacidos antes de 1950.

Aquí sólo podemos hacer un repaso sumario de los principales movimientos literarios del siglo xx y de los autores más destacables, especialmente de los ya desaparecidos. Una encuesta-balance llevada a cabo por el diario en catalán *El Punt* (2000) entre miembros de la Asociación de Escritores en Lengua Catalana daba como resultado, entre los escritores desaparecidos más notables, estos diez nombres: Pere Calders, Josep Carner, Salvador Espriu, J.V. Foix, Joan Fuster, Josep Pla, Carles Riba, Mercè Rodoreda, Josep Maria de Sagarra y Llorenç Villalonga; pero un criterio solamente algo menos restrictivo habría hecho aparecer sin duda a Joan Maragall y a Caterina Albert (que sólo forzadamente se pueden considerar "del siglo xix"), y a algunos otros que también trataremos sucintamente.

Entre 1892 y 1911, aproximadamente, las letras y las artes de Cataluña se inscribieron en un amplio movimiento cultural caracterizado por su afán de ruptura y de puesta al día: el *Modernisme* ('Modernismo'). Los literatos y artistas modernistas (por ejemplo, el arquitecto Antoni Gaudí) se propusieron, unos, regenerar el país a través de la apertura a Europa, mientras que otros se adhirieron a posturas decadentistas o a corrientes como *l'art pour l'art*. En conjunto, se pueden relacionar con movimientos similares, como el *Art Nouveau*, el *Modern Style*, el *Jugendstil* y el *Sezession*, e intentaron establecer por primera vez una cultura nacional en el sentido fuerte de la palabra, cosa que los diferenció sensiblemente del *Modernismo* coetáneo de la literatura española. Los artistas modernistas, de actitudes más bien rebeldes, acabaron siendo barridos por los escritores "de orden" del *Noucentisme* ('Novecentismo'), movimiento que apareció hacia 1906 y que desde la muerte de Joan Maragall hasta el golpe de Estado del general Primo de Rivera en 1923 devino la ideología dominante en los círculos más activos de las elites de Cataluña.

Joan Maragall (1860-1911) personifica el *Modernisme* en poesía. Su obra, diversa, incluso contradictoria, representa la voz crítica de la burguesía a la que pertenecía, e incorpora desde la influencia de Goethe y Nietzsche de sus primeros libros hasta la lírica mística, y desde una visión "españolista" conciliadora hasta actitudes netamente catalanistas. Es el autor de algunos de los poemas más representativos de la literatura catalana, como la popular *Vaca cega* (1895; *La vaca ciega*, traducida por su amigo Miguel de Unamuno), *El comte Arnau* (1906-1911; *El conde Arnaldo*) y el *Cant espiritual* (1909-1910; *Canto espiritual*). En narrativa destaca Caterina Albert (1869-1966): más conocida por el nombre de pluma de Víctor Català, fue la autora de *Solitud* (1905; *Soledad*), la novela más universal del Modernismo catalán, traducida a siete lenguas, que narra los trastornos interiores de la protagonista, una joven casada que ha de vivir aislada en la montaña con su indolente marido. Otros escritores modernistas destacados fueron Santiago Rusiñol (1861-1931), artista bohemio y autor de la novela satírica *L'auca del senyor Esteve* (1907; *El aleluya del señor Esteban*); y Ramon Casellas (1855-1910), autor de *Els sots feréstecs* (1901; *Las hondonadas salvajes*), una novela de conflictos rurales.

El *Noucentisme* cristalizó a partir de 1906, sobre todo alrededor de la figura de Eugeni d'Ors (1881-1954), su máximo ideólogo y propagandista (*Glosari* [1906-1921; *Glosario*]: artículos en la prensa diaria de tono ensayístico), quien sin embargo acabó emigrando a Madrid. El mismo año, la aparición de los poemarios *Els fruits saborosos* (*Los frutos sabrosos*), de Josep Carner (1884-1970), y *La muntanya d'ametistes* (*La montaña de amatistas*), de Guerau de Liost (seudónimo de Jaume Bofill; 1878-1933), significó la adopción del ideario *noucentista* en poesía. Carner, que ha sido consagrado con el epíteto de "príncipe de los poetas", publicó también libros de poesía de tono irónico, como *La paraula en el vent* (*La palabra en el viento*) y *Auques i ventalls* (*Aleluyas y abanicos*), ambos en 1914; formando ya parte del cuerpo diplomático, publicó *El cor quiet* (1925; *El corazón quieto*), que anunciaba *Nabí*, su obra de madurez, publicada en el exilio (1941).

La generación mallorquina posterior a los *renaixencistes,* formada alrededor de los poetas Costa i Llobera y Alcover, se suele agrupar en la llamada Escuela Mallorquina. Paralela al *Noucentisme* de Cataluña, dicha "escuela" compartió múltiples aspectos con este movimiento, además de la cronología, como el formalismo estético, cierto clasicismo mediterranista y el cultivo de la poesía paisajista. Miquel Costa i Llobera (1854-1922), sacerdote, poeta y traductor, es conocido sobre todo por las 16 odas de sus *Horacianes* (1906; *Horacianas*) y por su famoso poema *El Pi de Formentor* (1875; *El Pino de Formentor*). Joan Alcover (1854-1926), abogado, tuvo diversos momentos de aproximación y alejamiento del catalanismo lingüístico y literario, y sirvió de puente al joven Carner; *Cap al tard* (1909; *Hacia el anochecer*) contiene sus poemas más celebrados, entre los cuales se encuentra *La Balanguera*, basada en una canción popular mallorquina, que se ha convertido en el himno oficial de Mallorca.

Por su parte, el vanguardismo europeo tuvo su reflejo principal en dos poetas catalanes: Salvat-Papasseit y Foix. Joan Salvat-Papasseit (1894-1924), hijo de una familia modesta, y de salud delicada, movió su poesía entre los parámetros de un anarquismo espontáneo teñido de futurismo y tocó el tema del amor a las puertas de la muerte. En cuanto a J.V. Foix (1893-1987), sintetizó en su obra tanto las prácticas de raíz parisina como las influencias de los trovadores occitanos, el *Dolce Stil Nuovo* y los clásicos catalanes; destacan sus poemarios *Gertrudis* (1927), *KRTU* (1932) y, especialmente, *Sol, i de dol* (1947; *Solo, y de luto*) y *Les irreals omegues* (1948; *Las irreales omegas*).

Josep Pla (1897-1981), a la izquierda, junto al premio Nobel de Literatura Camilo José Cela, contemplando el Llano del Ampurdán (Cataluña). Pla es reconocido como el patriarca de la prosa catalana contemporánea. Autor de una fina ironía deudora en parte de Montaigne y Voltaire, su obra completa ocupa cerca de sesenta volúmenes de artículos periodísticos, memorias, viajes, etc.

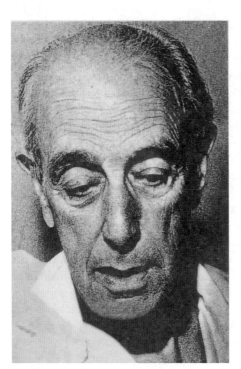

El médico mallorquín Llorenç Villalonga (1897-1980) es el autor de *Bearn o la sala de les nines* (1961; *Bearn o la sala de las muñecas*), novela que supuso, junto con las obras de Rodoreda, la renovación del género en la literatura catalana del siglo XX. *Bearn* se ha comparado a menudo con *El gatopardo* del príncipe italiano de Lampedusa por su tema, localización y tono, aunque fue escrita antes que esta última.

Otros autores que comenzaron su obra en la década de 1920 fueron el prosista Josep Pla, el poeta Carles Riba y el dramaturgo, novelista y poeta Josep Maria de Sagarra. Josep Pla (1897-1981) es para muchos el patriarca de la prosa catalana contemporánea. Conocedor y admirador de la obra de Montaigne y de Voltaire, fue autor de una imponente producción literaria (sus obras completas comprenden cerca de sesenta volúmenes) de tono escéptico y burlón, y cultivó diversos géneros narrativos: el periodismo, los viajes, el memorialismo (*El quadern gris*: *El cuaderno gris*), la biografía (*Homenots*: *Hombretones*), etc. De Josep Maria de Sagarra (1894-1961) se puede decir que ya en vida se convirtió en un mito popular. De su época de preguerra destacan dos dramas de tono costumbrista, que se continúan representando con gran éxito: *L'hostal de la Glòria* (1931; *Hostal de Gloria*) y *El cafè de la Marina* (1933; *Café de Marina*); así como la novela *Vida privada* (1932; *Vida privada*), visión irónica del patriciado barcelonés de la década de 1920. En la posguerra tradujo al catalán la *Divina Comedia* de Dante y 28 obras de Shakespeare. De la obra poética de Carles Riba (1893-1959), profesor universitario de griego y lector atento de Hölderlin, Mallarmé y Valéry, destacan las *Elegies de Bierville* (1942; *Elegías de Bierville*): compuestas en la dureza del exilio y de un elevado tono metafísico, son consideradas una de las cimas de la poesía catalana de todos los tiempos. Además de componer otros libros de poemas, como *Salvatge cor* (1952; *Salvaje corazón*), también tradujo al catalán diversos clásicos grecolatinos (la *Odisea*, las *Bucólicas* de Virgilio, Esquilo, Sófocles...), dos libros de la Biblia y escritores modernos como Poe, Rilke y Kavafis.

Seguramente, sin embargo, el escritor más divulgado durante la época del franquismo fue Salvador Espriu (1913-1985), que llegó a ser propuesto en varias

Tres traducciones de la novela *La plaça del Diamant* (1962; *La plaza del Diamante*) de Mercè Rodoreda (1908-1982). Influida por las obras de Proust, Wolf, Joyce y Freud, la narrativa de esta escritora barcelonesa supuso un giro decisivo en la novelística catalana del siglo xx.

ocasiones para el premio Nobel de Literatura. Cultivador de diversos géneros, incluido el teatro, su obra se hizo amplio eco del mundo mediterráneo, especialmente del griego y el judío. Antes de la Guerra Civil se había dado a conocer como narrador (*Laia*, 1932). En la posguerra asumió un claro compromiso cívico en favor de la reconciliación entre los españoles y de la convivencia de los diferentes pueblos y lenguas de España (su libro más popular, en este sentido, es *La pell de brau*, 1960; *La piel de toro*); paralelamente, continuó su elaboración literaria del tema de la muerte, hilo conductor del conjunto de su obra, en otros libros de poesía: *Cementiri de Sinera* (1946; *Cementerio de Sinera*), *Setmana Santa* (1971; *Semana Santa*), etc.

Entre los prosistas desaparecidos en el siglo xx a los que hay que referirse están, por lo menos, los novelistas Llorenç Villalonga y Mercè Rodoreda, el narrador Pere Calders y el ensayista Joan Fuster. Los dos primeros son reconocidos como los autores de las dos novelas en catalán más notables y universales de la centuria, que como tales han sido ampliamente traducidas. Llorenç Villalonga (1897-1980), médico psiquiatra mallorquín, publicó en 1961 *Bearn o la sala de les nines* (*Bearn o la sala de las muñecas*), su novela más importante, en la cual narra elegíacamente la decadencia de la familia y el mundo de un aristócrata rural, pero voltaireano y cosmopolita, con el fondo de la Mallorca interior del siglo xix; esta novela ha sido comparada a menudo con *El gatopardo* de Tomasi di Lampedusa, aunque su redacción es anterior a esta última. La otra gran novela que contribuyó a dar un giro decisivo a la narrativa catalana del siglo xx

El intelectual y escritor Joan Fuster (1922-1992), con gafas, con el cantante Raimon (1940). Ambos valencianos tuvieron un papel destacado dentro de la oposición democrática a la Dictadura del general Franco. Fuster, uno de los más finos y mordaces ensayistas europeos de la segunda mitad del siglo xx, fue también el más destacado ideólogo de los *Países Catalanes* como proyecto político.

fue *La plaça del Diamant* (1962; *La plaza del Diamante*), obra de la barcelonesa Mercè Rodoreda (1908-1982), que publicó cinco novelas más; relacionada con la narrativa de Proust, Woolf y Joyce, e influida por las teorías de Freud, esta novela tiene como protagonista a una joven de un barrio popular de Barcelona que narra en primera persona y en un tono poético y emotivo las vivencias privadas y colectivas por las que pasa antes, durante y después de la Guerra Civil española. También a partir de los años 1960 se consolida la narrativa de Pere Calders (1912-1994). Con obra publicada ya antes de la Guerra de España, y siendo uno de los representantes de la generación de escritores exiliados en Latinoamérica, el reconocimiento popular, sin embargo, no le llegó hasta finales de la década de 1970; sus obras más conocidas, teñidas de ironía y fantasía, son narraciones breves como *Cròniques de la veritat oculta* (1954; *Crónicas de la verdad oculta*) y la novela *Ronda naval sota la boira* (1966; *Ronda naval bajo la niebla*), aunque también es autor de otras novelas.

El ensayo, por su parte, tuvo su gran cultivador en Joan Fuster (1922-1992). Valenciano, ha sido considerado uno de los mejores ensayistas europeos; destaca su *Diccionari per a ociosos* (1964; *Diccionario para ociosos*), inspirado en el *Diccionario filosófico* de Voltaire: como éste, sus artículos tocan muy diversos temas desde una perspectiva humanística matizada por la mordacidad y la ironía. Estudioso de la historia de la lengua y literatura catalanas, crítico literario y poeta, fue especialmente conocido, sin embargo, como uno de los ideólogos principales de los Países Catalanes y por ser el catalizador del resurgimiento cultural, y en parte político, del País Valenciano durante el franquismo; en este terreno, su ensayo más conocido (que no estuvo exento de una agria polémica en su momento) es *Nosaltres els valencians* (1960; *Nosotros los valencianos*), de tema histórico y tono reivindicativo.

Otros autores desaparecidos, no reseñados en la encuesta citada, pero que sin duda merecen también ser tenidos en cuenta son: Marià Manent (1898-1988), quizá más conocido por su obra de crítica y sus traducciones al catalán (entre otros: Keats, Blake, Coleridge, Kipling) que por su breve y elegante obra poética; Vicent Andrés Estellés (1924-1993), según Joan Fuster el mejor poeta valenciano desde Ausias March, y autor de una poesía realista y cruda centrada en el amor, el sexo y la muerte, pero también en el compromiso cívico; Joan Brossa (1919-1998), poeta inconformista que rechazaba las divisiones convencionales entre los géneros literarios (o los plásticos), y que produjo una variada obra que seguramente no sería inadecuado etiquetar como "arte total"; Gabriel Ferrater (1922-1972), quien, distanciado del realismo social imperante en su época, fue autor de una obra poética de tradición inglesa, articulada alrededor de la experiencia y la reflexión moral; y, finalmente, Maria Mercè Marçal (1952-1998), que, fallecida prematuramente, destacó por su apasionamiento tanto en el terreno de la poesía como en el activismo político, cultural y feminista.

Para acabar esta sección, y a falta de una perspectiva histórica adecuada, nos limitaremos a citar algunos de los autores vivos generalmente más apreciados y aceptados en la actualidad por la crítica o el público. Así, en el campo de la novela destacan Jesús Moncada (Mequinenza, Franja de Aragón, 1941), autor de *Camí de sirga* (1988; *Camino de sirga*), una de las novelas más unánimemente celebradas en el último cuarto de siglo; Quim Monzó (Barcelona 1952), cuentista y periodista, probablemente el más universal de los narradores actuales en catalán; Baltasar Porcel (Andratx, Mallorca, 1937), Isabel Clara Simó (Alcoy, Alicante, 1943) y Carme Riera (Palma, Mallorca, 1948) son, los tres, novelistas de obra consolidada; así como Ferran Torrent (Sedaví, Valencia, 1951), autor de exitosas novelas de género negro con la ciudad de Valencia como escenario. La narrativa infantil y juvenil en catalán, por su parte, se ha consolidado como una de las más dinámicas de Europa. Entre sus cultivadores destacan Josep Maria Folch i Torres (1880-1950), narrador y autor de la popularísima pieza dramática navideña *Els pastorets* (1916; *Los pastorcillos*), y las narradoras y dibujantes Lola Anglada (1894-1984) y Roser Capdevila (Barcelona, 1939), creadora de la popular serie "Les Tres Bessones" ('Las Tres Mellizas'), traducida a 31 idiomas.

En poesía citaremos tan sólo algunos de los autores maduros, como Marià Villangómez (Ibiza, 1913), Narcís Comadira (Gerona, 1942), Pere Gimferrer (Barcelona, 1945), Antoni Marí (Ibiza, 1944), Francesc Parcerisas (Begues, Barcelona, 1944), Marta Pessarrodona (Tarrasa, Barcelona, 1941) y Miquel Martí i Pol (Roda de Ter, Barcelona, 1929), posiblemente el poeta vivo más leído actualmente, popularidad sólo comparable con la que disfrutó el desaparecido Salvador Espriu, con quien comparte la circunstancia de haber sido propuesto para el premio Nobel de Literatura.

En cuanto al teatro, quizá sea más difícil destacar autores, y no porque no los haya, sino porque aquí la perspectiva es quizá más necesaria, dado que se siguen representando con éxito de público obras clásicas de los siglos XIX y XX. Con todo, cabe señalar la importancia, incluso internacional, de dos dramaturgos consagrados, popularizados en parte gracias a sus guiones televisivos: Josep M. Benet i Jornet (Barcelona, 1940) y Sergi Belbel (Tarrasa, Barcelona, 1963).

No menos interesantes son otros escritores de Cataluña Norte (Josep-Sebastià Pons [Illa, 1880-1962], Gumersind Gomila [Mahón, 1906-Perpiñán, 1970], Pere-Jordi Cerdà [seudónimo de Antoni Cayrol, 1920]), de Andorra (Antoni Morell [Barcelona, 1941]), de El Alguer (Rafael Sari [1904-1978], Francesc Manunta [1928-1995]) y del Aragón de lengua catalana (Santiago Vidiella [Calaceite, Teruel, 1860-1929], Desideri Lombarte [Peñarroya, Teruel, 1937-1989]). Como en otros países, finalmente, también cabría reseñar el éxito, habitualmente efímero, de obras de diversos géneros a cargo de los llamados "autores mediáticos", normalmente más conocidos por su participación en programas radiotelevisivos de éxito.

LA SITUACIÓN JURÍDICA DEL CATALÁN EN LA ACTUALIDAD

L a Constitución de 1978 selló el fin de la persecución política del catalán en España y puso las bases de su recuperación pública. Así, como se ha dicho anteriormente, su artículo 3 dispone que el español (designado legalmente como castellano) es la lengua oficial del Estado, anuncia que las demás "lenguas españolas" (refiriéndose en especial al catalán, al gallego y al vasco) serán oficiales en las comunidades autónomas, o regiones, donde se hablan, y dispone que la diversidad lingüística del Reino de España será objeto de "especial respeto y protección". Los Estatutos de autonomía de Cataluña (1979), la Comunidad Valenciana (1982) y las Islas Baleares (1983) hicieron efectiva la previsión constitucional reconociendo la doble oficialidad del español y del catalán (llamado legalmente valenciano en la Comunidad Valenciana), que por ley recibió en exclusiva la consideración suplementaria de "lengua propia" de estos territorios. (Los Estatutos de autonomía del País Vasco y de Navarra reconocieron la oficialidad del español y del vasco, y el Estatuto de autonomía de Galicia reconoció la del español y del gallego.) Así pues, el bloque formado por la Constitución y los Estatutos de autonomía instauró en España un modelo lingüístico que se aleja del monolingüismo territorial (un territorio, una lengua) característico de otras democracias multilingües como Suiza o Bélgica, y que en general desconoce fuertes tensiones sociales como las generadas por el problema de la lengua en este último país. Con todo, se han catalogado a principios del siglo XXI cerca de un centenar de disposiciones de ámbito estatal en vigor, con diverso rango legal, discriminatorias de un uso igualitario entre el español y las otras lenguas de España, desde la aviación civil hasta las fuerzas armadas, pasando por el etiquetaje o la información de productos comerciales, etc. —y estas disposiciones, paradójicamente, pueden llegar a ser más favorables para lenguas extranjeras que para otras que son oficiales en la misma España. Pero, en especial, el Reino de España todavía no ha desarrollado legislativamente el mandato constitucional de "especial respeto y protección" de su legado lingüístico: aparte de no haberse promulgado ninguna ley estatal que designe explícitamente, reconozca y potencie el plurilingüismo de España, no dejan de observarse todavía resistencias a admitir y mostrar sin complejos ni reticencias esta diversidad en campos como la promoción y enseñanza en *toda* España de las diferentes lenguas oficiales, la proyección internacional de la cultura española en sentido amplio e incluyente, la acuñación de monedas, la emisión de sellos de correos o de algunos documentos oficiales de identificación personal, entre otros.

Los únicos territorios catalanohablantes de España donde el catalán no es oficial son el pequeño enclave de El Carche, en la provincia de Murcia, y la llamada Franja de Aragón, al este de esta comunidad autónoma. En el segundo caso, hay que señalar que la Diputación General de Aragón (el Gobierno regional) inició en 2001 el trámite de una ley que declarará la oficialidad del catalán en esta parte del territorio aragonés (y la de la lengua aragonesa en determinados valles pirenaicos). En este sentido, conviene recordar que la firma en 1984 de la llamada Declaración de Mequinenza (en catalán: *Mequinensa*) constituyó un hito en la historia de la lengua catalana en Aragón. Firmada por el consejero de Cultura del Gobierno aragonés y por 17 alcaldes de las cuatro comarcas catalanohablantes aragonesas, por primera vez en la historia varias veces centenaria de Aragón se reconocía oficialmente el catalán, una de sus dos lenguas ancestrales junto con el aragonés, como patrimonio cultural propio de todos los aragoneses, a la vez que se rechazaban designaciones acientíficas y de tintes despectivos, como "chapurreado", y se proponía impulsar en la comunidad autónoma las previsiones constitucionales y estatutarias en materia de lenguas. Así mismo, en 1999 se aprobó la Ley del Patrimonio Cultural Aragonés, que proclamó que el aragonés y el catalán "serán especialmente protegidos por la Administración".

Sobre la minoría de El Carche, podría aprovecharse una poco definida alusión del Estatuto de autonomía de la Región de Murcia (1982) a la protección y fomento de las "peculiaridades culturales" de la comunidad autónoma, "respetando en todo caso las variantes [se sobreentiende: lingüísticas] locales y comarcales".

Fuera de España, el estatus jurídico de la lengua catalana no ha experimentado variaciones. En Andorra el catalán sigue siendo la única lengua oficial del Estado, una situación de hecho que fue constitucionalizada en 1993 (artículo 2.1 de la Constitución del Principado de Andorra). Con el objetivo de dar efectividad a esta disposición, en 1999 se aprobó la Ley de Ordenación del Uso de la Lengua Oficial. En la ciudad italiana de El Alguer y, en especial, en el

Panel informativo de una localidad aragonesa de la comarca de El Matarraña (Teruel). Desde 2002, el nombre de esta villa, como otras de la Franja de Aragón, tiene por ley una doble denominación oficial, en español y catalán, pero el resto del indicador está únicamente en español. Aunque el Aragón de expresión catalana es la zona del dominio lingüístico con mayor conocimiento de la lengua catalana, en esta comunidad autónoma todavía está en estudio la oficialización de su uso junto al español.

departamento francés de los Pirineos Orientales, por otra parte, el catalán sigue sin disponer de un estatus jurídico específico. A pesar de ello, en el primer caso cabe consignar la aprobación de dos leyes significativas que permiten el uso oficial de la lengua catalana: la Ley Regional de Promoción y Valoración de la Cultura y de la Lengua de Cerdeña (1997), que reconoce para el catalán de El Alguer los mismos beneficios que para el sardo, y la Ley Estatal de Normas en Materia de Protección de las Minorías Lingüísticas Históricas (1999), por medio de la cual la República Italiana protege la lengua y la cultura de doce minorías lingüísticas, entre las que cita expresamente la catalana. En cuanto a los Pirineos Orientales, la protección legal que hubiera podido obtener el catalán de la Carta Europea de Lenguas Regionales y Minoritarias, adoptada en 1992 por el Consejo de Europa, quedó recientemente descartada al dictaminar el Consejo Constitucional de Francia que dicha Carta es contraria a la Constitución francesa, a cuyo artículo 2 fue añadida —precisamente en el mismo año 1992— la enmienda, inexistente hasta entonces, que declara que "la lengua de la República es el francés".

Sellos en catalán de las administraciones de Correos francesa y española de Andorra. El Principado de Andorra, Estado soberano situado entre Francia y España, tiene el catalán como única lengua oficial.

Por lo que respecta a las comunidades autónomas de España, además de reconocer la oficialidad del español y del catalán y de atribuir al catalán la condición adicional de "lengua propia", los Estatutos de autonomía de Cataluña, de la Comunidad Valenciana y de las Islas Baleares impusieron a los gobiernos respectivos el mandato de garantizar el uso "normal" de ambas lenguas. En las tres comunidades citadas este mandato normalizador dio lugar a una ley lingüística, que en el caso de Cataluña y las Islas Baleares recibió el nombre de Ley de Normalización Lingüística. En los tres casos, los ámbitos principales para los que se contemplan medidas de catalanización lingüística son las instituciones autonómicas y la Administración local, el sistema educativo y los medios de comunicación de titularidad autonómica.

En Cataluña, la Ley de Normalización Lingüística fue aprobada en 1983. En el ámbito institucional, la Ley establece que el catalán es la lengua propia de la Generalidad de Cataluña, de la Administración local y de las corporaciones públicas que dependen de la Generalidad; reconoce el derecho de los ciudadanos a relacionarse con la Administración en la lengua oficial de su elección;

consagra la validez de todas las actuaciones hechas en catalán y declara que los topónimos tienen como única forma oficial la catalana. En el caso del sistema educativo, la Ley establece que el catalán es la lengua propia de este ámbito; reconoce el derecho de los alumnos a recibir la "primera enseñanza" en su lengua habitual (catalán o español), sin que por ello puedan ser separados en centros diferentes; y establece la obligación de que el catalán se enseñe como asignatura en todos los niveles educativos no universitarios, de manera que al acabar la educación obligatoria todos los alumnos tengan un conocimiento suficiente de las dos lenguas oficiales. En el caso de los medios de comunicación, finalmente, la Ley declara que el catalán será la lengua normalmente utilizada por los medios de comunicación propios de la Generalidad, y que se fomentará el uso del catalán en los medios de comunicación privados y en el teatro, el cine y la edición. La Ley se completa con un capítulo dedicado al impulso que el Gobierno debe dar a la normalización del catalán y otro dedicado a la promoción del aranés, la variedad del occitano que se habla en el Valle de Arán. (Una ley posterior proclamó la oficialidad del aranés en el Valle de Arán, que de este modo se convirtió en el único territorio oficialmente *trilingüe* de España.)

La Ley de Normalización Lingüística de Cataluña sirvió de modelo en buena parte a las leyes lingüísticas de la Comunidad Valenciana y de las Islas Baleares. En el caso de la Comunidad Valenciana la ley de normalización recibió el nombre de Ley de Uso y Enseñanza del Valenciano y también fue aprobada en 1983. En el ámbito institucional, la Ley establece que el valenciano (el nombre que recibe estatutariamente la variante valenciana del catalán), como lengua propia de la Comunidad Valenciana, lo es también de la Generalidad Valenciana y de su Administración, de la Administración local y de las corporaciones e instituciones públicas que dependen de la Generalidad. También reconoce el derecho de los ciudadanos a relacionarse en valenciano con la Administración y la validez de las actuaciones hechas en valenciano. En este apartado, la única diferencia significativa con la Ley catalana es que no se establece la forma oficial de los topónimos, sino que se atribuye esta competencia al ejecutivo valenciano, que en los años sucesivos ha ido aprobando tres tipos de topónimos (sólo en valenciano, sólo en español y en ambas lenguas). Por lo que respecta al sistema educativo, la Ley dispone que la incorporación del valenciano a la enseñanza es obligatoria, que se *tenderá* a proporcionar las "primeras enseñanzas" en la lengua habitual de los alumnos (valenciano o español) y que, no obstante, al finalizar la educación obligatoria todos los alumnos habrán de estar capacitados para usar normalmente tanto el valenciano como el español. En este caso, es necesario señalar que se contempla una atenuación en la incorporación del valenciano a las escuelas de los municipios situados en el territorio de "predominio lingüístico castellano", en zonas del este y sur de la Comunidad

Valenciana, y que la misma Ley enumera. En el capítulo dedicado a los medios de comunicación, la Ley establece que el Gobierno velará porque el valenciano tenga una "presencia adecuada" en los medios de comunicación gestionados por la Generalidad, y prevé el fomento del valenciano en las emisoras de radio y televisión privadas y en todas las manifestaciones culturales y artísticas. Como la Ley catalana, la Ley de Uso y Enseñanza del Valenciano contiene un capítulo sobre la acción normalizadora de los poderes públicos, y se cierra con la lista ya mencionada de los municipios que forman los territorios de predominio lingüístico castellano y de predominio lingüístico valenciano.

La última ley de normalización aprobada fue la de las Islas Baleares, en 1986. En el ámbito institucional, la Ley establece que el catalán, como lengua propia de las Islas Baleares, lo es también del Gobierno autónomo, del Parlamento y de los tres Consejos Insulares (Mallorca, Menorca e Ibiza-Formentera), y en general de la Administración pública, la Administración local y las corporaciones e instituciones que dependen de la comunidad autónoma. También reconoce el derecho de los ciudadanos a usar el catalán en sus relaciones con la Administración y la validez de las actuaciones hechas en cualquier lengua oficial. Como en el caso catalán, la Ley declara que los topónimos de las Islas Baleares tienen como única forma oficial la catalana. En el ámbito educativo, dispone que los alumnos tienen derecho a recibir la enseñanza en su lengua (catalán o español), que la lengua catalana debe ser enseñada en todos los niveles educativos y que cuando acaben la educación obligatoria los alumnos han de estar en condiciones de utilizar con normalidad los dos idiomas oficiales. Por lo que respecta a los medios de comunicación, la Ley declara que el catalán debe ser la lengua usual en las emisoras de radio y televisión y en los demás medios propios de la comunidad o sometidos a su gestión, y prevé medidas para fomentar el uso del catalán en las emisoras de radio y televisión privadas, el cine, el teatro y la edición. Finalmente, como en los otros dos casos, la Ley balear también dedica un capítulo a la acción normalizadora de los poderes públicos.

Sin duda, la Ley de Normalización Lingüística de Cataluña es la que ha sido desarrollada más intensamente de las tres, y también la única que ha sido sustituida por una nueva. Por lo que respecta a su desarrollo, es conveniente citar al menos los tres elementos siguientes:

- En el ámbito de la Administración autonómica, la Ley de la Función Pública de la Generalidad de Cataluña de 1985 dispone que en el proceso de selección de funcionarios se deberá acreditar el conocimiento oral y escrito de la lengua catalana (en las Islas Baleares esta exigencia apareció mucho más tarde, y en la Comunidad Valenciana todavía no existe), y un decreto de 1987 establece el uso general del catalán por parte de la Generalidad y delimita los dos supuestos básicos en los que deberá usar el español (cuando lo pida un administrado y cuando la documentación deba surtir efecto fuera del Dominio Lingüístico Catalán). (En las Islas Baleares se dictó un decreto casi idéntico en 1990, que hasta hace poco no había sido aplicado en su integridad, y en la Comunidad Valenciana no existe ninguna disposición de carácter general que regule el uso administrativo de las lenguas oficiales por parte de la Generalidad Valenciana.)

- En el sistema educativo, una serie de decretos de 1992 disponen que el catalán se utilizará "normalmente" como la lengua vehicular y de aprendizaje en la educación infantil, primaria y secundaria. Estos decretos terminaron de definir un modelo lingüístico-escolar caracterizado por una red escolar única en la que el catalán es la lengua habitual de instrucción para *todos* los alumnos y el español se mantiene como asignatura. (En la Comunidad Valenciana se practica lo que los especialistas llaman "separatismo lingüístico", también practicado en el País Vasco y en Galicia, que consiste en la existencia simultánea de líneas educativas, o grupos de alumnos, en valenciano y líneas educativas en español, y en las Islas Baleares se registra una lenta evolución hacia el modelo catalán.)

- Por lo que respecta a los medios de comunicación autonómicos, la Corporación Catalana de Radio y Televisión (CCRTV), creada en 1983, gestiona actualmente dos canales de televisión (TV3 y Canal 33/K3) y cuatro emisoras de radio (Catalunya Ràdio, Catalunya Informació, Catalunya Música y Catalunya Cultura), que emiten íntegramente en catalán. (En la Comunidad Valenciana los medios de la entidad pública Radio y Televisión Valencianas [RTVV] emiten sólo parcialmente en valenciano: mientras que Ràdio 9 y el segundo canal de televisión [Punt 2] emiten íntegramente en valenciano, el primer canal [Canal 9], que es de lejos el de mayor audiencia [16,7% de *share* televisivo frente al 2,0% de Punt 2, en setiembre de 2001], sólo emite en valenciano la mitad de su programación, y en el *prime time* esta proporción se reduce al 25% [los dos canales de Televisión Española, Antena 3 y Tele 5 prácticamente no emiten en valenciano]; en las Islas Baleares, por otra parte, todavía no existen canales de televisión ni emisoras de radio de titularidad autonómica; en Andorra el organismo público Radiotelevisión de Andorra [RTVA] gestiona las emisoras nacionales de radio y de televisión, íntegramente en catalán.)

La reforma de la Ley de Normalización Lingüística de Cataluña se produjo en 1997. La nueva ley recibió el nombre de Ley de Política Lingüística y entró en vigor el 29 de enero de 1998. Aparte de confirmar la posición del catalán en los tres ámbitos considerados hasta ahora (las instituciones autonómicas y la Administración local, el sistema educativo y los medios de comunicación de titularidad autonómica), la nueva ley extiende su acción a otros ámbitos, como las notarías y los registros públicos, las industrias culturales, los medios de comunicación privados o el ámbito socio-económico:

- En el caso de las notarías, la Ley fue desarrollada en el mismo año 1998 por medio de un decreto que obliga a los notarios a preguntar a sus clientes en qué lengua oficial prefieren que se otorguen los documentos y establece que se redacten en catalán cuando no se escoja expresamente una lengua.

- En el caso de las industrias culturales, el apartado de la Ley que prevé la posibilidad de cuotas de distribución y de exhibición para películas en catalán fue desarrollado por otro decreto de 1998. Tras una larga polémica, este decreto, que establecía una cuota del 50% para las películas con más de 16 copias distribuidas y del 25% para el conjunto de las películas, fue retirado en 2000 al llegarse a un acuerdo con las empresas del sector para incrementar significativamente la presencia del catalán en los cines.

- En el caso de los medios de comunicación privados, otro decreto de 1998 establece que en las emisoras de radio cuya concesión corresponda a la Generalidad debe ser en catalán al menos el 50% del tiempo de emisión y el 25% de la programación de música.

- En el caso del ámbito socio-económico, finalmente, la Ley aplica la fórmula "al menos en catalán" a documentos bancarios como los cheques, a las comunicaciones de las empresas a sus clientes, a la señalización fija y los documentos de oferta de servicios en los comercios y a la señalización interior de los centros de trabajo.

A pesar de esta nueva Ley, algunos ámbitos continúan resistiéndose a una efectiva catalanización lingüística. Las fuerzas armadas, las fuerzas y cuerpos de seguridad del Estado (Policía Nacional, Guardia Civil), la Administración de justicia y la Administración periférica del Estado son, por este orden, los que registran un uso menor del catalán. En el caso de la Administración de justicia, diferentes estimaciones sitúan la proporción de juicios celebrados en catalán en Cataluña entre el 2% y el 5%. Cabe señalar que en el año 2000 la Generalidad puso en marcha un ambicioso plan de catalanización de la justicia que empezó con un plan piloto en el que diferentes oficinas judiciales de Cataluña se ofrecieron voluntariamente para desarrollar su trabajo diario en lengua catalana.

EL CONOCIMIENTO DEL CATALÁN EN LA ACTUALIDAD

A continuación examinaremos los datos básicos disponibles sobre el conocimiento del catalán en los diferentes territorios donde se habla. Antes de empezar es necesario señalar que en la actualidad sólo se elaboran censos lingüísticos (es decir, encuestas que abarcan a *toda* la población) en las comunidades autónomas de Cataluña, las Islas Baleares y la Comunidad Valenciana. En realidad, estos censos lingüísticos no son censos específicos, sino una serie de preguntas sobre el conocimiento del catalán que se añaden a las variadas preguntas del censo general de habitantes de España.

Así pues, si omitimos la zona de El Carche, el único territorio catalanohablante de España sin censo lingüístico es la Franja de Aragón (sólo existen datos poco fiables de 1981). En este caso, es necesario acudir a estudios como el informe *Euromosaic* (1996), de la Unión Europea, que estimaba los catalanófonos de la zona en cerca del 90% de la población, o a encuestas ocasionales, como la que realizó en 1994 un equipo de la Universidad de Zaragoza por encargo del Gobierno de Aragón. A pesar de cierta divergencia entre los resultados de ambos estudios, no hay duda de que es la región del dominio lingüístico con mayor porcentaje de conocimiento del catalán por parte de la población. La tabla 15 resume los datos sobre conocimiento del catalán (y del español) que proporcionaba dicho estudio.

Tabla 15. Conocimiento del catalán y del español en la Franja de Aragón (1994)

	% catalán	% español
Lo entiende	100	100
Lo habla	99,03	99,23
Lo lee	56,15	99,8
Lo escribe	10,38	99,42

Fuente: M. Antonia Martín Zorraquino et al. (1995). Estudio sociolingüístico de la Franja Oriental de Aragón. *Zaragoza: Universidad de Zaragoza. ISBN 84-600-9148-1*

Tabla 16. Grado de conocimiento del catalán, del español
y del francés en Andorra (1995-1999)

	Catalán		Español		Francés	
	1995	1999	1995	1999	1995	1999
Perfectamente	18,6	29,3	47,8	57,8	19,1	19,6
Bastante/muy bien	58,7	46,9	46,9	37,4	34,0	30,5
Ni bien ni mal	5,0	5,2	2,1	1,6	8,3	8,4
Muchas/ciertas dificultades	14,9	17,9	2,6	2,8	13,2	15,8
Nada	2,8	0,7	0,6	0,4	25,4	25,5

Fuente: Francesc Camp (2000). Projecte coneixements i usos lingüístics de la població d'Andorra. Situació actual i evolució 1995-1999. Informe de resultats principals. *Andorra: Servei de Política Lingüística.*

En los territorios catalanohablantes de fuera de España tampoco existen censos lingüísticos y se ha de recurrir también a encuestas y estimaciones. En Andorra, de encuestas realizadas en 1995 y en 1999 se desprende que el conocimiento del español supera al del catalán, a pesar de que el catalán es la única lengua oficial del Estado. La tabla 16 resume los datos sobre conocimiento del catalán, del español y del francés que proporcionan dichas encuestas, de acuerdo con una escala que oscila entre "perfectamente" y "nada", que reúne las cuatro habilidades lingüísticas ('entiende', 'habla', 'lee', 'escribe').

Como puede verse, el porcentaje de los habitantes de Andorra que conocen bien el español supera ampliamente el de los que conocen bien el catalán, y el porcentaje de aquellos que no saben catalán es seis veces mayor que el de los que no saben español. Sin embargo, un dato importante que no queda reflejado en esta tabla es que en Andorra los jóvenes tienen un conocimiento del catalán que se acerca a los niveles del español.

Para el caso del departamento francés de los Pirineos Orientales, o Cataluña Norte, la fuerte tradición jacobina de la República Francesa no ha estimulado históricamente el interés gubernamental por el conocimiento de la realidad de las lenguas de Francia diferentes del francés. Por ello, no ha sido hasta muy recientemente en que por primera vez en la historia de este país se han publicado estimaciones oficiales y fiables respecto a los efectivos de locutores de las demás lenguas de la República. Así, los datos (2002) de los estudios ya citados a cargo de dos organismos dependientes del Gobierno de Francia (el Instituto Nacional de Estadística y Estudios Económicos-INSEE y el Instituto Nacional de Estudios Demográficos-INED), aunque todavía no desarrollados regionalmente, han permitido la primera aproximación oficial a la situación del catalán de Francia. Gracias a ellos ya podemos conocer, por ejemplo, el número estimado de catalanohablantes franceses *adultos* en 1999 (132.000 personas; es decir, un 34,2% de la población de los Pirineos Orientales), o bien el número de franco-catalanes (199.000 personas) cuyo padre, madre, o ambos, hablaba la lengua catalana con el encuestado hacia sus 5 años de edad, es decir una generación atrás, ya fuera de manera ocasional (el 53,4% de los hablantes) o habitual (el 46,6%). Estos datos vienen a confirmar los resultados de sendas encuestas realizadas en 1993 y 1997. En la tabla 17 podemos ver, algo simplificados, los datos evolutivos proporcionados por estos dos estudios sobre el porcentaje de personas que conocían el catalán en dichos años.

Tabla 17. Conocimiento del catalán en los Pirineos Orientales (1993-1997)

	1993	1997
Lo entiende	63,2	55
Lo habla	48,6	34
Lo lee	46,2	39
Lo escribe	10,4	11

Fuente: Média Pluriel Méditerranée (s.f.). Rapport d'étude. Catalan. Pratiques et représéntations dans les Pyrénées Orientales. *Montpellier: Région Languedoc-Roussillon. Média Pluriel Méditerranée (1998), op. cit.*

En este punto cabe señalar que, a diferencia de lo que sucede en Andorra, en los Pirineos Orientales los jóvenes son los que tienen un conocimiento *menor* del catalán, lo que junto al descenso general del porcentaje en las habilidades lingüísticas plantea serias dudas sobre la transmisión de la lengua a las próximas generaciones en esta parte del dominio lingüístico (véase el siguiente capítulo).

En cuanto al catalán de El Alguer, en Italia, estimaciones realistas sitúan su conocimiento actual, como hemos dicho, en torno al 20%-25% de la población (es decir, unos 10.000 habitantes). Según los datos disponibles, el catalán alguerés parece haber entrado en una situación cuasi terminal. Si todavía hace 25 años el 75% de las madres algueresas hablaban en catalán a sus hijos, los datos del año 2000 indican que este porcentaje había descendido al 1,7%: esto quiere decir, en otras palabras, que si las circunstancias no cambian sustancialmente, hacia el año 2050 los 11.000 alguereses, como máximo, que deben de saber catalán en la actualidad pueden haberse convertido en una minoría de algún centenar de personas, como mucho, inmersos en una localidad que posiblemente tenga no menos de 50.000 habitantes.

Hechas estas apreciaciones, es el momento de considerar los datos disponibles de los censos lingüísticos del período 1981-1996 sobre el conocimiento del catalán en Cataluña, las Islas Baleares y la Comunidad Valenciana, que se recogen en las tablas 18, 19 y 20. (El censo de 1981, que sólo preguntaba sobre la capacidad de *entender* el catalán, así como el de 1996, se efectuaron únicamente en Cataluña.) Como puede verse, Cataluña es la zona del Dominio Lingüístico Catalán donde los porcentajes de personas que conocen el catalán son mayores. En 1996 sólo había 301.000 catalanes (el 5% del total) que no entendían el catalán.

Tabla 18. Conocimiento del catalán en Cataluña
(1981-1996; incluyendo el Valle de Arán, occitanohablante)

	1981	**1986**	**1991**	**1996**
Lo entiende	81,0	90,6	93,8	95,0
Lo sabe hablar		64,2	68,3	75,3
Lo sabe leer		60,7	67,6	72,4
Lo sabe escribir		31,6	39,9	45,8

Fuente: Censo lingüístico. Jaume Farràs, Joaquim Torres y F. Xavier Vila (2000). El coneixement del català 1996. Mapa sociolingüístic de Catalunya. Barcelona: Departamento de Cultura de la Generalidad de Cataluña. ISBN 84-393-5273-5

Tabla 19. *Conocimiento del catalán en la Comunidad Valenciana*
(1986-1991; incluyendo sus 11 comarcas castellanohablantes)

	1986	1991
Lo entiende	77,1	82,1
Lo sabe hablar	49,4	50,6
Lo sabe leer	24,3	37,7
Lo sabe escribir	7,0	15,1

Fuente: Censo lingüístico. Modest Reixach (director) (1997). El coneixement del català. Anàli-si de les dades del cens lingüístic de 1991 de Catalunya, les Illes Balears i el País Valencià. Barcelona: Departamento de Cultura de la Generalidad de Cataluña. ISBN 84-393-4201-2

Tabla 20. *Conocimiento del catalán en las Islas Baleares (1986-1991)*

	1986	1991
Lo entiende	89,6	88,8
Lo sabe hablar	70,8	66,7
Lo sabe leer	46,0	55,0
Lo sabe escribir	16,6	25,9

Fuente: Censo lingüístico. Modest Reixach (1997), op. cit.

Si analizamos estos datos por edades, podemos darnos cuenta de que los jóvenes presentan índices de conocimiento mucho mayores que los adultos, gracias a su paso por un sistema educativo relativamente catalanizado lingüísticamente. En la tabla 21 pueden verse los porcentajes correspondientes a la capacidad de entender, hablar, leer y escribir el catalán en Cataluña del año 1996. Como se puede comprobar, el conocimiento del catalán de los jóvenes catalanes supera ampliamente al de los adultos en las cuatro habilidades comunicativas. (Aunque aquí no examinaremos los datos, hay que señalar que esta circunstancia se repite tanto en la Comunidad Valenciana como en las Islas Baleares.)

Tabla 21. Conocimiento del catalán por edades en Cataluña (1996)

	Lo entiende	Lo sabe hablar	Lo sabe leer	Lo sabe escribir
2-4	90,0	54,2	14,7	8,8
5-9	98,3	86,2	73,9	54,9
10-14	99,2	95,3	94,5	87,2
15-19	99,0	94,6	94,0	87,5
20-24	98,5	91,9	91,3	81,4
25-29	97,6	84,7	85,4	67,4
30-34	97,1	78,5	80,1	50,8
35-39	96,8	74,7	76,1	39,4
40-44	96,3	70,8	71,9	33,9
45-49	95,6	67,2	67,8	29,6
50-54	94,4	62,8	62,5	25,0
55-59	92,6	59,8	57,4	20,7
60-64	91,6	61,4	57,5	20,3
65-69	90,4	63,4	58,3	21,9
70-74	88,7	65,0	59,6	26,2
75-79	86,4	64,9	57,6	24,0
80-84	84,9	65,8	55,7	22,0
85 y más	83,9	66,6	52,4	20,3
TOTAL	95,0	75,3	72,4	45,8

Fuente: Censo lingüístico. Jaume Farràs, Joaquim Torres y F. Xavier Vila, (2000), op. cit.

EL USO DEL CATALÁN EN LA ACTUALIDAD

C abe señalar que los censos lingüísticos que se utilizan en España se refieren exclusivamente al *conocimiento* de la lengua. Para conocer datos sobre el *uso* del catalán hay que acudir a otras fuentes. En este apartado examinaremos los datos sobre el uso lingüístico personal que proporcionan fuentes como por ejemplo los estudios del Centro de Investigaciones Sociológicas (CIS, organismo que depende de la Presidencia del Gobierno de España), las principales estadísticas sobre el uso del catalán en productos culturales y, finalmente, los datos sobre el uso del catalán en el sistema educativo en general y en el mundo universitario en particular.

USO LINGÜÍSTICO PERSONAL

Las encuestas del Centro de Investigaciones Sociológicas contienen una pregunta sobre la lengua que utilizan habitualmente los entrevistados en una serie de situaciones cotidianas. En la tabla 22 pueden verse los datos de los estudios 2298, 2299 y 2300, realizados en 1998, referidos respectivamente a Cataluña, las Islas Baleares y la Comunidad Valenciana.

Tabla 22. Porcentaje de uso del catalán en determinadas situaciones (1998)

	Cataluña	Islas Baleares	Comunidad Valenciana
Cuando habla con los que viven en su casa	46	51	31
En las tiendas al ir de compras	52	51	29
Cuando contesta al teléfono	47	43	23
Cuando escribe una carta a un amigo que conoce el catalán	39	20	9
Cuando pregunta algo en la calle a un desconocido	49	40	21
Cuando pregunta algo a un policía municipal	47	48	23
Cuando va al banco	52	51	27
Cuando toma notas para su propio uso	38	19	9
En el trabajo, en el lugar de estudios	48	40	25

Fuente: Miquel Siguán (1999). Conocimiento y uso de las lenguas. Madrid: Centro de Investigaciones Sociológicas. ISBN 84-7476-275-8 (Recuérdese que los datos de la Comunidad Valenciana corresponden a todo su territorio, incluido el que no forma parte del Dominio Lingüístico Catalán.)

Como se puede comprobar, Cataluña es la zona del dominio lingüístico donde más se utiliza esta lengua. Resumiendo los datos, podemos decir que la mitad de la población de Cataluña usa habitualmente el catalán. Las cifras de las Islas Baleares son comparables en casi todos los casos, excepto los que comportan el uso de la escritura ("Cuando escribe una carta a un amigo que conoce el catalán" y "Cuando toma notas para su propio uso"), mientras que los porcentajes de la Comunidad Valenciana son siempre significativamente inferiores.

Los estudios del Centro de Investigaciones Sociológicas también contienen preguntas sobre el uso de las lenguas en el seno de las familias. Estas preguntas permiten acercarse a la cuestión de la transmisión intergeneracional de las lenguas, que es un indicador básico sobre su vitalidad. Si comparamos la lengua que los entrevistados hablaban en su casa cuando eran niños con la que consideran actualmente su lengua principal, se observa un ligero avance del catalán en Cataluña y un ligero retroceso en las Islas Baleares, mientras que en la Comunidad Valenciana se da una evolución poco definida (tabla 23):

Tabla 23. Lengua del hogar infantil y lengua principal actual (1998)

	Cataluña		Islas Baleares		Comun. Valenciana	
	Lengua del hogar infantil	Lengua principal actual	Lengua del hogar infantil	Lengua principal actual	Lengua del hogar infantil	Lengua principal actual
Catalán	38	41	51	41	31	29
Español	54	43	43	47	63	63
Las dos	7	16	4	12	5	8
Otra	1		2		1	

Fuente: Siguán (1999), op. cit.

Otra manera de acercarse a la transmisión intergeneracional de las lenguas consiste en comparar la lengua que los entrevistados hablan o hablaban con sus padres con la lengua que hablan con sus hijos. En el caso de Cataluña (pero no así en las Islas Baleares ni en la Comunidad Valenciana) se observa un claro deslizamiento hacia el catalán (tabla 24). Estos datos han sido confirmados por otros estudios de alcance más restringido. Entre estos estudios conviene destacar la Encuesta Metropolitana de Barcelona, que en su edición de 1995 comprendió los 162 municipios de la Región Metropolitana de Barcelona (RMB), donde viven 4,2 millones de habitantes (el 70% de la población de Cataluña) (tabla 25).

Tabla 24. Lengua hablada con los padres y con los hijos en Cataluña (1998)

	Lengua hablada con el padre	Lengua hablada con la madre	Lengua hablada con los hijos
Catalán	41	41	48
Español	57	57	46
Las dos	1	1	6
Otra	1	1	

Fuente: Centro de Investigaciones Sociológicas. Elaboración propia.

Tabla 25. Lengua hablada con los padres y con los hijos
en la Región Metropolitana de Barcelona (1995)

	Lengua hablada con el padre		Lengua hablada con la madre		Lengua hablada con los hijos	
	Barcelona ciudad	*RMB*	*Barcelona ciudad*	*RMB*	*Barcelona ciudad*	*RMB*
Catalán	39,1	33,3	39,6	33,4	46,9	37,8
Español	57,4	63,9	57,4	64,1	46,0	56,1
Las dos	1,6	1,2	1,2	1,0	6,7	5,8
Otra	1,6	1,3	1,7	1,4	0,4	0,3

Fuente: Lucía Baranda (coordinadora) (1996). Enquesta de la Regió Metropolitana de Barcelona 1995. Barcelona: Institut d'Estudis Metropolitans de Barcelona.

A propósito de la transmisión intergeneracional de las lenguas, cabe recordar que éste fue uno de los indicadores que utilizó la Comisión Europea en su estudio *Euromosaic* sobre la vitalidad de los grupos lingüísticos minoritarios de la Unión (1996), que situó al catalán hablado en Cataluña en el puesto número 3 de una clasificación de 48 casos, encabezada por el alemán en Bélgica y el luxemburgués.[24] El catalán de la Comunidad Valenciana obtuvo el puesto número 7; el de las Islas Baleares, el 12; el de la Franja de Aragón, el 23; el de los Pirineos Orientales, el 25; y el de El Alguer, el 28 (el caso de Andorra no fue estudiado, dado que el Principado no forma parte de la Unión Europea). Por otro lado, según la segunda edición del *Atlas of the World's Languages in Danger of Disappearing* de la UNESCO, presentada con motivo del Día Internacional de la Lengua Materna (2002), entre las lenguas habladas en el Reino de España el catalán "está siendo progresivamente reforzado", aunque recoge que también hay quienes lo ven "potencialmente en peligro". (Por contra, dicho informe considera que el gallego y el vasco corren peligro de desaparecer, a pesar de ser lenguas oficiales en sus territorios; que el occitano del Valle de Arán, o aranés, que también goza de estatus de oficialidad, corre mucho peligro; y que el aragonés, el asturiano y el leonés se encuentran seriamente en peligro. En lo tocante a Francia, manifiesta que 14 lenguas o variedades lingüísticas del país

---

[24] En relación con este punto, es oportuno mencionar que según la Encuesta Europea de Valores del año 2000 el catalán era la lengua preferida por los catalanes. A la pregunta de qué lengua les gustaría saber y desearían que supiesen sus hijos, el 54% de los entrevistados señaló en primer lugar la lengua catalana.

están en serio peligro de extinción. La UNESCO subraya en dicho *Atlas* que las circunstancias de las lenguas en peligro empeoran a menudo si las autoridades no estimulan el uso de estas lenguas minoritarias en la escuela, la Administración o los medios de comunicación.)

Por lo que respecta al uso del catalán en los demás territorios del Dominio Lingüístico Catalán, es necesario acudir a otro tipo de estudios. Para el caso de la Franja de Aragón, la encuesta anteriormente citada (de 1994) reveló que el uso oral del catalán es ampliamente mayoritario en el ámbito familiar, en las relaciones con los vecinos, en el trabajo, en las tiendas y en el bar, pero desciende notablemente en los ámbitos más formales (el Ayuntamiento, la asistencia sanitaria, la iglesia y las reuniones públicas), y desaparece prácticamente en el uso escrito.

La crítica situación de la lengua catalana en la Cataluña francesa se puede colegir de la encuesta censal "Historia de la vida familiar" (1999) llevada a cabo por los precitados INSEE e INED. Los estudios resultantes han posibilitado cuantificar la frecuencia de *uso* en la relación de los padres con sus hijos hace una generación, que ya entonces, como se ha visto, era más ocasional (106.000 hablantes) que habitual (93.000). Dicha encuesta también ha confirmado la considerable regresión de la lengua catalana en los Pirineos Orientales en el espacio de una sola generación: solamente el 30% de los padres (varones) declaraba en 1999 haber hablado a sus hijos el catalán recibido de sus propios padres.[25]

En cuanto a Andorra, las encuestas anteriormente citadas revelan que el catalán es la lengua más utilizada en las relaciones informales, si bien ha cedido terreno al español en los últimos años (tabla 26). En el mundo socioeconómico, el uso del catalán también ha perdido terreno, como se puede ver en la tabla 27.

---

[25] Sobre este particular, el alsaciano, la lengua *regional* de Francia más robusta en este aspecto, mantenía una tasa de transmisión intergeneracional del 53%; el vasco y el corso, del 42% y el 34% respectivamente, mientras que la situación era más crítica, entre otros, para el bretón, el neerlandés y el occitano, con una tasa de alrededor del 10%. Sin embargo, el panorama es aún más alarmante —por no decir gravísimo o irreversible— para la conservación de la diversidad lingüística de Francia de lo que parecería desprenderse de estos datos: en realidad, según dicha encuesta, en el conjunto del país, sólo el 3% de los adultos con niños nacidos entre 1980 y 1990 declararon hablarles una lengua *regional* (cabe señalar que según el *Atlas of the World's Languages in Danger of Disappearing* de la UNESCO [2001] una lengua está en serio peligro de extinción cuando es aprendida por menos del 30% de la población infantil.)

*Tabla 26. Lengua más utilizada en Andorra
en las relaciones informales (1995-1999)*

	Catalán		Español		Francés	
	1995	1999	1995	1999	1995	1999
En casa	46,7	37,9	29,5	34,2	6,6	6,3
Con los amigos	45,5	37,5	24,5	29,4	6,0	4,3
En el trabajo	48,2	38,8	31,5	37,9	6,2	4,5

Fuente: Francesc Camp (2000), op. cit.

Tabla 27. Usos lingüísticos en el mundo socioeconómico en Andorra (1995-1999)

	Siempre catalán		Siempre español		Siempre francés	
	1995	1999	1995	1999	1995	1999
Cuando va al médico o dentista	57,6	50,4	24,6	28,5	9,2	6,1
Cuando va a comprar a unos grandes almacenes	29,2	13,3	44,0	39,5	1,0	0,7
Cuando va a comer a un restaurante	38,2	29,3	31,8	31,1	2,5	1,8
Cuando coge el taxi o el autobús	34,9	26,2	49,7	44,6	0,6	0,4
Cuando va a comprar a una tienda	46,0	27,4	29,2	29,5	3,1	0,5
Cuando va a tomar alguna cosa a un bar, pub, discoteca...	33,2	23,6	37,2	41,5	2,5	1,1
Cuando va al banco o a una compañía de seguros	67,2	67,8	23,2	17,8	5,8	2,3
Cuando va al barbero o a la peluquería	42,7	36,9	39,5	49,3	7,8	4,5

Fuente: Francesc Camp (2000), op. cit.

Hay que resaltar que en Andorra, salvo en un par de casos, el terreno cedido por el catalán no ha sido ocupado por el español, sino por el uso del bilingüismo catalán-español. Una conclusión interesante que se extrae de estos datos sobre Andorra es que la oficialidad exclusiva de una lengua (en este caso el catalán) *no* garantiza automáticamente que su uso sea claramente preponderante en las relaciones sociales.

ESTADÍSTICAS CULTURALES

Para hacerse una idea más completa de la vitalidad del catalán, es oportuno echar una ojeada a las estadísticas culturales, como las de la producción editorial y las de la difusión de los medios de comunicación de masas. En la tabla 28 se puede observar la producción editorial en catalán durante el período 1994-1998.

Tabla 28. Producción editorial. 1994-1998. Libros y folletos:
títulos y ejemplares editados en España (por idiomas)

	Catalán	Español	Otros	Total	% Catalán/Total
Títulos					
1994	5.312	35.441	3.508	44.261	12,0
1995	5.904	38.457	4.106	48.467	12,2
1996	5.236	36.896	4.198	46.330	11,3
1997	5.965	38.300	4.448	48.713	12,2
1998	6.821	44.084	4.869	55.774	12,2
Ejemplares (en millares)					
1994	13.737	154.294	12.510	180.181	7,6
1995	16.552	163.580	14.512	194.644	8,5
1996	15.972	160.029	16.018	192.019	8,3
1997	15.700	155.782	15.027	186.509	8,4
1998	20.173	200.194	16.443	236.810	8,5

Fuente: Anuari estadístic de Catalunya 2000 *(2000). Barcelona: Institut d'Estadística de Catalunya. ISBN 84-393-5184-4, ISSN 1130-166-X*

La mayor parte de esta producción editorial española se concentra en Cataluña, y más concretamente en la ciudad de Barcelona, que se mantiene como la capital editorial de España. En 1998 las editoriales de Cataluña habían producido 22.780 títulos, un tercio de los cuales en catalán. La producción editorial en catalán en los territorios catalanohablantes de fuera de España es poco significativa cuantitativamente.

En relación a la producción editorial, un hecho no muy conocido es la excelente posición internacional de que goza la lengua catalana en lo tocante al campo de las traducciones. Según el *World Culture Report 2000* de la UNESCO, con datos de 1994, de las 90 primeras lenguas del mundo sobre las que informa a este respecto, el catalán ocupa en términos *absolutos* la plaza número 10 entre las lenguas más traducidas a otras, por delante de idiomas tan consolidados como el checo, el polaco, el japonés, el portugués y el noruego, e incluso por delante de dos con un número tan imponente de hablantes como el chino y el árabe. La lengua más traducida es el inglés (con 28.646 títulos a otros idiomas), seguida a distancia del francés (5.661), alemán (4.667), español (1.708), italiano (1.494), ruso (1.193), sueco (810), neerlandés (441) y danés (370); con esta última lengua el catalán se encuentra prácticamente en una posición *ex aequo* (369

María Dolores Montero Sánchez

LA INFORMACIÓ PERIODÍSTICA I LA SEVA INFLUÈNCIA SOCIAL

Manuals de la Universitat Autònoma de Barcelona

David Jou

MECÀNICA ESTADÍSTICA I BIOLOGIA MOLECULAR

Manuals de la Universitat Autònoma de Barcelona

Manuales en catalán de nivel universitario. Superada la Dictadura del general Franco, la lengua catalana recupera de nuevo los diversos usos de un idioma de cultura, desde los más coloquiales hasta los más formales, incluyendo su uso oficial, todos los niveles de la enseñanza y los distintos campos de la ciencia y el pensamiento.

títulos traducidos del catalán, añadidos los 25 de la categoría oficial "valenciano").
En cuanto a la *proporción* entre el número de traducciones y el de hablantes, las cifras son aún si cabe más significativas: aquí el catalán se encuentra en un excelente lugar número 5 entre las 90 lenguas más traducidas del mundo (con 49,9 traducciones por millón de hablantes), sólo por detrás del sueco (98,2), el inglés (88,1), el francés (87,1) y el danés (70,5), y por encima de lenguas tan importantes como el alemán (46,7), el italiano (25,7), el mismo español (5,7) o el portugués (2,1). (Un indicador equiparable sobre la vitalidad del catalán en el concierto mundial de las lenguas se da también, como veremos en este capítulo, respecto a su presencia en Internet.)

En la tabla 29 se pueden observar los datos sobre la difusión de la prensa diaria en Cataluña, que es la única zona del Dominio Lingüístico donde el catalán tiene una presencia importante en este ámbito, aunque en las Islas Baleares existe un diario publicado íntegramente en catalán (*Diari de Balears*) y dos en Andorra (*Diari d'Andorra* y *El Periòdic d'Andorra*). En la Comunidad Valenciana, la Franja de Aragón, los Pirineos Orientales y El Alguer no hay ningún diario íntegramente en catalán, si bien casi todos los diarios que existen publican como mínimo alguna página en catalán, de manera regular o esporádicamente.

Tabla 29. *Difusión de la prensa diaria editada en Cataluña (1994-1998; tirada media)*

	1994	1995	1996	1997	1998
Diarios en catalán:					
Avui	36.281	40.864	36.276	33.162	32.700
El Punt	15.302	17.894	18.555	20.931	21.700
Regió 7	8.214	8.692	8.500	8.543	9.017
Diari de Girona	7.096	5.945	5.395	5.915	6.075
El 9 Nou		1.262	2.105	2.110	2.116
Diarios en español:					
La Vanguardia	191.330	192.854	186.534	197.810	199.024
El País	57.606	62.046	55.994	57.458	56.206
El Mundo	12.497	18.580	17.357	19.091	17.645
Diari de Tarragona	12.224	12.600	12.982	12.956	13.253
Diari de Sabadell	7.143	6.706	6.558	6.236	6.223
La Mañana	6.356	5.908	5.762	5.918	5.807
Diario de Terrassa	5.704	5.466	5.559	5.447	5.263

Fuente: Anuari estadístic de Catalunya 2000, op. cit.

En la tabla 30 se pueden observar las tiradas de los dos diarios inicialmente en español, publicados posteriormente en dos versiones: una en español y otra en catalán; en la tabla 31 se resumen las tiradas de todos los diarios de Cataluña, por idiomas.

El salto significativo en el número de ejemplares en catalán registrado a partir de 1997 se debe al cambio experimentado por el mayor diario de Cataluña, *El Periódico*, que dejó de publicarse exclusivamente en español para pasar a hacerlo en dos ediciones simultáneas con idéntico contenido, una en catalán y otra en español. El diario leridano *Segre*, que pertenece al mismo grupo empresarial, experimentó el mismo cambio. De los 157.919 ejemplares en catalán de 1998, 81.364 corresponden a *El Periódico* y 4.947 a *Segre*. Los 71.608 restantes corresponden al diario *Avui* (el primer diario en catalán de la democracia, fundado en 1976) y a cuatro diarios locales de menor difusión (*Regió 7* [1978], *El Nou 9* [1978], *El Punt* [1979] y *Diari de Girona* [1990]). A la prensa diaria se han añadido entre 2001 y 2002 *El 9*, el primer diario deportivo en catalán; y dos diarios gratuitos, *Metro Directe* y *20 minutos de Barcelona y m@s*, cuyas casas matriz no son españolas, y que publican sus textos tanto en catalán como en español.

Entre los diarios electrónicos, destaca *Vilaweb* <www.vilaweb.com>, el quinto diario generalista por Internet más visitado de España, inmediatamente después de *El País*, *ABC* y *El Mundo* (de Madrid) y *La Vanguardia* (de Barcelona),

Tabla 30. Tiradas de los diarios publicados a partir de 1997 en dos versiones

| | 1994 | 1995 | 1996 | 1997 | | 1998 | |
	Español	Español	Español	Catalán	Español	Catalán	Español
El Periódico	188.504	209.436	205.270	19.164	181.855	81.364	120.963
Segre	11.896	12.188	12.254	1.393	10.824	4.947	7.873

Fuente: Anuari estadístic de Catalunya 2000, op. cit.

Tabla 31. Resumen de las tiradas de todos los diarios de Cataluña

	1994	1995	1996	1997	1998
TOTAL	560.153	600.441	579.101	588.742	590.446
En catalán	66.893	74.657	70.831	91.218	157.919
En español	493.260	525.784	508.270	497.524	432.527
% Catalán/Total	11,9	12,4	12,2	15,5	26,7

Fuente: Anuari estadístic de Catalunya 2000, op. cit.

AVUI

DIMARTS, 15 D'OCTUBRE DEL 2002

ANY XXVII · N. 8996 · 1 EURO

1 € DIMARTS 15 D'OCTUBRE DEL 2002 · CONSELL DE CENT 425-427 BARCELONA. TEL. 93.265.53.53 · www.elperiodico.com www.zetazeta.com · DIRECTOR ANTONIO FRANCO · GRUPO ZETA

el Periódico de Catalunya

amb l'Any Gaudí

dt. 15

Diari de Balears

digital www.diaridebalears.com

Dilluns, 14 d'octubre del 2002. Any LXIII. Núm. 20.684. Preu: 1 €. Passeig de Mallorca, 9a. Tel. 971.78.83.00. Palma

Dimarts 15
Octubre del 2002
Número 7866. Any XXIV
Telèfon 972 18 64 00
Fax 972 18 64 20
girona@elpunt.com
www.elpunt.com

EL PUNT

DIARI INDEPENDENT, CATALÀ, COMARCAL I DEMOCRÀTIC

EDICIÓ
COMARQUES
GIRONINES
Número 2341
Any VII
1 euro amb EL9

Diari d'Andorra

Any XI · Número 3.834   DIMARTS, 15 D'OCTUBRE DEL 2002   Preu: 1 euro

Cabecera de algunos diarios en catalán: *Avui* (Barcelona), *El Periódico de Catalunya* (Barcelona), *Diari de Balears* (Palma), *El Punt* (Gerona) y *Diari d'Andorra* (Andorra). La lengua catalana tiene una notable presencia en la prensa diaria, en especial en Cataluña. Otras publicaciones periódicas, como la infantil *Revista dels Súpers* o la revista de información general *El Temps,* tiran también decenas de miles de ejemplares.

y que a diferencia de los anteriores, editados en español y en papel, se publica en catalán y sin una edición impresa paralela. El portal Vilaweb, fundado en 1995, mantiene abiertas, además, un centenar de ediciones locales a lo largo de todo el Dominio Lingüístico Catalán.

En la prensa no diaria el catalán también hace progresos. Según los datos de la Asociación de Publicaciones Periódicas en Catalán, en septiembre de 1999 había 95 publicaciones de ámbito no local, con títulos tan significativos como la *Revista dels Súpers*, una revista infantil relacionada con un popular programa televisivo (40.000 ejemplares); *El Temps*, un semanario de información general leído en todo el Dominio Lingüístico Catalán, cuya redacción principal se encuentra en la ciudad de Valencia (30.000 ejemplares); *Presència*, una antigua revista gerundense convertida en el suplemento dominical del diario *El Punt* (28.000 ejemplares); *Descobrir Catalunya*, una revista mensual de viajes (22.000 ejemplares); *Cavall Fort*, una histórica revista quincenal para niños y jóvenes (14.000 ejemplares); *Serra d'Or*, una revista mensual de alta cultura (10.000 ejemplares) y las diversas hojas diocesanas de Cataluña y Baleares, dominicales y mayoritariamente en catalán, entre las que destaca el *Full*

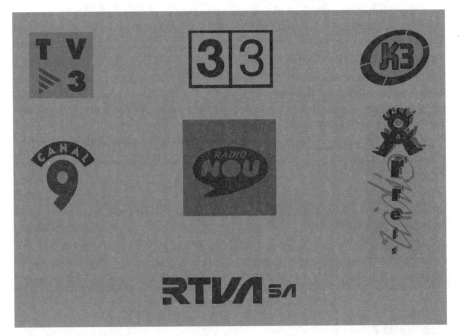

Logotipos de algunas emisoras de radio y televisión en catalán: TV3 y Canal 33/K3 (Generalidad de Cataluña); Ràdio y Televisió Valenciana Canal 9 y Ràdio 9 (Generalidad Valenciana); Ràdio Arrels (Cataluña francesa, privada) y Ràdio i Televisió d'Andorra (Gobierno de Andorra).

Tabla 32. Horas de programación de televisión en catalán de las cadenas terrestres generales que se reciben en Cataluña (2000)

	Horas semanales de programación	Horas semanales en catalán	% de programación en catalán
TV3	168	168	100,0%
Canal 33/K3	133	133	100,0%
La 2	163	23	14,1%
TVE1	168	4	2,4%
Antena 3	168	4	2,4%
Tele 5	168	4	2,4%
Canal Plus	168	0	0,0%
TOTAL	1.136	336	29,6%

Fuente: Informe sobre política lingüística. Any 2000. *Dirección General de Política Lingüística* (Generalidad de Cataluña).

Tabla 33. Reparto de la audiencia televisiva por cadenas en Cataluña (1999)

	Televisión Española		Televisió de Catalunya		Televisiones privadas			Otras
	TVE1	La 2	TV3	Canal 33/K3	Antena 3	Tele 5	Canal Plus	
Share de tiempo visto anual (%)	18,1	6,3	22,1	5,2	22,2	20,4	2,3	3,2
TOTAL	24,4		27,3		42,6			3,2

Fuente: Anuari estadístic de Catalunya 2000, op. cit.

Diocesà de la archidiócesis de Barcelona, con varias decenas de miles de ejemplares de tirada.

Por lo que respecta a la televisión, también es Cataluña la comunidad donde la presencia del catalán es más notable. En Cataluña se ven normalmente siete cadenas terrestres de televisión, dos de las cuales (TV3 y Canal 33/K3) son de titularidad autonómica y emiten íntegramente en catalán, como se ha señalado anteriormente. Las demás emiten en catalán una parte muy pequeña de su programación, como se puede ver en la tabla 32.

En la tabla 33 se pueden observar los datos sobre el reparto de la audiencia televisiva en Cataluña correspondientes a 1999. Según estos datos, TV3 tiene un *share* de tiempo visto anual (reparto porcentual de la audiencia, estimado a partir del tiempo de visión de cada cadena, obtenido en el transcurso de un año) mayor que TVE1 y similar al de Antena 3.

Cataluña también dispone de cuatro emisoras de radio de titularidad autonómica que emiten íntegramente en catalán: por orden de creación, son Catalunya Ràdio (1983), Catalunya Música (1987), Catalunya Informació (1992) y Catalunya Cultura (1999). (RAC 105, actualmente de titularidad privada, fue gestionada como emisora pública entre 1985 y 1998.) Según el Estudio General de Medios, Catalunya Ràdio es la emisora más escuchada en Cataluña desde 1994, con más de medio millón de oyentes diarios. Por lo que respecta a las emisoras de radio municipales, las cerca de 200 existentes en Cataluña emiten en catalán el 80% de su programación y son seguidas por más de 100.000 oyentes cada día. La aplicación de la Ley de Política Lingüística también ha hecho posible una presencia importante del catalán en las emisoras de radio *privadas*. En 2000 el 71% de las emisoras comerciales emitían en catalán más de la mitad de su programación.

Aunque no disponemos de datos sobre ello, es oportuno añadir que los dos canales de Televisió de Catalunya (TV3 y Canal 33/K3), así como Catalunya Ràdio, también se reciben con normalidad en la Comunidad Valenciana, en las Islas Baleares, en la Franja de Aragón, en Andorra y en la Cataluña francesa. (Cabe decir que en las Islas Baleares y en el sur de Cataluña también se reciben las emisiones de Canal 9, de la Comunidad Valenciana.) Todavía en el capítulo televisivo es necesario mencionar que en el Dominio Lingüístico Catalán existen actualmente 228 emisoras de televisión de ámbito local o comarcal, la mayoría de las cuales emiten en catalán. La tabla 34 las desglosa por territorios.

Naturalmente, no es posible concluir este apartado sobre la vitalidad cultural del catalán sin referirnos, ni que sea brevemente, a su presencia en Inter-

Tabla 34. Televisiones locales y comarcales del Dominio Lingüístico Catalán

Cataluña	103
Comunidad Valenciana	102
Islas Baleares	19
Pirineos Orientales	2
Franja de Aragón	1
El Alguer	1

Fuente: Instituto de Comunicación de la Universidad Autónoma de Barcelona.
<http://www.uab.es/incom/localport> *[9-11-2000].*

Tabla 35. *Espectadores de cine en Cataluña, según la lengua de la versión*

	1998		1999		2000	
	Entradas	%	Entradas	%	Entradas	%
Catalán	375.148	1,4	602.143	2,1	736.776	2,5
Español	24.851.078	93,0	26.397.855	92,6	27.336.361	92,3
Otras lenguas	1.499.996	5,6	1.498.419	5,3	1.542.985	5,2
TOTAL	26.726.222	100,0	28.371.110	100,0	29.616.122	100,0

Fuente: Informe sobre política lingüística. Any 2000, op. cit.

net. Según los datos del diario electrónico *Vilaweb*, la lengua catalana ocupaba en mayo de 2000 la posición número 19 en una clasificación por número de páginas web existentes (443.301, equivalente al 0,14% del total), por delante de algunas lenguas de Estado como el turco, el griego o el hebreo, y el puesto número 15 en una clasificación según el número de páginas por hablante (0,07), por delante incluso de lenguas demográficamente tan formidables como el ruso, el portugués o el mismo español. En cifras absolutas, en mayo de 2000 había 12.205 webs en el Dominio Lingüístico Catalán, el 65% de las cuales era en catalán.

En este panorama de robustez cultural, el punto flaco del catalán es la cinematografía, un sector donde su presencia es todavía inferior a lo que cabría esperar de acuerdo con los indicadores reseñados anteriormente. La tabla 35 resume los datos disponibles referidos a Cataluña, el único territorio del dominio lingüístico donde la lengua catalana tiene una cierta presencia en las salas de cine.

Naturalmente, el limitado número de espectadores que ven películas en catalán es un reflejo de las pocas películas que se exhiben en esta lengua. En 1997, por ejemplo, se proyectaron en catalán sólo el 7,3% de los títulos exhibidos y el 2,3% de las copias. A pesar de las abundantes ayudas que la Generalidad de Cataluña destina al doblaje de películas al catalán, la reticencia de las empresas cinematográficas a aceptarlas no ha permitido que la lengua catalana penetre de modo significativo en el mundo de la cinematografía. Así, entre 1992 y 1998 sólo se doblaron al catalán 97 películas de los millares que llegaron a exhibirse. Para remediar esta situación, en 1998 la Generalidad aprobó un decreto que establecía cuotas de distribución y de exhibición para películas en catalán, retirado dos años más tarde al llegarse a un acuerdo con las empre-

Tabla 36. *Unidades de vídeo en catalán vendidas (Cataluña)*

	1995	1996	1997	1998	1999
Unidades	17.400	74.700	155.000	200.000	240.000

Fuente: Informe sobre política lingüística. Any 1999, op. cit.

sas cinematográficas para incrementar sensiblemente la presencia del catalán en este sector.

Por lo que respecta al mercado del vídeo, la presencia del catalán también es minoritaria, aunque experimenta un crecimiento sostenido, como se puede ver en la tabla 36. El incremento en el consumo de vídeo en catalán que refleja la tabla obedece a un aumento de la oferta. Así, en 1999 los 71 títulos disponibles en catalán en 1995 habían pasado a 290.

Por último, cabe señalar que desde 1999 dos distribuidoras catalanas, con el apoyo de la Generalidad de Cataluña, han comenzado a introducir el catalán en las películas disponibles en DVD, que por sus cualidades de imagen y sonido debe considerarse el formato del futuro.

EL SISTEMA EDUCATIVO PREUNIVERSITARIO

Sin duda alguna, uno de los ámbitos clave para la reproducción de las lenguas es el sistema educativo. En este caso es necesario hacer una distinción entre la enseñanza *del* catalán como una asignatura más y la enseñanza *en* catalán del conjunto de las asignaturas. La enseñanza del catalán es un hecho totalmente consolidado en las escuelas de Cataluña, las Islas Baleares, la Comunidad Valenciana y, fuera de España, en Andorra. En los demás territorios del dominio lingüístico (Franja de Aragón, el departamento de los Pirineos Orientales y la ciudad de El Alguer) la asignatura de catalán no forma parte del currículo obligatorio de los alumnos sino que es, en el mejor de los casos, facultativa y siempre con un peso horario menor que la asignatura de la lengua oficial respectiva; en la comarca murciana de El Carche no hay indicios de que esta posibilidad se vaya a poner en práctica. Por lo que respecta al uso del catalán como lengua vehicular de la enseñanza, Cataluña es sin duda el territorio que más se acerca al modelo de escuela íntegramente en catalán, más incluso que Andorra, donde existe una triple red escolar (en catalán, en español y en francés) y menos de un tercio de los alumnos reciben la enseñanza en la única lengua oficial del Estado.

Tabla 37. Distribución de las escuelas infantiles y primarias en Cataluña
según la lengua de enseñanza (1995-1996)

	En catalán		En catalán y en español		En español	
	n	%	*n*	%	*n*	%
Escuelas públicas	1.143	73	429	27	3	0
Escuelas privadas	475	58	346	42	1	0
TOTAL	1.618	68	775	32	4	0

Fuente: Departamento de Educación de la Generalidad de Cataluña. <http://www.xtec.es/sedec>
[9-11-2000].

En la tabla 37 se pueden observar los datos correspondientes al curso 1995-1996 sobre la distribución de escuelas de enseñanza infantil y primaria de Cataluña según la lengua de enseñanza.

Por detrás de Cataluña se sitúan las Islas Baleares y, a mayor distancia, la Comunidad Valenciana. En los últimos años las Islas Baleares han experimentado un proceso progresivo de catalanización lingüística. Según los datos del Gobierno balear, en el curso 1993-1994 recibían la enseñanza *en* catalán el 25% de los alumnos de los centros públicos de enseñanza primaria y el 6,8% de los de los centros privados. Cinco años más tarde, en el curso 1998-1999, los porcentajes pasaron al 48,6% y al 20%, respectivamente. Por lo que respecta a la Comunidad Valenciana, los datos difundidos en el Encuentro de Escuelas Valencianas (2000) señalan que sólo el 18% de los niños de la comunidad recibe la enseñanza íntegramente en catalán, si bien el porcentaje aumenta año tras año. Según los datos divulgados por el Gobierno valenciano en noviembre de 2000, en el curso 2000-2001 un total de 132.570 alumnos valencianos recibían la enseñanza en catalán en 863 escuelas. El incremento experimentado en pocos años puede observarse comparando estas cifras con las del curso 1995-1996, en el que recibieron la enseñanza en catalán 74.277 alumnos en 559 escuelas.

En Francia, la circular Savary de 1982, que complementaba la Ley Deixonne de 1951, ha regulado con mayor precisión la enseñanza en las escuelas públicas de las llamadas lenguas regionales, aunque según la opinión de los expertos, el impacto de ambas disposiciones ha sido más bien marginal. Con todo, también en los Pirineos Orientales, o Cataluña francesa, se detecta últimamente un interés creciente por la enseñanza *de* y *en* catalán, a pesar de la presencia casi testimonial de la lengua catalana en este ámbito y de la falta de tradición en esta región del dominio lingüístico. Es de notar que esta demanda empieza a ser atendida, no sin ciertas resistencias, incluso por la enseñanza pública. Sólo por lo que respecta a las clases maternales y primarias bilingües, datos aportados por la Federación pro Lenguas Regionales [de Francia] en la Enseñanza Pública señalan un aumento de 238 a 633 alumnos entre el curso de 1977-1998 y el de 2000-2001. Según datos oficiales, de los 60.000 alumnos escolarizados en los Pirineos Orientales en 2000, 8.873 recibieron alguna enseñanza de catalán (aunque sólo 1.120 de ellos fueron educados en lengua catalana, parcial o totalmente). Esta incipiente y nueva actitud es fruto, en buena medida, de la constancia de las *bressoles* (literalmente: 'cunas'), escuelas surgidas de la sociedad civil norcatalana que desarrollan sus actividades pedagógicas desde 1976.

En el Aragón oriental, aún en una situación precaria y poco definida, la Declaración de Mequinenza de 1984 sirvió para impulsar el progreso de la enseñanza de la lengua catalana. No menos importancia ha tenido la presión de diversas asociaciones de padres de alumnos que, por motivos prácticos han reclamado a la Diputación General de Aragón (el Gobierno aragonés) la inclusión de la enseñanza del catalán en horario lectivo así como profesorado cualificado y suficiente, a fin de que sus hijos puedan tener la opción de acceder con mayor facilidad a las universidades de Cataluña o de las otras regiones de expresión catalana. Actualmente, la asignatura de catalán se imparte en todos los municipios catalanohablantes de las provincias de Huesca y Zaragoza, pero no así en todos los de Teruel, aunque a falta de reglamentación la lengua vehicular del resto de la educación se hace en español (la mayor parte del profesorado no posee competencia en catalán o no es originario de la zona).

En cuanto a El Alguer, en 2001, de las 103 aulas de maternal o primaria de la ciudad había 78 de ellas con enseñanza semanal del catalán y gracias a la nueva legislación italiana y sarda, y a la colaboración de instituciones públicas y privadas, tanto algueresas como catalanas, durante el curso 2001-2002 se inició la enseñanza de la lengua en los primeros cursos de la educación secundaria (12-14 años), en un nuevo paso en la normalización del aprendizaje del catalán.

Finalmente, como en otros casos de la normalización del catalán, Cataluña es también el territorio donde ha hecho más progresos la catalanización lingüística en la enseñanza preuniversitaria. Así, se observa el avance de la enseñanza en catalán en los últimos años, tanto en la enseñanza privada como, especialmente, la pública; y también en los diversos niveles educativos, en especial en la educación pre-escolar y primaria. En el curso 1995-1996, el 24% de los centros de Bachillerato Unificado Polivalente (BUP: aproximadamente, estudiantes de 14 a 16 años) impartía la enseñanza íntegramente en catalán; en el 32%, más de la mitad de los grupos de alumnos recibían la enseñanza en catalán; en el 31%, menos de la mitad de los grupos recibían la enseñanza en catalán; y en el 13%, todos los alumnos recibían la enseñanza en catalán y en español. En ese momento sólo había dos centros (sobre 552) que impartiesen toda la enseñanza en castellano. Durante el mismo período, la enseñanza en el parvulario y la escuela primaria fue en catalán en el 68% de las escuelas, sólo en español en menos del 1%, y en diversas combinaciones de catalán y español en el 32% restante.

EL SISTEMA EDUCATIVO UNIVERSITARIO

Dentro del sistema educativo, el nivel que nos interesa especialmente en una publicación de estas características es el universitario. ¿Cuál es el uso del catalán en la docencia universitaria? Dicho de otro modo, ¿qué probabilidades hay de que los estudiantes matriculados en las universidades del Dominio Lingüístico Catalán reciban las clases en lengua catalana?

Antes de comentar los datos disponibles, es oportuno señalar que, en España, el catalán ya tiene una presencia importante en el examen de ingreso a la universidad (las llamadas Pruebas de Aptitud para el Acceso a la Universidad, más conocidas coloquialmente como "selectividad"). Así, en las pruebas de junio de 2001 para la entrada en las universidades de Cataluña sólo un 1,6% de los estudiantes examinados solicitaron los enunciados en español, aun después de una polémica sobre el particular desatada dos años antes en Tarragona. En la tabla 38 se puede ver el aumento paulatino del porcentaje de exámenes que se presentan en catalán.

Tabla 38. Uso del catalán en los exámenes de ingreso a la universidad en Cataluña (1992-2000)

	% de exámenes en catalán
1992	53,3
1993	59,2
1994	62,0
1995	66,0
1996	70,3
1997	71,7
1998	73,3
1999	73,5
2000	90,4

Fuente: Informe sobre política lingüística. Any 2000, op. cit.

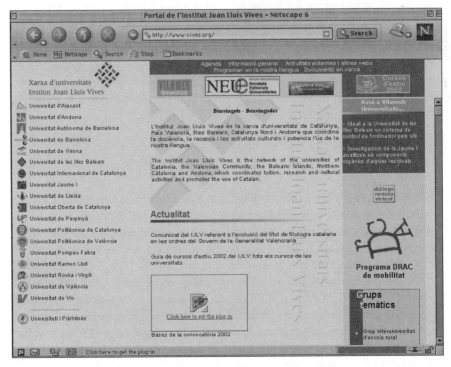

Portal del *Institut Joan Lluís Vives*, red de las 18 universidades de lengua catalana (www.vives.org). En conjunto, el uso del catalán en estas universidades se sitúa alrededor del 60% de las clases impartidas. (En 2000 había 12.205 webs registradas en el Dominio Lingüístico Catalán, el 65% de ellas en lengua catalana, y en la relación de páginas web por hablante, el catalán se situaba por delante de lenguas como el portugués o el español.)

Por lo que respecta al uso del catalán en la docencia, la tendencia general de estos últimos años es de aumento progresivo, si bien hay diferencias importantes entre las universidades de Cataluña y las Islas Baleares, donde el uso del catalán en la docencia supera ampliamente el 50%, y las de la Comunidad Valenciana, donde se sitúa en torno al 15%. La tabla 39 resume los últimos datos disponibles para la mayoría de las universidades públicas del Dominio Lingüístico Catalán sobre el uso de la lengua catalana en las clases. (En este punto es necesario recordar que no existen universidades en la Franja de Aragón ni en la ciudad de El Alguer, en Italia, y que el uso docente del catalán en la Universidad de Perpiñán, la única de los Pirineos Orientales, en Francia, se limita en la práctica a los estudios de catalanística: una diplomatura de primer ciclo en catalán [DEUG], pero como "lengua extranjera", desde 1982, y un módulo de catalán [licenciatura y doctorado], desde 1983; en cuanto a Andorra, existe una pequeña universidad desde 1997, en la cual el catalán es la lengua oficial, si bien la Ley de Universidades andorrana permite el uso de otras lenguas como "instrumento vehicular de enseñanza".)[26]

Tabla 39. *Uso del catalán en la docencia universitaria en porcentaje (varios años, diversas universidades)*

Cataluña	%
Universidad Abierta de Cataluña (UOC) (1995-1996)	100
Universidad de Gerona (UdG) (1994-1995)	93,78
Universidad Ramon Llull (URL, Barcelona) (1995-1996)	90
Universidad Rovira i Virgili (URV, Tarragona-Reus) (1995-1996)	85,77
Universidad Pompeu Fabra (UPF, Barcelona) (1995-1996)	71,8
Universidad Autónoma de Barcelona (UAB) (1996-1997/1997-1998)	68,25
Universidad de Lérida (UdL) (1995-1996)	64,58
Universidad de Barcelona (UB) (1995-1996)	62,3
Universidad Politécnica de Cataluña (UPC, Barcelona) (1991-1992)	60
Islas Baleares	
Universidad de las Islas Baleares (UIB) (1994-1995)	56,6
Comunidad Valenciana	
Universidad Jaime I (UJI, Castellón) (1998-1999)	18,72
Universidad de Valencia (UV) (1996-1997)	14,42
Universidad de Alicante (UA) (1996-1997)	2

Fuente: <http://www.uv.es/~snl/arees/dinamit/resumdc.htm> *[9-11-2000].*

---

[26] Como información complementaria relacionada con este capítulo, cabe añadir que fuera del Dominio Lingüístico Catalán se puede aprender lengua catalana (y, eventualmente, literatura y cultura de expresión catalana) en 123 universidades de 33 países de todo el mundo, desde Argentina, Australia, Camerún, Eslovaquia, Finlandia o México (con una universidad en cada uno), entre otros, hasta Alemania y el Reino Unido (con 22 universidades en cada uno de ellos), Francia (en 15) o Italia (en 13), pasando por otros países como Cuba, Dinamarca, la Federación Rusa, Hungría, Portugal o la República Checa (con 2 ó 3 universidades); en el Reino de España se puede estudiar catalán en 7 universidades (menos, por ejemplo, que en Estados Unidos u otros países como los citados más arriba), a saber: Complutense de Madrid, Granada, Nacional de Educación a Distancia (UNED), País Vasco en Vitoria, Pontificia de Salamanca, Santiago de Compostela y Zaragoza. (Para información más detallada, se pueden consultar las páginas web: http://www.ub.es/slc/en/anglec.htm y http://cultura.gencat.es/llengcat/sial/svcerca.asp [5-11-2001].)

Tabla 40. Uso del catalán en la docencia
de la Universidad de Barcelona en porcentaje (curso 1998-1999)

Ciencias Experimentales y Matemáticas	División III	73,0
Ciencias de la Educación	División V	72,6
Ciencias Humanas y Sociales	División I	68,4
Ciencias de la Salud	División IV	62,5
Ciencias Jurídicas, Económicas y Sociales	División II	46,6

Fuente: <http://www.ub.es/slc/socio/curs9899/divs.htm> [9-11-2000].

Tabla 41. Uso del catalán en la docencia en la Universidad Autónoma
de Barcelona en porcentaje (cursos 1996-1997/1997-1998)

Ciencias Experimentales y Tecnológicas	78,40
Ciencias de la Salud	70,58
Ciencias Humanas	65,23
Ciencias Sociales	64,56

Fuente: Gabinet de Llengua Catalana (1999). La llengua a la Universitat Autònoma de Barcelona. Docència. Alumnat. Tesis doctorals. Bellaterra: Gabinet de Llengua Catalana. ISBN 84-930619-1-3

La mayor universidad del Dominio Lingüístico Catalán, con 74.000 alumnos matriculados el curso 1999-2000, es la Universidad de Barcelona, donde como se puede ver en la tabla más del 60% de las clases se imparten en catalán. Si analizamos los datos por facultades y escuelas se puede observar una cierta variación. El porcentaje de uso del catalán en las clases oscila entre el 41,2% de la Escuela Universitaria de Estudios Empresariales y el 100% de la Facultad de Biblioteconomía y Documentación. Como en el resto de las universidades, también en la Universidad de Barcelona se detecta la tendencia a un mayor uso del catalán en los estudios de ciencias experimentales y exactas que en los de ciencias humanas y sociales. La tabla 40 resume los índices globales de uso del catalán del curso 1998-1999 en las cinco divisiones en que se estructura la Universidad de Barcelona.

En Cataluña, la segunda universidad en tamaño es la Universidad Autónoma de Barcelona, con 37.000 alumnos matriculados el curso 1996-1997. Por facultades, el porcentaje de uso del catalán en las clases oscila entre el 34,19% de la Facultad de Traducción e Interpretación (aunque el 24,35%

se imparte en lenguas que no son español ni catalán) y el 81,15% de la Facultad de Medicina. La tabla 41 resume los índices globales de uso del catalán en las cuatro grandes áreas de la Universidad Autónoma de Barcelona.

ESTADO DE LA CUESTIÓN Y PERSPECTIVAS

C on este repaso de la actual situación jurídica y sociolingüística del catalán en los diferentes territorios de su dominio lingüístico termina nuestro recorrido por la historia y otras circunstancias de la lengua catalana. Si tuviéramos que resumir de manera breve sus vicisitudes, probablemente se podría decir, como reza una conocida divisa: *Fluctuat nec mergitur,* que podríamos parafrasear por "el catalán ha sufrido y sufre vaivenes, pero no se hunde".

En un balance rápido, cabría señalar que la lengua catalana nació en el mismo período que las otras grandes lenguas románicas (español, francés, italiano, gallego/portugués, occitano y rumano), y que registró un desarrollo similar por lo menos hasta 1500. Las vicisitudes políticas y sociales pusieron al catalán al borde de la desaparición como lengua culta hacia el final del Antiguo Régimen, pero el movimiento lingüístico-cultural de la *Renaixença,* en el siglo XIX, y su correlato político (el catalanismo) pusieron las bases para que la lengua catalana entrara en el último siglo en condiciones de recuperar las posiciones perdidas. Durante el siglo XX, el efecto combinado de la persecución política y la llegada a Cataluña de importantes contingentes de población no catalanohablante puso de nuevo en situación de riesgo la continuidad del catalán, esta vez en su vertiente de lengua de relación social mayoritaria.

Sin embargo, el alto prestigio de la lengua catalana, al menos en Cataluña, y desde el fin del franquismo las políticas públicas de promoción del idioma han permitido que éste pueda afrontar el inicio del nuevo milenio con garantías de perpetuación. Así, en esta última región del Dominio Lingüístico Catalán, la normalización de la lengua catalana avanza sin grandes tensiones, gracias en buena parte al gran acuerdo, con todos los matices del

Sesión constitutiva del Institut Ramon Llull (2002). Este consorcio de diversas instituciones impulsado por la Generalidad de Cataluña y por el Gobierno Balear, con el apoyo del Ministerio de Asuntos Exteriores Español (Instituto Cervantes) y con doble sede en Palma y Barcelona, tiene como finalidad la proyección exterior del catalán y de la cultura de expresión catalana. Sus cometidos son similares a los de organismos como el British Council (para el inglés), el Goethe-Institut (alemán), los Instituts Français (francés) o el Instituto Cervantes (español). De izquierda a derecha: Joan M. Pujals (director del Instituto), Jordi Vilajoana (consejero de Cultura catalán), Josep Piqué (a la sazón ministro de Asuntos Exteriores español), Jordi Pujol (presidente del Gobierno catalán), Francesc Antich (presidente del Gobierno balear) y Damià Pons (consejero de Cultura balear).

caso, entre todos los grupos políticos con representación parlamentaria, pero sobre todo gracias al amplísimo consenso social sobre la materia, que incluye también a los ciudadanos catalanes que tienen el español como lengua principal.

En los demás territorios del dominio lingüístico, donde el prestigio del catalán es menor y la política lingüística es menos ambiciosa, o simplemente inexistente, la situación es ciertamente más compleja. Así, en las Islas Baleares y en la Comunidad Valenciana el catalán no avanza claramente, y en determinadas zonas y ámbitos de la Comunidad Valenciana y de las Islas Baleares incluso retrocede, a pesar de que en ambos casos existe un mandato legal explícito para el apoyo y mantenimiento de la lengua. (Con todo, las administraciones de estas dos comunidades autónomas parecen haber decidido implicarse más en los últimos tiempos: por un lado, el Gobierno Balear ha decidido emprender políticas para favorecer la integración lingüística de los numerosos inmigrantes de los últimos años y, por otro, el Parlamento de la Comunidad Valenciana designó, en junio de 2001, a los miembros de la Academia Valenciana de la Lengua, la mayoría de los cuales es aparentemente favorable a reconocer la identidad de la lengua de los valencianos con la del resto de los catalanohablantes, institución que puede ayudar a desactivar el intermitente conflicto político sobre la lengua de los valencianos.)

Por lo que respecta a la Franja oriental de Aragón, el catalán mantiene una sólida base demográfica que, junto con las medidas que desarrolle la prevista Ley de Lenguas de Aragón, entre las cuales su oficialización, permite augurar una continuidad sin grandes problemas. En cambio, a pesar del alto índice de catalanohablantes de El Carche, no consta que las autoridades de la Región Autónoma de Murcia estén preocupadas por garantizar unos derechos mínimos a la minoría lingüística de esta pequeña comarca. En cuanto a Andorra, se produce un cierto desajuste entre la oficialidad única del catalán y la realidad demolingüística del país, pero no hay indicios de que la lengua catalana vaya a perder su posición preeminente.

Muy diferente, en cambio, es el caso del departamento francés de los Pirineos Orientales, o Cataluña Norte, y de El Alguer, en la isla de Cerdeña, donde la situación del catalán presenta rasgos bastante definidos de lo que los sociolingüistas llaman "sustitución lingüística" o desaparición de una lengua en favor de otra, sin que existan políticas públicas dignas de este nombre destinadas a evitar este fin, a pesar de que en esta última ciudad se dispone ya de ciertas prerrogativas sobre su uso oficial, reconocidas legalmente por la República Italiana, y de que tanto en un lugar como en otro el aumento relativo de la demanda y la oferta de la enseñanza del catalán, e incluso de la enseñanza *en* catalán, aún permite abrigar alguna esperanza en cuanto a la transmisión de la lengua a las futuras generaciones.

Finalmente, una novedad de la última década del siglo XX y del principio del XXI, que afecta el conjunto de los países de lengua catalana, es la representada por la creciente presencia de nuevos inmigrantes llegados prácticamente de todos los continentes, hacia los cuales se están empezando a reorientar recursos públicos, al menos en Cataluña y las Islas Baleares, para facilitar su acomodación a la realidad lingüística de estos territorios, como un paso más hacia su mejor integración a la tierra que los acoge.

Desde su fragilidad y su complejidad, hablan el catalán entre 7 y 8 millones de europeos. Como hemos señalado al comienzo de este libro, ello lo sitúa demográficamente por delante de muchas lenguas estatales que son oficiales de la Unión Europea —o que lo serán a partir de la próxima ampliación hacia el Este— y lo distingue netamente de otras lenguas más pequeñas en número de hablantes que en el espacio europeo suelen recibir la denominación de "regionales" o "minoritarias". Si a este indudable potencial demográfico añadimos la riqueza de su literatura, a la altura de cualquier otra literatura europea, y su indiscutible vitalidad cultural, se hace difícil justificar que muchos ciudadanos españoles, europeos y del resto del mundo sigan conociendo mal la existencia y la importancia del catalán, una lengua que engrandece la singular riqueza del patrimonio lingüístico europeo y, en definitiva, de toda la Humanidad.

BIBLIOGRAFÍA ESENCIAL

DICCIONARIOS

Diccionarios catalanes de consulta

Alcover, Antoni M.; Moll, Francesc de B. (1975-1977 [1926-1962]). *Diccionari català-valencià-balear*. 10 volúmenes. Palma de Mallorca: Moll. ISBN 84-273-0025-5

Coromines, Joan (1980-1991). *Diccionari etimològic i complementari de la llengua catalana*. Barcelona: Curial. 9 volúmenes. ISBN 84-7256-173-9

Diccionari de la llengua catalana. Barcelona: Enciclopèdia Catalana, 1993. 3ª edición. ISBN 84-7739-615-9

Diccionari de la llengua catalana manual. Barcelona: Enciclopèdia Catalana, 1995. ISBN 84-7739-925-5

Fabra, Pompeu (1994 [1932]). *Diccionari general de la llengua catalana*. Barcelona: Edhasa. ISBN 84-350-5000-9

Fabra, Pompeu. *Diccionari manual de la llengua catalana*. Barcelona: Edhasa, 1989 (1983). 7ª reimpresión. ISBN 84-350-5001-7

Institut d'Estudis Catalans (1995). *Diccionari de la llengua catalana*. Barcelona: Enciclopèdia Catalana; Abadia de Montserrat; Edicions 62; Palma: Moll; València: Edicions 3 i 4. ISBN 84-412-2477-3, 84-297-3981-5

Diccionarios bilingües

Cambridge Word Selector anglès-català. Diccionari temàtic de l'anglès contemporani. Cambridge: Cambridge University Press, 1995. ISBN 0-521-45902-8

Canigó. Diccionari il·lustrat català-castellà castellà-català. Barcelona: Sopena, 1990. ISBN 84-303-1099-1

Diccionari alemany-català. Barcelona: Enciclopèdia Catalana, 1993. ISBN 84-85194-18-7

Diccionari alemany-català català-alemany. Barcelona: Pòrtic, 1990. ISBN 84-7306-171-3

Diccionari anglès-català. Barcelona: Enciclopèdia Catalana, 1985. ISBN 84-85194-78-0

Diccionari Vox anglès-català català-anglès. Barcelona: Bibliograf, 1994. ISBN 84-7153-336-7

Diccionari bàsic català-anglès anglès-català. Barcelona: Enciclopèdia Catalana, 1986. ISBN 84-412-2582-6

Diccionari castellà-català. Diccionario castellano-catalán. Barcelona: Enciclopèdia Catalana, 1989. ISBN 84-85194-68-3

Diccionari castellà-català català-castellà Vox-Compacte. Barcelona: Bibliograf, 1993. ISBN 84-7153-951-9

Diccionari castellà-català català-castellà. Barcelona: Albertí, 1996. ISBN 84-7246-056-8

Diccionari català-alemany. Barcelona: Enciclopèdia Catalana, 1996. ISBN 84-412-2481-1

Diccionari català-anglès. Barcelona: Enciclopèdia Catalana, 1994. ISBN 84-85194-39-X

Diccionari català-anglès English-Catalan mini. Barcelona: Enciclopèdia Catalana, 1996. ISBN 84-412-2573-7

Diccionari català-castellà. Barcelona: Enciclopèdia Catalana, 1994. ISBN 84-85194-97-7

Diccionari català-castellà castellà-català. Palma de Mallorca: Moll, 1980. ISBN 84-273-0257-6

Diccionari català-danès. Barcelona: Enciclopèdia Catalana, 1996. ISBN 84-412-2517-6

Diccionari català-francès. Barcelona: Enciclopèdia Catalana, 1990. ISBN 84-85194-48-9

Diccionari català-francès français-catalan. Barcelona: Enciclopèdia Catalana, 1996. ISBN 84-412-2572-9

Diccionari català-hongarès. Katalán-Magyar kéziszótár. Barcelona: Enciclopèdia Catalana, 1990. ISBN 84-7739-062-2

Diccionari català-italià. Dizionario catalano-italiano. Barcelona: Enciclopèdia Catalana, 1992. ISBN 84-7739-397-4

Diccionari català-neerlandès. Barcelona: Enciclopèdia Catalana, 1993. ISBN 84-7739-650-7

Diccionari català-portuguès. Barcelona: Enciclopèdia Catalana, 1989. ISBN 84-7739-082-7

Diccionari català-rus. Barcelona: Enciclopèdia Catalana, 1992. ISBN 84-7739-269-2

Diccionari català-suec. Barcelona: Enciclopèdia Catalana, 1994. ISBN 84-7739-838-0

Diccionari essencial castellà-català català-castellà. Barcelona: Diàfora, 1982. ISBN 84-85205-95-2

Diccionari essencial castellà-català català-castellà Vox. Barcelona: Bibliograf, 1992. ISBN 84-7153-168-2

Diccionari francès-català. Barcelona: Enciclopèdia Catalana, 1992. ISBN 84-85194-48-9

Diccionari hongarès-català. Magyar-Katalán kéziszótár. Barcelona: Enciclopèdia Catalana, 1996. ISBN 84-412-2584-2

Diccionari italià-català català-italià. Barcelona: Pòrtic, 1991. ISBN 84-7306-183-7

Diccionari manual castellà-català català-castellà Vox. Barcelona: Bibliograf, 1985. ISBN 84-7153-392-8

Diccionari manual català-castellà castellano-catalán. Barcelona: Enciclopèdia Catalana, 1996. ISBN 84-412-2478-1

Diccionari Oxford Pocket Català per a estudiants d'anglès. Català-anglès anglès-català. Oxford: Oxford University Press, 1997. ISBN 0-19-431314-X

Diccionari portuguès-català català-portuguès. Barcelona: Pòrtic, 1982.

Diccionari portuguès-català. Barcelona: Enciclopèdia Catalana, 1985. ISBN 84-85194-62-4

Diccionari rus-català. Barcelona: Enciclopèdia Catalana, 1985. ISBN 84-85194-61-6

Diccionari trilingüe català-castellà-francès. Andorra: Casal i Vall, 1988. ISBN 99913-1-001-0

Lèxic usual català-àrab àrab-català. Barcelona: Generalitat de Catalunya, 1994. ISBN 84-393-2875-3

Nou diccionari anglès-català català-anglès. Barcelona: Pòrtic, 1992. ISBN 84-7306-170-5

MATERIAL DE APRENDIZAJE

Gramáticas de referencia

Fabra, Pompeu (1982 [1918]). *Gramàtica catalana.* 8ª edición. Barcelona: Aqua. ISBN 84-8601-03-3 (otra edición: Pompeu Fabra (1995 [1918]). *Gramàtica catalana.* 9ª edición, Barcelona: Institut d'Estudis Catalans. ISBN 84-7283-290-2)

Fabra, Pompeu (1993 [1956]). *Gramàtica catalana.* 16ª edición. Barcelona: Teide. ISBN 84-307-8003-3

Moll, Francesc de B. (1997 [1968]). *Gramàtica catalana referida especialment a les Illes Balears.* 13ª edición. Palma de Mallorca: Moll. ISBN 84-273-0044-1

Sanchis Guarner, Manuel (1993 [1950]). *Gramàtica valenciana.* Barcelona: Alta Fulla. ISBN 84-7900-047-3

Solà, Joan *et al.* (directores) (2002). *Gramàtica del català contemporani.* 3 volúmenes. Barcelona: Empúries. ISBN 84-7596-907-0 (vol. I), 84-7596-908-9 (vol. II), 84-7596-909-7 (vol. III)

Valor, Enric (1999 [1977]). *Curs mitjà de gramàtica catalana referida especialment al País Valencià.* 7ª edición. València: Tres i Quatre [Eliseu Climent]. ISBN 84-85211-45-6

Material de aprendizaje en catalán

Puig, Gentil *et al.* (1992). *Sempre endavant: català per a adults no-catalanoparlants.* Barcelona: Barcanova. ISBN 84-7533-194-7

Tió, Jaume (1986). *Curs de català per a estrangers.* Vic: Eumo. ISBN 84-7602-095-3

Material de aprendizaje en español

Arimany, Miquel (1981). *Gramática práctica del catalán.* Barcelona: Arimany. ISBN 84-7211-072-9

Badia Margarit, Antoni M. (1985 [1962]). *Gramática catalana.* 2 volúmenes. 3ª reimpresión. Madrid: Gredos. ISBN 84-249-1124-5

Dorandeu, Joan; Moral de Prudon, Montserrat (1998). *El catalán sin esfuerzo. Método diario Assimil.* Chennevières-sur-Marne: Assimil. ISBN 2-7005-0106-3

Llobera, Josep (1981). *Prácticas de catalán básico*. Barcelona: Teide. ISBN 84-307-7065-8

Mas, Marta et al. (1998). *Digui, digui...: Curs de català. Guía para el autoaprendizaje*. Barcelona: Abadia de Montserrat. ISBN 84-8415-019-4

Material de aprendizaje en otros idiomas

Costa, Montserrat; Sabater, Maria Lluïsa. (1996). *Guide pour l'autoapprentissage. Digui, digui... Curs de català per a estrangers*. Barcelona: Abadia de Montserrat/Enciclopèdia Catalana. ISBN 84-7826-716-6

Faluba, Kálmán; Morvay, Károly (1992). *Guide de conversation français-catalan-espagnol*. Barcelona: La Magrana. ISBN 84-7410-591-9

Faluba, Kálmán; Morvay, Károly (1992). *Conversation Guide English-Catalan-Spanish*. Barcelona: La Magrana. ISBN 84-7410-590-0

Faluba, Kálmán; Morvay, Károly (1995). *Sprachführer: Deutsch, Katalanisch, Spanisch*. Barcelona: La Magrana. ISBN 84-7410-602-8

Faluba, Kálmán; Morvay, Károly (1995). *Guia de conversa castellà-català*. Barcelona: La Magrana. ISBN 84-7410-598-6

Faluba, Kálmán; Morvay, Károly (1991). *Magyar-spanyol-katalán társalgás = Guía de conversación húngaro-español-catalán = Guia de conversa hongarès-castellà-català*. Budapest: Tankönyvkiadó.

Faluba, Kálmán; Morvay, Károly (1994*). Guide de conversation: français, catalan, norvégien = Guies de conversa: francès, català, noruec*. Barcelona: La Magrana/ [Perpignan (Perpiñán)]: Revue Terra Nostra.

Faluba, Kálmán; Morvay, Károly (1996). *Taalgids: Nederlands, Catalaans, Spaans*. [Barcelona]: La Magrana. ISBN 84-7410-663-X

Faluba, Kálmán; Morvay, Károly (1998). *Guida alla conversazione: italiano-catalano-spagnolo*. Barcelona: La Magrana. ISBN 84-7410-732-6

Faluba, Kálmán; Morvay, Károly (1999). *Razgovornik Russko-Katalansko-Ispanskii = Guia de conversa rus-català-espanyol = Guía de conversación ruso-catalán-español*. Barcelona: La Magrana. ISBN 84-8264-196-4

Gallina, Annamaria (1981). *Grammatica della lingua catalana*. Barcelona: Barcino. ISBN 84-7226-151-4

Gili, Joan (1974). *Catalan Grammar. With a Brief Outline of the Language and Literature, a Selection from Catalan Writers, and a Catalan-English and English-Catalan Vocabulary*. Oxford: The Dolfin Book Co. Ltd. ISBN 84-399-2196-9

Gómez, Genoveva et al. (1998). *Guida per l'apprendimento. Digui, digui...* Barcelona: Abadia de Montserrat/Encliclopèdia Catalana. ISBN 84-8415-082-8

Grando, Carles (1987). *Vocabulaire roussillonais avec traduction en catalan normalisé et en français. Vocabulari rossellonès en català normatiu i en francès.* [Perpignan (Perpiñán)]: Association polytechnique des Pyrénées-Orientales.

Guàrdia, Roser; Steen, Marina (1995). *Digui, digui... Kursbuch. Curs de català per a estrangers.* Barcelona: Abadia de Montserrat/Enciclopèdia Catalana. ISBN 84-7826-614-3

Hualde, José Ignacio (1992). *Catalan.* London (Londres): Rouledge. ISBN 0-4-15-05498-2

Klein, Horst G.; Stegmann, Tilbert D. (2000). *EuroComRom —die sieben Siebe: Romanische Sprachen sofort lesen können.* Aachen [Aquisgrán]: Schaker Verlag. ISBN 3-8265-6947, ISSN 1439-7005

Lüdtke, Jens (1984). *Katalanisch: Eine einführende Sprachbeschreibung.* München [Múnic]: Hueber. ISBN 3-19-006924-7

Mas, Marta *et al.* (1998). *Digui, digui... Guía para el autoaprendizaje.* Barcelona: Abadia de Montserrat/Enciclopèdia Catalana. ISBN 84-8415-019-4

Poole, Stuart C. (1995). *Catalan in Three Months.* Woodbridge: Hugo's Language Books Ltd. ISBN 0-85285-232-0

Quintana, Artur (1981). *Handbuch des Katalanischen.* Barcelona: Barcino. ISBN 84-7226-024-0

Röntgen, Karl Heinz (1990). *Einführung in die Katalanische Sprache.* Bonn: Romanisticher Verlag Jakob Hillen. ISBN 3-924888-56-6

Verdaguer, Pere (1992 [1974]). *Cours de langue catalane.* Barcelona: Barcino. ISBN 84-7226-037-2

Verdaguer, Pere (1984 [1976]). *Abrégé de grammaire catalane.* Barcelona: Barcino. ISBN 84-7226-020-8

Verdaguer, Pere. (1976). *Le catalan et le français comparés.* Barcelona: Barcino. ISBN 84-7226-018-6

Verdaguer, Pere. *Le catalan et le français. Études de vocabulaire.* Perpignan [Perpiñán]: IMF Productions.

Verdaguer, Pere (1977). *Connaissez le catalan. Lexique et grammaire à travers 124 articles journalistiques gais.* Perpignan [Perpiñán]: Éditions du Castillet.

Wheeler, Max W. *et al.* (1999). *Catalan: A Comprehensive Grammar.* London [Londres]: Routledge. ISBN 0-415-20777-0, 0-415-10342-8

Yates, Alan (1993 [1975]). *Catalan* (Teach Yourself Books). Sevenoaks: Hodder and Stoughton. ISBN 03440588209, 0340194995

Yates, Alan; Ibarz, Toni (1993). *Curs de català per a estrangers. A Catalan Handbook.* Barcelona: Departament de Cultura de la Generalitat de Catalunya. ISBN 84-393-2579-7

OTRAS PUBLICACIONES DE INTERÉS, EN CATALÁN

[Associació Arrels et al.] (1992). Qui sem els catalans del Nord? Perpinyà [Perpiñán = Perpignan]: Associació Arrels. ISBN 2-9507229-0-3

Badia, Lola (1985). Literatura catalana medieval. Selecció de textos. Barcelona: Empúries. ISBN 84-7596-030-8

Balcells, Albert (coordinador) (1981). Història dels Països Catalans. 2 volúmenes. Barcelona: Edhasa. ISBN 84-350-0291-8

Bou, Enric (director) (2000). Nou Diccionari de la Literatura Catalana. Barcelona: Edicions 62. ISBN 84-297-4770-2

Casasnovas, Miquel Àngel (1998). Història de les Illes Balears. Palma de Mallorca: Moll. ISBN 84-273-4044-3

Casula, Francesco Cèsare (1985). La Sardenya catalano-aragonesa. Perfil històric. Barcelona: Rafael Dalmau. ISBN 84-232-0227-5

Colomina, Jordi (editor; 1995). Llengües en contacte als Regnes de València i de Múrcia: segles XIII-XV. Alacant (Alicante): Universitat d'Alacant. ISBN 84-7908-219-4

Coromines, Joan (1995 [1965]). El que s'ha de saber de la llengua catalana. Palma de Mallorca: Moll. ISBN 84-273-0626-1

Deffontaines, Pierre (1978). Geografia dels Països Catalans. Barcelona: Ariel/ Societat Catalana de Geografia. ISBN 84-344-7438-7

Enciclopèdia d'Eivissa i Formentera (1995). 3 volúmenes. Palma de Mallorca: Universitat de les Illes Balears. ISBN 84-7632-235-6

Enciclopèdia de Menorca (1979-). 4 volúmenes (en curso de publicación). Maó (Mahón): Obra Cultural Balear. ISBN 84-600-1437-1

Furió, Antoni (2001 [1995]). Història del País Valencià. València [Valencia]: Eliseu Climent, editor [= Tres i Quatre]. ISBN 84-7502-631-1

Gabriel, Pere (director) (1994-). 10 volúmenes, en curso de publicación. Història de la cultura catalana. Barcelona: Edicions 62. ISBN 84-297-4143-7 (volumen 7).

Giunta, Francesco; et al. (editores) (1992). Els catalans a Sicília. Barcelona: Generalitat de Catalunya. ISBN 84-393-2220-8 (tela).

Gran Enciclopèdia Catalana (1986-1993 [1969-1980]). 2ª edición. 25 volúmenes. Barcelona: Enciclopèdia Catalana. ISBN 84-85194-81-0

Gran Enciclopèdia de Mallorca (1987-1997). 22 volúmenes. Palma de Mallorca: Promomallorca. ISBN 84-86617-02-2

Guilera, Josep M. (1960). Una història d'Andorra. Barcelona: Aedos.

L'Avenç [Barcelona], núm. 213 (1997): Els catalans a Grècia. Monogràfic. ISSN 0210-0150

Marcet, Alícia (1998). Breu història de les terres catalanes del nord. Perpinyà [Perpiñán = Perpignan]: Trabucaire. ISBN 2-905828-11-0

Marfany, Marta (1999). "L'últim català colonial: Els emigrants menorquins a Algèria durant els segles xix i xx", *Llengua i Literatura* [Barcelona], 10, páginas 73-90. ISSN 0213-6554

Martí, Joan; Moran, Josep (1986). *Documents d'història de la llengua catalana. Dels orígens a Fabra*. Barcelona: Empúries. ISBN 84-7596-098-7

Mestre, Jesús; Hurtado, Víctor (directores) (1995). *Atles d'història de Catalunya*. Barcelona: Edicions 62. ISBN 84-257-4061-9

Nadal, Josep M.; Prats, Modest (1982-). *Història de la llengua catalana*. Barcelona: Edicions 62. Vol. 1 (1982): *Dels inicis fins al segle xv*, ISBN 84-297-1904-0; vol. 2 (1996): *El segle xv*, ISBN 84-297-4233-6

Ortells, Vicent; Campos, Xavier (1983). *Els anglicismes de Menorca*. Palma de Mallorca: Moll. ISBN 84-273-0435-8

Pradilla, Miquel Àngel (editor) (1999). *La llengua catalana al tombant del mil·lenni*. Barcelona: Empúries. ISBN 84-7596-677-2

Riquer, Borja de (director) (1995-2000). *Història, política, societat i cultura dels Països Catalans*. 13 volúmenes. Barcelona: Enciclopèdia Catalana. ISBN 84-412-2483-8 (obra completa)

Riquer, Martí de; Comas, Antoni; Molas, Joaquim (directores) (1984-1988 [1964-]). *Història de la literatura catalana*. 11 volúmenes. Barcelona: Ariel. ISBN 84-344-7600-2

Rubió i Lluch, Antoni (192-?). *La llengua catalana a Grecia*. Barcelona: Ilustració Catalana.

Sanchis Guarner, Manuel (1990 [1933; 1960]). *La llengua dels valencians*. València [Valencia]: Eliseu Climent, editor [= Tres i Quatre]. ISBN 84-7502-082-8

Sastre, Jaume (1991). *Menorquins a la Florida. Menorquines en la Florida. Minorcans in Florida*. [Palma de Mallorca]: Comissió de les Illes Balears per a la Commemoració del Vè Centenari del Descobriment d'Amèrica.

Tavani, Giuseppe (1994). *Breu història de la llengua catalana*. Barcelona: Edicions 62. ISBN 84-297-3788-X

Vallverdú, Francesc (director) (2001). *Enciclopèdia de la llengua catalana*. Barcelona: Edicions 62. ISBN 84-297-5026-6

Vilar, Pierre (director) (1987-1990). *Història de Catalunya*. Barcelona: Edicions 62/Península. ISBN 84-297-4450-9

PUBLICACIONES DE INTERÉS, EN OTROS IDIOMAS

Belenguer, Ernest (2001). *La Corona de Aragón en la monarquía hispánica: del apogeo del siglo xv a la crisis del xvii*. Barcelona: Península. ISBN 84-8307-350-1

Benet, Josep (1979). *Cataluña bajo el régimen franquista. Informe sobre la persecución de la lengua y la cultura catalana por el régimen del general Franco.* Barcelona: Blume. ISBN 84-7031-144-1 (traducción de: Josep Benet [1979 (1ª edición: París, 1973)]. *Catalunya sota el règim franquista.* Barcelona: Blume. ISBN 84-7031-064-X)

Bonells, Jordi (1994). *Histoire de la littérature catalane.* "Que sais-je?", 2833. Paris [París]: Presses Universitaires de France. ISBN 2-13-06049-6

Bouille, Michel; Colomer, Claude (1990). *Histoire des catalans.* Toulouse: Milan. ISBN 2-86726-531-2

Bover, August (1993). *Manual de catalanística.* Tarragona: Diputació Provincial/ Barcelona: Abadia de Montserrat. ISBN 84-7826-425-6

Broch, Àlex *et al.* (1998). *Catalan Literature. A General View.* Barcelona: Generalitat de Catalunya. ISBN 84-393-4402-3

Carbonell, Jordi; *et al.* (editores) (1984). *I Catalani in Sardegna.* [Italia]: Silvana. ISBN 8-8366-0070-0 (traducción de: Jordi Carbonell *et al.* [editores] [1984]. *Els catalans a Sardenya.* Barcelona: Generalitat de Catalunya/Cagliari (Cáller)]: Consiglio Regionale di Sardegna. ISBN 84-366-0070-0)

Catalan Writing [Barcelona] (1988-). ISSN 0214-3089

Colomer, Claude (1997). *Histoire du Roussillon.* "Que sais-je?", 1020. Paris (París): Presses Universitaires de France. ISBN 2-13-048444-1

Colón, Germà (1975). *La literatura catalana.* Madrid: La Muralla. ISBN 84-7133-126-8

Colón, Germán (1986). "El perfil lingüístico de Cataluña, Valencia y Mallorca", en: *Mapa lingüístico de la España actual.* Madrid: Fundación Juan March, pp. 98-146.

Comas, Antoni (1980). "Literatura catalana", en José María Díez Borque (coordinador): *Historia de las literaturas hispánicas no castellanas.* 4 volúmenes. Madrid: Taurus/Santillana. ISBN 84-306-2997-1

Deffontaines, Pierre (1975). *La Meditérranée catalane.* "Que sais-je?", 1609. Paris (París): Presses Universitaires de France (traducción catalana [1978]: *Geografia dels Països Catalans.* Barcelona: Ariel/Societat Catalana de Geografia. ISBN 84-344-7438-7).

Degage, Alain; Duro, Antoni (1998). *L'Andorre.* "Que sais-je?", 3340. Paris (París): Presses Universitaires de France. ISBN 2-13-048788-2

Entwistle, William J. (1962 [1936]). *The Spanish Language, Together with Portuguese, Catalan and Basque,* London (Londres): Faber & Faber (traducción española: [1995 (1973)]: *Las lenguas de España: castellano, catalán, vasco y gallego-portugués.* Madrid: Istmo. ISBN 84-7090-018-8).

Espadaler, Anton M. (1989). *Literatura catalana.* Madrid: Taurus. ISBN 84-306-2527-5

BIBLIOGRAFÍA ESENCIAL

Fuster, Joan (1975). *Literatura catalana contemporánea.* Madrid: Editora Nacional. ISBN: 84-276-1278-8

Fuster, Joan (1998 [1967]). *Nosotros los valencianos.* Valencia: Marca Editorial Mil999. ISBN 84-605-7427-X (traducción de: Joan Fuster [2001 (1960)]. *Nosaltres els valencians.* Barcelona: Península. ISBN 84-297-4920-9)

Giunta, Francesco (1972 [1953-1959]). *Aragonesi e catalani nel Mediterraneo.* 2 volúmenes. Palermo: Manferdi (traducción al español: *Aragoneses y catalanes en el Mediterráneo.* Barcelona: Ariel, 1989. ISBN 84-344-6552-0).

Gran Enciclopedia Aragonesa (2000-2001). 16 volúmenes. Zaragoza: Prensa Diaria Aragonesa. ISBN 84-95490-00-5

Gran Enciclopedia de la Región Valenciana (1972). 12 volúmenes. El Puig de Santa Maria: Gran Enciclopedia de la Región Valenciana. ISBN 84-300-5539-8

Gregory, Desmond (1990). *Minorca, the Illusory Prize. A History of the British Occupations between 1708 and 1802.* Rutheford, etc.: Farleigh Dickinson University/ London [Londres], etc.: Associated University Press. ISBN 0-8386-3389-7

Holtus, Günter *et al.* (editores) (1995). *Lexikon der Romanistischen Linguistik.* Tübingen (Tubinga): Niemeyer, vol. V/2. ISBN 3-484-50250-9

Le Bihan, Joan Pere (1984). "Le catalan", en [Henri Giordan (director)]: *Par les langues de France.* [Paris (París)]: *Correspondance Municipale*/ Centre Georges Pompidou, páginas 76-81. ISBN 2-85850-245-5

Lleal, Coloma (1990). *La formación de las lenguas romances peninsulares.* Barcelona: Barcanova. ISBN 84-7533-556-X

Lowe, Alfonso (1972). *The Catalan Vengeance.* London [Londres]: Routledge & Kegan Paul. ISBN 0-7100-7323-2 (traducción española: *La venganza catalana.* Barcelona: José Batlló, 1974).

Marí, Isidor (1993). *Conocer la lengua y la cultura catalanas.* Palma de Mallorca: Llull, Federació d'Entitats Culturals dels Països Catalans. ISBN 84-604-7744-4

Mascaró, Josep (1978-1979). *Historia de Mallorca.* Palma de Mallorca: Colom. ISBN 84-85522-00-3

Melià, Josep (1968). *Los mallorquines.* Madrid: Cuadernos para el Diálogo.

Morera, J.-C. (1992). *Histoire de la Catalogne.* Paris (París): L'Harmattan. ISBN 2-7384-1646-2

Norte. Revista Hispánica de Amsterdam [Amsterdam], núm. 11/1+2 (1970): *Situación actual de los estudios de lengua y literatura catalanas.* ISBN 0029-2354

Parés, Manuel (editor) (1985). *Approach to Catalonia.* Bellaterra: Universitat Autònoma de Barcelona (Servei de Publicacions). ISBN 84-7488-135-8

Parés, Manuel (editor) (1985). *Aproximación a Cataluña*. Bellaterra: Universitat Autònoma de Barcelona (Servei de Publicacions). ISBN 84-7488-132-3

Puigjaner, Josep-Maria (1997). *Everything About Catalonia*. Barcelona: Generalitat de Catalunya. ISBN 84-393-4002-8

Puigjaner, Josep-Maria (1990). *Conocer Cataluña*. Barcelona: Generalitat de Catalunya. ISBN 84-393-1459-0

Rasico, Philip D. (1990?). *The Minorcans of Florida: Their History, Language and Culture*. New Smyrna Beach (Florida, EE.UU.): Luthers (traducción al catalán: *Els menorquins de la Florida: història, llengua i cultura*. Barcelona: Abadia de Montserrat, 1987. ISBN 84-7202-842-9).

Reglá, Juan (1974). *Historia de Cataluña*. Madrid: Alianza. ISBN 84-206-1502-1

Riquer, Martín de (1972). *Literatura catalana medieval*. Barcelona: Ayuntamiento de Barcelona.

Rubió, Jordi (1949-1958). "Literatura catalana", en Guillermo Díaz-Plaja (director): *Historia general de las literaturas hispánicas*. Barcelona: Vergara.

Ryder, Alan (1990). *Alfonso the Magnanimous: King of Aragon, Naples and Sicily 1396-1458*. Oxford: Clarendon Press. ISBN 0-19-821954-7 (traducción española: *Alfonso el Magnánimo, rey de Aragón, Nápoles y Sicilia: 1396-1458*. València [Valencia]: Edicions Alfons el Magnànim, 1992. ISBN 84-7822-070-4).

Salavert, V. (1956). *Cerdeña y la expansión mediterránea de la Corona de Aragón 1297-1314*. Madrid: Consejo Superior de Investigaciones Científicas.

Salrach, Josep M.; Espadaler, Anton M. (1995). *La Corona de Aragón: plenitud y crisis. De Pedro el Grande a Juan II (1276-1479)*. Madrid: Información e Historia-Historia 16. ISBN 84-7679-289-1

Sastre, Jaume (1991). *Menorquins a la Florida. Menorquines en la Florida. Minorcans in Florida*. [Palma de Mallorca]: Comissió de les Illes Balears per a la Commemoració del Vè Centenari del Descobriment d'Amèrica.

Setton, Kenneth M. (1987). *Los catalanes en Grecia*. Barcelona: Orbis. ISBN 84-7634-104-0 (original inglés: *Catalan Domination of Athens, 1311-1388*. 2ª edición. London [Londres]: Variorum, 1975. ISBN 0-902089-77-3).

Siguán, Miguel (1994). *España plurilingüe*. Madrid: Alianza. ISBN 84-206-2701-6

Terry, Arthur (1972). *Catalan Literature*. London (Londres): Ernest Benn/New York (Nueva York): Barnes & Noble. ISBN 0064968103

Terry, Arthur; Rafel, Joaquim (1983). *Introducción a la lengua y la literatura catalanas*. Barcelona: Ariel. ISBN 84-344-8328-9

Verdaguer, Pierre (1981). *Histoire de la littérature catalane*. Barcelona: Barcino. ISBN 84-7226-554-4

Vila, Lídia (1989). *Approche à l'histoire de l'Andorre*. [Andorra]: Institut d'Estudis Andorrans, Centre de Perpinyà. ISBN 99913-7-014-5 (traducción del original catalán: *Aproximació a la història d'Andorra.* 2ª edición. [Perpinyà (Perpiñán = Perpignan)]: Institut d'Estudis Andorrans, Centre de Perpinyà, 1989. ISBN 99913-7-012-5).

Wolff, Philippe; Nadal, Joaquim (directores) (1982): *Histoire de la Catalogne.* Toulouse: Privat. ISBN 2-7089-2376-5

Zimmermann, Michel; Zimmermann, Marie-Claire (1997). *Histoire de la Catalogne.* "Que sais-je?", 3212. Paris (París): Presses Universitaires de France. ISBN 2-13-048354-2

Zimmermann, Michel; Zimmermann, Marie-Claire (1997). La Catalogne. "Que sais-je?", 2426. Paris (París): Presses Universitaires de France. ISBN 2-13-048382-8

BIBLIOGRAFÍA ELECTRÓNICA Y RADIODIFUSIÓN EN CATALÁN (PÁGINAS WEB)

PÁGINAS DE ENLACES

Recursos lingüísticos en catalán (página web de Joan Vilarnau)
<http://www.llengcat.com>

CerCAT. *Directorio de recursos de la lengua y cultura catalanas en Internet (incluye* Lincaweb, *directorio especializado en lengua catalana)*
<http://www.cercat.com>

Lengua catalana (página web de la Dirección General de Política Lingüística de la Generalidad de Cataluña)
<http://cultura.gencat.es/llengcat>

ENSEÑANZA DEL CATALÁN

Enseñanza y difusión internacional del catalán y de la cultura de expresión catalana (página web del Institut Ramon Llull, *consorcio promovido por la Generalidad de Cataluña y el Gobierno Balear)*
<página operativa a partir del segundo semestre de 2002>

Aprender catalán (página web de la Dirección General de Política Lingüística de la Generalidad de Cataluña)
<http://cultura.gencat.es/llengcat/llengcat/aprencat/index.htm>

Dónde aprender catalán fuera del Dominio Lingüístico Catalán
<http://cultura.gencat.es/llengcat/sial/svcerca.asp>
<http://www.ub.es/slc/en/anglec.htm>
<http://www.cervantes.es»

Para mejorar vuestros conocimientos de lengua catalana (página web del Consorcio para la Normalización Lingüística de Cataluña)
<http://www.cpnl.org/ensenyament/ensenyament.htm>

Formación lingüística (página web del Servicio de Lengua Catalana de la Universidad de Barcelona)
<http://www.ub.es/slc/ffll/formling.htm>

Servicio de Autoformación en Lengua Catalana (página web de la Universidad Pompeu Fabra)
<http://www.upf.es/gl/salc/index.htm>

Programa de enseñanza de la lengua catalana del Gobierno Balear
<http://pelc.uib.es>

Intercat *(aprendizaje de catalán para no-catalanohablantes de las universidades catalanas)*
<http://www.intercat.gencat.es>

Curso de autoaprendizaje del "Nivel B" de catalán (Departamento de Justicia de la Generalidad de Cataluña)
<http://www.gencat.es/justicia/llengua/autoaprenentatge/curcat.htm>

Asesoramiento lingüístico

Fichas de asesoramiento lingüístico (Departamento de Cultura de la Generalidad de Cataluña)
<http://cultura.gencat.es/llengcat/sial/menuas.asp>

Servicio de Asesoramiento Lingüístico y Traducción (Generalidad Valenciana)
<http://cult.gva.es/DGOIEPL/SALT>

Diccionarios en línea

Diccionario normativo (oficial) de la lengua catalana (Instituto de Estudios Catalanes)
<http://pdl.iec.es/entrada/diec.asp>

Diccionario de la lengua catalana de Enciclopèdia Catalana
<http://www.grec.net/home/cel/dicc.htm>

SITUACIÓN JURÍDICA DEL CATALÁN

Legislación lingüística en Europa
<http://www.troc.es/ciemen/mercator>

Legislación lingüística en Cataluña
<http://cultura.gencat.es/llengcat/legis/index.htm>

Legislación lingüística en la Comunidad Valenciana
<http://www.infase.es/cappev/drets.htm>

SITUACIÓN SOCIOLINGÜÍSTICA DEL CATALÁN

Censo lingüístico de Cataluña
<http://www.idescat.es/scripts/sqldequavi.dll?TC=444&V0=8&V1=6>

Mapa sociolingüístico de Cataluña
<http://www.idescat.es/basdades/indsocials/indica.stm>

Sociolingüística (página web de la Dirección General de Política Lingüística de la Generalidad de Cataluña)
<http://cultura.gencat.es/llengcat/socio/index.htm>

Los datos del catalán
<http://www.upc.es/slt/alatac/cat/dades/catala.html>

Encuesta sociolingüística (Cataluña, País Valenciano, Islas Baleares)
<http://www.bibiloni.net/textos/28.html>

Informe Euromosaic *de la Comisión Europea*
<http://www.uoc.es/euromosaic/web/homect/index2.html>

Datos sociolingüísticos de la Comunidad Valenciana
<http://www.uv.es/~snl/index2.html>

La lengua catalana en la enseñanza no universitaria en Cataluña
<http://www.xtec.es/sedec>

Datos sobre docencia universitaria en catalán
<http://www.uv.es/~snl/arees/dinamit/resumdc.htm>

Datos sociolingüísticos de la Universidad de Barcelona
<http://www.ub.es/slc/socio/dadsoll.htm>

LITERATURA CATALANA

Webs sobre literatura catalana
<http://www.traces.uab.es>
<http://campus.uoc.es/lletra/cat/index.html>

Bibliotecas digitales de literatura catalana
<http://www.lluisvives.com>
<http://cervantesvirtual.com>

Selección de poesía catalana
<http://www.intercom.es/folch/poesia>

Institución de las Letras Catalanas
<http://cultura.gencat.es/ILC>

Asociación de Escritores en Lengua Catalana
<http://www.catalanwriters.com>

ENCICLOPEDIA

<http://www.catalanencyclopaedia.com> (en inglés)

DIARIOS Y REVISTAS EN CATALÁN

<http://www.vilaweb.com>
<http://www.elperiodico.es/EDICION/portada.htm?l=CAT>
<http://www.avui.com>
<http://www.diaridebalears.com>
<http://www.regio7.com>
<http://www.diariandorra.ad>
<http://www.elperiodico/andorra.asp>
<http://www.eltemps.com>

ADMINISTRACIONES PÚBLICAS

Principado de Andorra
<http://www.andorra.ad>

Generalidad de Cataluña
<http://www.gencat.es>

Generalidad Valenciana
<http://www.gva.es>

Gobierno Balear
<http://www.caib.es>

Región Languedoc-Rosellón (Francia)
<http:www.cr-languedocroussillon.fr>

Consejo General de los Pirineos Orientales (Francia)
<http://www.cg66.fr>

Diputación General de Aragón (Gobierno de Aragón)
<http://www.aragob.es>

Región Autónoma de Cerdeña (Italia)
<http://www.regione.sardegna.it>

Ayuntamiento de El Alguer (Italia)
<http://www.comune.alghero.it>

Ayuntamiento de Villafranco (Sevilla)
<http://www.dipusevilla/ayun/villafra/general.htm>

Comunidad Autónoma de Murcia
<http://www.carm.es>

Ayuntamiento de Yecla (El Carche, Murcia)
<http://www.yecla.com/ayuntamiento>

Ayuntamiento de Jumilla (El Carche, Murcia)
<http://www.jumilla.org>

Ayuntamiento de Abanilla (El Carche, Murcia)
<http://www.ayunabanilla.com>

UNIVERSIDADES DE LENGUA CATALANA

Institut Joan Lluís Vives (asociación de las 18 universidades de la expresión catalana, con enlaces a las webs respectivas)
<http://www.vives.org>

EMISORAS DE TELEVISIÓN Y RADIO POR INTERNET (EN DIRECTO)

Canal 9, Punt 2 (Comunidad Valenciana)
<http://www.rtvv.es>

TV3, Canal 33/K3 (Cataluña)
<http://www.tvc.es>

Andorra TV (Andorra)
<http://www.rtva.atv/ATV-intenet.htm>

Catalunya Ràdio, Catalunya Informació, Catalunya Cultura (Cataluña)
<http://www.catradio.es>

ComRàdio (Cataluña)
<http://www.com-radio.com>

Flaix FM (Cataluña)
<http://www.flaixfm.net>

Ona Catalana (Cataluña)
<http://www.onacatalana.com>

Ona Música (Cataluña)
<http://www.onamusica.com>

RAC 1 (Cataluña)
<http://www.rac1.com>

RAC 105 FM (Cataluña)
<http://www.rac105fm.com>

Ràdio 9 (Comunidad Valenciana)
<http://www.rtvv.es/wwwradio/radio9v.htm>

Ràdio Andorra (Andorra)
<http://www.rtva.ad/rna/ra/Radio-internet.htm>

Ràdio Segre (Cataluña)
<http://www.segreradio.com>

Ràdio Flaixbac (Cataluña)
<http://www.radioflaixbac.net>

Este libro se acabó de imprimir
el día 18 de diciembre de 2002,
festividad de santa María de la O,
en los talleres de Gramagraf
en Santa Coloma de Gramenet.